臨床心理学

―「生きる意味」の確立と心理支援―

久留一郎・餅原尚子

八千代出版

はじめに

　本書は，「時代を超えても使える教科書」をイメージし，時代がかわっても，末永く，そして，臨床心理学を学ぶ者（大学生，大学院生，臨床心理士・公認心理師のみならず，心理支援に携わっている者）の心のバイブルになるような教科書を目指して執筆しました。サブ・テーマの「『生きる意味』の確立と心理支援」に託された意味には，精神療法家であったフランクル（Frankl, 1954）の人間哲学が流れています。モ̇ノ̇は満たされても，人間が生きていくコ̇ト̇，「生きる意味」は，クライエントだけでなく，心理支援者にも不可欠なコ̇ト̇です。われわれすべての人間に「生きる意味」が確立されることを心から願ってやみません。

　さらに本書は，現代の臨床心理学に役に立つ内容を取り入れ，特に，トラウマ関連領域，発達障害の領域に重点を置き，事件・事故・災害に対する心の安寧に即時対応したり，特別支援学校のスクール・カウンセリング，発達障害の就労支援等にも対応できる心理支援者の育成を試みています。

　第1章では，人間学，現象学をベースに，病み，悩み，苦悩するクライエントの立場に立った人間観が描かれています。

　第1章の人間観（人間哲学）を礎に，第2章は人間理解の方法（アセスメント），第3章は心理療法（いわゆる心理支援の心）についてまとめました。

　第4章，第5章，第6章では，教育領域，医療領域，福祉領域等，さまざまな領域で，さまざまな専門職（臨床心理士・公認心理師だけでなく，教師，医師，看護師，栄養士，保育教諭等）がかかわる，臨床例についてその理解のありようと心理支援について述べてみました。第7章は，産業保健領域において「過労死」等が話題になっていることに鑑みて，現代的状況を反映したメンタルヘルスについて紹介しています。

　第8章，第9章は，「被災者・被害者支援」について述べています。筆者（久留）が1990年に，心理学の領域でわが国にPTSD（心的外傷後ストレス障害）について紹介して以来，事件・事故・災害状況が数多く発生し，この領域

i

は，不可欠になってきています。第1章から第7章までの集大成として，いつでも，だれでも緊急支援・危機介入ができるよう，網羅してみました。

　最後に，第10章は，心理支援に携わる者の姿勢についてまとめました。知識・理論だけでなく，心理支援者の「態度」や「生きる意味」を確立するために，そして，そのことをしっかり感得できるよう，提言も含め記述してあります。

　臨床心理学において重要なことは，相手（人間）の心を「想像」し，そして，相手（人間）の心の世界に立って，よりよい方法を「創造」することだと思います。「外傷後成長（Posttraumatic Growth：PTG）」という言葉があります。人は，どんな極限状況の苦境の中でも，己の苦境とともに生きていく強さをもち，以前の自分以上の成長をしていくのです。

　「Not doing but being.（なにもしなくていい。でも，そばにいるだけでいい。）」これは，近代ホスピスの生みの親であるシシリー・ソンダース（Cicely Saunders）の言葉です。非力，無力の中で，自分はどう「在る」のか，ということを問いかけた言葉のように思います。第1章で述べた「人間観」「生きる意味」への問いが通奏低音のようにわれわれの心に流れつつ，そして，病み，悩み，苦悩する人々の傍らに「いる」だけでよいのかもしれません。大切なことは，「相手にとって」どうあればよいのか，それを「想う」ことだと思います。このような示唆をいただきました，これまで出会ったすべての方々に，心からお礼の気持ちを申し上げます。

　また，本書の出版にあたっては，八千代出版株式会社代表取締役　森口恵美子様には，あたたかく細やかなご配慮をいただき，編集等に際しましては御堂真志様に，大変ご尽力いただきました。心より感謝申し上げます。

鹿児島大学名誉教授・鹿児島純心女子大学名誉教授

久 留 一 郎

鹿児島純心女子大学大学院教授

餅 原 尚 子

目　　次

はじめに　*i*

第1章　心理支援と人間観 ……………………………………… 1
第1節　心理支援と発達観　*2*
第2節　心理支援と教育観　*4*
第3節　心理支援と臨床観　*6*

第2章　臨床心理アセスメント―人間理解の方法― …………… 11
第1節　心理支援のためのアセスメント　*11*
第2節　心理支援のための心理検査　*15*
第3節　知能の臨床心理アセスメント　*23*
第4節　PTSD の臨床心理アセスメント　*28*
第5節　発達障害の臨床心理アセスメント　*35*

第3章　臨床心理面接（心理療法）―病める心への心理支援― ……… 45
第1節　心理療法とは　*45*
第2節　心理療法をする側（心理支援者）のあり方　*48*
第3節　子どもの心理療法―プレイ・セラピー（遊戯療法）　*51*
第4節　親への心理療法　*57*
第5節　心理療法の効果の測定―プロセス・スケール　*59*
第6節　チーム・アプローチのありよう―「臨床援助」の視点　*59*

第4章　発達につまずく人間 …………………………………… 67
第1節　発達とは　*67*
第2節　障害のある人間―自分のこととして　*72*
第3節　発達障害とトラウマ　*87*
第4節　発達を促進する心理療法―プレイ・セラピー　*94*

第5章　繊細で傷つきやすい人間 ……………………………… 99
第1節　自我，自己の拡散と喪失　*99*

iii

第2節　情緒障害　*104*

第6章　悩める人間，病める人間，老いる人間 ……………………*125*
第1節　心の病気　*125*
第2節　体の病気への心理支援　*133*
第3節　現代社会と高齢化現象　*140*

第7章　産業保健（メンタルヘルス）と人間理解 ……………………*149*
第1節　感情労働とメンタルヘルス　*149*
第2節　発達障害とメンタルヘルス　*151*
第3節　トラウマとメンタルヘルス　*153*
第4節　メンタルヘルスと「生きる意味」　*160*

第8章　心の傷を受けた人間の理解 ……………………*165*
第1節　心の傷のアセスメント　*165*
第2節　心的外傷後ストレス障害（PTSD）　*168*

第9章　被災者・被害者への心理支援 ……………………*179*
第1節　PTSD の心理支援　*179*
第2節　心の緊急支援　*184*
第3節　スクール・トラウマとその支援　*188*
第4節　被災者支援・被害者支援のありよう　*189*

第10章　臨床心理学における倫理とスーパーヴィジョン ……………………*205*
　　　　　―心理支援者の「生きる意味」の確立―
第1節　臨床心理学における倫理　*205*
第2節　スーパーヴィジョン―自己研鑽のありよう　*210*
第3節　「生きる意味」を確立した心理支援者のありよう　*215*

文　献　*223*
あとがき　*235*
索　引　*237*

第1章
心理支援と人間観

　病み，悩み，障害のある人間にかかわる**心理支援**に際して，それぞれの領域の専門性が分離，分断されることなく，統合的で連携・協働的な支援がなされる必要がある。同時に，心理支援にかかわる人間は，他の領域の専門性をより開かれた意味で理解する必要があるし，同様に，自己の専門性を開かれたかたちで提示し合う必要がある。さらに，自身の「**生きる意味**」を確立しておかなければならない。もし自己の専門性のみを独断的，一方的に主張したり，他の専門性を無視した場合，それは閉ざされた関係となり，病み，悩み，障害のある人間にとっては自己実現的変化を遂げにくい状況が生まれることになる。閉ざされた関係の中でそれぞれの専門機関での情報がバラバラでまとまりがないとき，支援を求める人間は，どの支援が正しい意味をもつのかがわからなくなり，「**生きる意味の喪失**」という状況（拡散的，混乱的状況）に陥ってしまう。

　病み，悩み，障害のある人間のドクター・ショッピング（その人間にとって，真に正しい援助が何なのか不明確なため，不安と焦りが強くなり，あちこちの専門機関をめぐり歩くこと）の背景には，専門家間の閉ざされた関係が考えられる。病み，悩み，障害のある人間に携わる専門家一人ひとりが，「人間哲学」という共通基盤に立脚し，連携・協働という開かれた関係をもつことが重要である。病み，悩み，障害のある人間にとって開かれた状況とは，われわれ心理支援者が開かれた人間観に根ざしているということであり，そのことに深い「きづき」をもつことが大切である。

　以下に，臨床心理学における基本的な「人間哲学（人間観）」について，発達観，教育観，臨床観の視点から述べてみたい。

第1節　心理支援と発達観

　発達とは，自己実現のプロセスとして理解することができる。したがって，人間の一生を通して生から死に至るまでのプロセスは，発達という現象を有することになる。発達という変化・変容は，けっして青年期に終結するものではない。それどころか，高齢期の発達的問題は，今後ますます重要な臨床心理学的課題になっていくであろう。

　成熟（生理的変化）とか，成長（量的変化）というレベルで人間をとらえるならば，確かに青年期以降の**加齢化現象（エイジング）**においては運動機能の減退，視力や記憶力の減弱などの相対的変化がみられる。しかし，人間は生理的，身体的に存在するだけでなく，精神的に存在していることを忘れてはならない。たとえば，哲学者や芸術家といわれる人間は，高齢になるにしたがい，ますます完成度の高い発達課題（人生テーマ）を達成していくことが知られている。学問領域に限らず，その人間の「生きる意味」に関与すること，アイデンティティに関すること，生きがいや趣味などに関して，その発達的変化や精神的エネルギーは，老いてますます円熟味を増し，熟練度は増進していくことが多い。多くの場合，人間の発達的現象は，その人間の「生きる意味」と深くかかわっており，フランクル（Frankl, 2015）のいう実存的存在，精神的存在として理解することができる。逆に，実存的空虚，精神的生きがい（生きる意味）の喪失状況にさらされざるを得なくなったとき，人間の発達は多くの困難な問題を抱えこむことになる。高齢者のうつ病や認知症化，「ぬれ落ち葉現象」「空の巣症候群」「キッチン・ドリンカー」，若者の自殺などにも，「生きる意味」の喪失，実存的空虚などがその問題の背景に存在していることが知られている。

　自己実現傾向（Self actualization）とは，すべての人間が根元的に，内在的に有している発達への潜在的可能性である。「今よりも，さらによりよく生きたいという人間の基本的欲求」である。たとえば，障害のある人間，病気をかかえた人間ほど，もっと発達したい，健康になりたいという「発達の衝

動性」「健康への復元性」「生命エネルギー」を有している。心理支援とは，その自己実現傾向，潜在的可能性（発達の衝動性，健康への復元性，生命エネルギー）の促進を支援していくことである。

「発達」に視点をあててみた場合，発達につまずきのある人間だけでなく，その家族に対するときも開かれた発達観に立脚することが必要である。

ある研究会でのことである。特別支援学校の教師（訪問教育担当）が教育，発達支援をする中で，「あきらめ」の気持ちを抱くことがあるという心情を吐露していた。確かに障害が重度になれば，その人間の発達的変化のありようは緩慢であり，表面的行動としては眼にみえにくいものである。しかもこの先生（の発達観）は，自分が担当している子どもに対して，発達不可能という「あきらめの感情」をもってしまったのである。その関係は閉ざされた関係であり，潜在的可能性への発達支援は，「あきらめ」の気持ちとともに放棄されることになる。言葉のない子どもほど，障害が重たい子どもほど，必死で生きようとしており（自己実現傾向の欲求は強く），それだけ，支援する側の心を敏感に察してしまう。ある心理支援者は，3歳時点で「言葉がない」と判断し，「この子は，特別支援学校にも行けません」と親に宣告し，その親子は，帰宅途中，死を考えた，という例もあった。実際，筆者らがアセスメントをしてみると，確かにその時点で言葉はないが，状況を理解した有声音や指差しはみられ，もうすぐ言葉が発せられる兆候がうかがわれた。その後，この子どもは特別支援学校に入学し，立派な成人になっている。

ギリシャ神話に出てくるエピソードに，「ピグマリオン王は，自らが象牙に刻んだ女性像に恋をし，ひたすら愛情と情熱をそそぎ，やがてその女性像は現身の人間となり，この二人は結婚し，娘パポスが誕生した」という話がある。この故事にならって，支援者と支援を受ける側との期待効果を「**ピグマリオン効果**」と呼んでいる。障害のある人間にかかわる支援者が，「あきらめ」の感情をもつことは，ピグマリオン効果（発達観）における「負の望み」として，発達阻止や遅滞の原因を生み出すことになる。これは，支援に携わる者が，障害のある人間に対して閉ざされた関係にあるときであり，「あきらめ」の感情は，ピグマリオン王の「愛情をかたむけた望み」に対するマイ

第1章 心理支援と人間観　　*3*

ナスの効果をもつことになる。

　植物にはその植物なりの成長条件が，動物にはその種なりの生きる条件があるように，人間にはもっと広い意味で，障害の有無にかかわらず，発達促進や自己実現への条件が存在している。生命力の弱った一輪の花に対して人間は，その花の生命エネルギーが再び活性化する状況を無条件に受容し，再びみずみずしい花が咲くようなかかわりを自然にもつことができる（水，光，温度，肥料の具合，害虫の駆除などのかかわりは，人間へのかかわりと同様の意味を有している）。ところが，人間に対する状況では，得てしてそうならないところがきわめて不自然に思われるのである。しおれかかった一輪の花に対する自然なかかわり（自己実現への支援：開かれた関係）は，支援の必要な人間へのかかわりと何ら変わるところはないはずである。

　また，地域社会においては，障害児・者の存在に対し，自分たちと無関係であり，無関心な態度をもつ場合がある。さらには，障害のある人間に対して閉ざされているとき，彼らが発達していくうえできわめて困難な状況が待ち受けていることになる。障害のある人間が社会的に自立していくためには，彼らが「今，生きている」基本的土壌（地域社会）が開かれていなければならない。病み，悩み，障害のある人間は，家族や学校や施設の内側だけで生きているのではない。その外側，つまりその社会的状況の中で生きる意味が確立していない限り，真の発達は望めない。地域社会が，病み，悩み，障害のある人間に開かれているとき，「生きる意味」への支援ができたとき，彼らは，社会的発達を遂げていくのである。

第2節　心理支援と教育観

　心理支援における教育観とは，子どもにとって，学校が開かれて存在していることであり，同時に，教師も開かれて存在していなければならない。教師は特別支援教育者として，心理支援者，発達支援者として存在しなければならない。教師が教科の担任としてのみ存在するとき，子どもは教科学習の評価の対象でしかなく，子どもの知的レベルのみが教育の対象となり，閉ざ

された教育観に陥ることになる。真の教育とは，教師自身が「生きる意味」を確立し，子どもの知的レベルだけでなく，人間としての感性豊かな発達を促進し，自己実現的に生きていく存在としてかかわることである。このとき，学校も教師も子どもたちに開かれた存在となり，教師間の関係，教師—子ども間の関係，教師—親（保護者）間の関係も開かれて存在することを意味する。点数や数値（学業成績）を中心とした教育観は，閉ざされた関係を煽り，利己的・打算的で，経済効率的な人間関係に陥りやすい。

　近年，個性的で，感性豊かな子どもよりも，学業成績のよい子どもが将来を期待され，いわゆる一流大学（有能な経済人養成機関？）への入学条件を獲得するのに都合のよい構造が生まれてきた。一方，家庭教育の中心は子どもの学力向上に視点があてられ，ともすると子どもは親の「投資の対象」とされ，「偏差値人間」として値踏みされかねない状況にある。極端な言い方をすれば，人間としてのみずみずしい感性的発達よりも，知的・数量的レベルアップを中心とした教育観への志向が高まっているともいえる。

　不登校（本書での「不登校」は，学校に行かなければならないと思っているのに，どうしても行けないという神経症的不登校とする），出社拒否などの**ブレイク・ダウン現象**（心が折れてしまう挫折状況）の背景には，人間の教育のありように対する危機的信号が反映しているものと思われる。人間の自我や自己などの人格的発達を促進する感性的教育よりも，現代社会で必要とされる経済的効率，コンピュータ社会の合理化を中心とした知的レベルの教育の方が優先していることに，これらの現象の原因が存在しているように思われる。

　臨床心理学における教育観とは，知的レベルの促進だけにとどまるのではなく，人間が人格的に発達していく（「生きる意味」の確立）ということを基盤にした教育観が重要視されなければならない。18歳（大学入学年齢）までの知的レベルが，その人間の一生を左右するという幻想にとらわれることなく，人生80年というライフ・サイクルをその人間らしく，独自の個性的存在として，より豊かに生きていけるような教育観が確立されねばならない。学校病（閉ざされた学校）に病む不登校（神経症的不登校）や選択性緘黙（人前でうまく表現できない子），神経症や心身症などに「意味表現」されている危機の叫

第1章　心理支援と人間観　　5

びに耳を傾け，眼（まなこ）を開き，心を磨いていくことが問われている。

　ところが現実には，学校病に病む人間は，学校や担任教師にとってやっかいな存在として切り捨てられる例もしばしばみられる。換言すれば，効率よく，スムーズに知的レベルを上げるロボット人間，AI（artificial intelligence）的人間（情報処理の上手な人間）の方が「よい子」として操作しやすく，便利であり，「やっかいな人間（自分の個性，生き方を大切にする子ども）」はある種の教師にとって，わずらわしい存在として受けとめられる場合もみられるのである。教師や親の教育観が貧困であるとき，子どもの精神も，もろくて，弱い心理的状態をつくり出す。病み，悩み，障害のある子どもたちは，そのような貧困な教育観をもつ親や教師に対して何一つ抵抗できないどころか，教育という名のもとに悲惨な生き方を強いられ，服従させられることになる。

　臨床心理学における教育観とは，病み，悩み，障害のある子どもたちから，真の教育のあり方を学ぶことに重要な意味がある。そこで得られた教育観は，健常児・者にとってもまた，より人間的で発達的な（自己実現的）教育観になり得るものと思われる。しばしば，特別支援教育が教育の原点といわれるのはそのゆえんである。くり返すが，病み，悩み，障害のある人間に対して，「心を開き，耳を傾け，洞察できる眼（まなこ）」をもつ人間的感性豊かな教師として，大人として，変化・変容できたとき，子どもたちも自己開放され，自己実現的に「生きる意味」を確立していくものなのである。

　ムスターカス（Moustakas, 1968）は「大人」の条件を次のように述べている。
　「子どもは本来，自己否定的である。子どもは，そのような親や教師を求めてはいない。子どもが求めているのは，たくましく（安定性），ゆるぎのない（一貫性），うそのつけない（信頼できる）大人である」と。

　心理支援者として，子どもたちに開かれた「教育観」を重視することが不可欠になる。

第3節　心理支援と臨床観

　発達観，教育観で述べたように臨床観においても，その人間観は全く同様

である。病み，悩む人間にとって，心から信頼し，安心できる心理支援者との出会いは，その人間の治療的予後も良好であることが臨床的に知られている。このような現象は，心理支援者の有する受容的，共感的態度を基盤にした，あたたかい人間観，臨床観からにじみ出てくるものである。心理療法を受ける側の人間は，このような人間関係的状況にあるとき，心理支援者を尊敬し，心理支援者の助言に対しても深い信頼感を寄せていく。

　逆に，心理支援者が権威的で，非人間的な関係しかもてない場合，心理療法を受ける側の（病み，悩む）人間は，不安と緊張が高まり，不信感がただようことになる。すなわち，閉ざされた関係（心理支援者中心の一方的な関係）では，真の意味での心理支援の関係は拡散的になり，心理支援的意味も稀薄となる。医学的治療等においても同様であり，治療する側の人間観，治療観が，治療関係を左右し，治療の効果もそれによって影響を受けることは，臨床的によく知られている通りである。

　臨床心理学における臨床観にとって，病み，悩む人間の症状についてのとらえ方も重要である。すなわち，その症状を，その人間の部分としてとらえるのではなく，その人間の「意味表現」としてとらえるところに重要な意味が存在するのである。確かにその症状を身体の一部として理解してよい場合もあると思われるが，虫歯や手指の切り傷にしても，その「痛み」は個人によって異なり，さらに，支援者との人間関係によっても異なってくる。昔からいわれる，医師の「手あて」とは，そのような信頼できる治療関係の間に生まれてきたものと思われる。冷たいレントゲンの装置に胸をあてるだけでなく，あたたかい医師の「手あて」が人間的なやすらぎを与えるのは，治療者の人間観，治療観によってもたらされるものである。

　「症状」は，その個人の生きる意味の表現であるともいわれる。フランクル（Frankl, 2016）は，人間の身体器官は「意味器官」であると述べている。これは人間存在を鋭く洞察した実に意味深い表現に思われる。人間の身体は，その個人の意味表現の器官であることから「心身症」という用語も存在しており，したがってその症状のとらえ方も，人間の生きる意味全体を含めて理解しなければならない。「**医学は病気を治療するだけでなく，病気をもった**

人間を治療することにある」（第22回日本医学会総会）とは，まさに臨床心理学における臨床観そのものを表現していると思われる。

　「症状」をただ単に身体医学的に一部のみとして，あるいは誤った学習をした結果（問題行動）として対症療法的に接近するだけでは，人間を部分の寄せ集めとしてモザイク的にとらえることと何ら変わらない。それどころか人間の身体や精神は，その構造において，一部の変化がその人間全体を変化・変容させているのであり，逆に，その人間の全体が変化・変容することで，部分も変化・変容していく存在なのである。たとえば，会社において過度の緊張状況にある人間は，胃潰瘍（意味器官）という意味表現を示すであろう。しかし，その人間が心理的に変化・変容（自我の確立，「生きる意味」の確立）を成し遂げるとき，胃潰瘍も消失していくであろう。臨床心理学における臨床観，症状観とは，人間の「生きる意味」全体を心理療法の中心におき，症状の背景，症状の意味を重要視することにある。

　フランクル（Frankl, 2004）は，人間は「悩む存在」であるが，その苦悩と対峙し，超越することにより，真の精神的存在となり，「生きる意味」を確立していくという。反対に，人間が苦悩を回避し，「生きる意味」を喪失するとき，実存的空虚となり神経症的症状を担うことになると指摘している。

　人間が，その個人なりの「生きる意味」を喪失し，その個人の，**アイデンティティ（identity）**が拡散的・混乱的になるとき，その人間は心身症，出社拒否，ぬれ落ち葉現象，空の巣症候群などの症状を示すといわれる。その症状の原因となっているものは，その人間の「生きる意味」であり，その生きる意味に影響を与えてきた人格的（自我，自己のありよう）要因が存在していることをけっして忘れてはならない。その症状の「意味」を心理支援者が共感し，洞察できたとき，真の治療のありようが確立され，病み，悩む人間へのフィードバックがなされていくのである。しかし，逆に，心理支援者が自己の治療モデルやテクニックにのみこだわり，その枠組の中でしか接することができないとき，病み，悩む人間にとっては，その関係は閉ざされたものとなり，真の治療関係は存在しなくなる。

　内科医であり哲学者でもあるヴァイツゼッカー（Weizsäcker, 1975）は，「**生**

8

命あるものにたずさわる者は，生命（人間）に対する哲学をもて」といっている。彼は，治療観に関して，現代の治療科学や治療技法は急速に発展し，細分化されてきたが，治療の中心である人間観はきわめて貧困であると，医学者として批判的考察をしている。このことは，発達観，教育観にも深くかかわる言葉であると思われる。真の臨床心理学とは，ヴァイツゼッカーのいう**「生命（人間）に対する哲学」**そのものであると思うのである。

ノーベル賞を創設したノーベルは，隣町に行くにも不便な岩盤の街であったストックホルムを暮らしやすい街にするために，ダイナマイトを発明した。しかし，それは，戦争という，人間を殺す武器に使われることになり，それを嘆き悲しんだ彼は，「人々に役立つ」発明，発見，貢献をした科学者や技術者，そして創造的生き方をした人々に対して，ノーベル賞を授けるよう遺言した。

モノは豊かになったものの，それをいかに，人々の役に立てるコトにするかは，その人の態度，人間観にある。第1章では，「生きる意味」を志向する，その人間観について，発達観，教育観，臨床観に視点をあてて述べてきた。

以下，各章において，その人間観（人間哲学）を礎に，論を展開してみたい。

第2章

臨床心理アセスメント
―人間理解の方法―

第1節　心理支援のためのアセスメント

(1) 面接法

　後述する観察法が，人間のこころを外側から理解しようとする方法であるのに対して，**面接法**は人間のこころを内側から了解しようとする方法である。

　長所としては，直接その人間に触れ，言葉を交わし，感じ合え，人間を断片的，部分的にではなく，統合的，全体的にとらえることができる。

　短所としては，面接者のありよう（先入観，固定観念，ハロー効果など）によって，その結果が左右されやすい。また，面接の設定やデータ分析が煩雑になりやすく，面接の依頼や場の設定，面接を受ける側の物理的，心理的負担，さらに多くのデータ（逐語録等）の分析という点で労力を要する。

　心理支援者（臨床心理士・公認心理師など）として自分の面接に対する過信は怖いことである。面接法の長所，短所を十分に理解し，短所を可能な限り補えるよう，面接する側の臨床的視座が重要になる。以下に，留意する点を述べてみたい。

　クライエント（面接を受ける側）を尊重する　　面接法においては，クライエントがあるがままの自然な気持ちでいられることが何よりも重要である。そのためには，面接する側の受容的で，あたたかく，おおらかな雰囲気が大切になる。面接する側が，評価的でモ・ノ・をみるような権威的態度では，クライエントとの関係を破壊し，クライエント自身も虚偽の姿を示す。真にクライエントを理解するためには，面接する側のとらわれのない自由さが重要になる。クライエントを尊重する心，そしてクライエントに信頼される関係が

11

必要不可欠である。

「今，ここで」の一瞬を大切にする　　クライエントの内面世界およびその表現のありようは刻々と変化し続けている。したがって面接においては，「今，ここで」生じた現象を確実にとらえることが重要である。確実にとらえたか否かによって，そのみたてのありようも異なり，同時にそのかかわりも変わってくるからである。面接全体の流れ，文脈を俯瞰する視座と，目の前にいるクライエントの一瞬一瞬のこころの動きを正確に，確実に認知するという透徹した眼が求められる。

客観的であること　　面接法の科学性，信頼性は，面接する側とクライエントとの相互主観性のうえに成り立つ。つまり，目の前にいるクライエントとの出会い的関係の中で，相互に，そのときに感じたことが客観的になる。ただし，断定的に客観的である，と思い込むことは客観主義（恣意的主観）に陥っているときであり，真の客観的態度とはいえない。常に客観的であろうとする姿勢が大切である。

「枠」にとらわれないこと　　面接する側のこころに先入観やわだかまりがなく，素直にクライエントを受けとめ，そのときに感じられたことを意味了解していくことが重要である。特にクライエントのある特質についての印象が，その人間の全体的評定に影響を与えるという**ハロー効果**（halo effect，光背効果ともいう）には特に留意する必要がある。とらわれのない柔軟なこころで感じるという視座が大切である。そのためには，一人ひとりの出会い的体験を積み重ねていき，その中で面接者としての専門性を育むことが大切である。

面接法においては，面接する側の考えを十分に柔らかくし，クライエントの考えの文脈に沿って，クライエントの言葉によって聴くことが大切である。クライエントの表現というものは，面接者のあり方，かかわりから出てくるものである。人が人を理解するということは，相手との体験時間を共有することである。深く体験しつつ鋭く解明し，如実に論述する鋭い洞察が問われている。

(2) 観察法

　人間は、「語る存在」である。こころの微妙な動きをさまざまな仕草や表情であらわす。話し言葉を超えた仕草や表情，行動といった非言語的表現の中にも，人間の存在の本質を伝えようとするものがある。それらは主体である人間のありようの具体的な表明であり，人間理解の一つの重要な手がかりである。そのために，「観察」が重要な意味をもつ。観察とは，外側から，客観的に，現象をありのままに観ることである。

　観察法は，大別すると「**自然的観察法**」と「**実験的観察法**」に分けられる。「自然的観察法」は人間の行動を自然の状況下でありのままに観察する方法で，時間や場所を問わず用いることができるという利点がある。さらに日常の中で偶然に観察したことを記録する「**偶然的観察**」と，研究目的に沿ってあらかじめ場面や時間を設定する「**組織的観察**」に分けられる。

　それに対して，「実験的観察法」は，実験する側が一定の状況下である行動に影響すると思われる条件を系列的に変化させることにより，それに伴う行動や状態の変化を観察し，因果関係を調べる方法である。いわゆる実験室内での実験法である。

　臨床心理学においては，「自然的観察法」が用いられることが多い。

　その長所としては，行動そのものを対象とするため，言語的理解力や表出力の不十分な乳幼児や障害をもつ人をも対象にできる。また，実験法と比べ，対象となる人への拘束や制約が少なく，日常生活上の自然な行動を対象にできる。

　短所としては，自然な行動を対象とするため，対象の行動が生起するのを待たねばならない。さらに，プライベートな行動の観察は難しく，観察可能な行動に限られてしまい，観察の視点や解釈が主観的になりやすい。

　以上のような長所，短所から，正確な観察と精密な記述が求められる観察者であるためには，留意点がいくつかある。

　現象を了解すること　　現象を単に知覚するだけの観察では，真の人間理解とはいえない。なぜそのような心的体験が生じたのかを了解しようとすることが，クライエントの全体像の中で位置づけてなされなければならない。

第 2 章　臨床心理アセスメント　　*13*

可能な限り言語化すること　　その人らしさを表現しているものを的確に観察し，観察したものを可能な限り適切に言語化し，記録していくことが大切である。記録に際しては，観察する側の主観のない（形容詞や形容動詞のない）事実と，解釈や意味づけが加わっているものを区別していくことが大切である。また，全体の印象も記しておくとよい。現象学的アプローチでは，エポケー（現象学的還元）ともいう。

目にみえるものと，みえないものを観る　　観察されたものだけでなく，観察されなかったことにも重要な意味がある。なぜクライエントは反応しなかったのか，触れようとしなかったのか，そのような行動をしなかったのかという，みえなかったことも意味ある観察の視点である。人間は光と影があって初めて実存するからである。

観察の目的，視点をもつ　　観察する際は目的をもち，それに合わせて，観察の方法，視点，考察がなされる。観察の視点としては，外見上の特徴（容姿，服装など），行動面の特徴（活発さ，落ち着きの程度など），感情表出の特徴（表情，視線など），言語面の特徴（声の大きさ，調子など），対人関係の特徴（対同性，対異性，同年齢など），興味・関心の特徴（対象，持続度など），場面の変化による行動の特徴などがあげられる。さらに現実吟味の能力，思考過程，自己統制力，自我機能のありよう，連続性・非連続性などの観点も重要になる。

(3) 診断基準

ICD（International Classification of Diseases：**国際疾病分類**）は，国際連合の一機関である **WHO**（World Health Organization）が，世界各国の疾病や死因の実態を把握し，世界に共通の分類に基づいて作成するために制定したものである。しばしば改訂が重ねられ，2018 年 6 月，世界保健機関（WHO）が公表した，国際疾病分類の第 11 回改訂版（ICD-11）が新しい診断基準となっている。

　DSM が診断・治療のガイドラインとして詳細化されているのに対し，ICD は国際的な疫学調査での使用を想定しており，先進国だけでなく発展途上国でも使用できるよう診断基準のシンプルさを重視している。つまり，

諸学派，諸地域の専門家に受けいれられる国際的合意を重視したものである。

DSM（Diagnostic and Statistical Manual of Mental Disorders：精神障害の診断・統計マニュアル）は，アメリカ精神医学会（APA：American Psychiatric Association）が制定した「精神障害の診断・統計」である。DSM の特徴は，記述的・操作的診断基準の採用により，客観的な診断が可能であるという点である。臨床記述により各障害を定義し，複数の特徴的症状が認められるか否かで操作的に診断をするという方法である。特定の理論に基づく主観的解釈を排除し，診断の信頼性が保証できるとされている。2013 年に DSM-5 が公表され，2014 年に，日本版が刊行されている。

ICD や DSM を用いることによって，分野を超えた共通語をもつことができるが，その共通語を用いる側の，「生命（人間）に対する哲学（クライエントの自己実現を基盤に置いた人間観）」が必要不可欠になる。真の臨床心理的人間理解のためには，小手先の診断技術を身につけるよりも，その時代の精神的状況を見通す鋭い眼を養っておく必要がある。このことをおろそかにしては，症状を「了解不能」の領域に追いやってしまう危険性がある。真の人間理解とは，何よりも彼らの心の中にオアシスのように残された，健康で人間的な，それゆえ了解できる部分を大切にすることなのである。

第 2 節　心理支援のための心理検査

(1) 心理検査の意味と背景

テストづけとか，テスト公害などの批判的評論がなされる背景にはどのような意味があるのか考えてみる必要がある。一般的に，心理検査の結果が数量化されることが多く，しかも，その数値（指数）はその人間のある種の能力の測定値を示しているにすぎない。ところが，その測定値が，その人間のすべての潜在能力までを測定したものと受けとめられる場合がかなりある。さらに，その人間全体の人格評価やランクづけなどに利用される場合，それはまさしくテスト公害であり，誤った心理検査のあり方である。

心理支援のための心理検査とは，検査の結果が，検査を受けた人間の自己

実現のためにフィードバックされることであり，しかも，心理検査を実施する側の心理支援的人間観，治療観，発達観に根ざしていることが大切である。心理査定は，医学領域における診断（**病理モデル**）というより，病理だけでなく，その個人の健康な面，潜在的可能性を含めた**成長モデル（健康モデル）**に根ざしている。したがって，心理検査の結果は，その個人のよりよい生き方に反映していくことが重要である。

　臨床的に心理検査を実施する場合，検査者が洞察しておかなければならない基本的条件がある。すなわち，心理検査の実施状況とは，「心理検査を実施する側」と「心理検査を受ける側」の対人関係的状況にあるということである。いわば，「する側」と「受ける側」の人間関係的要因が，心理検査の結果に影響を与えており，単純にある数値，測定値，指数が「受ける側」の全体的人間像を反映しているわけではない。

　いかに心理検査の妥当性や信頼性が高くても，「する側」の臨床的熟練度や人間観，治療観によってもまた，結果の解釈は異なってくるものである。

　このような人間関係的要因を理解したうえで，いかに適切に心理検査を実施し，さらに，妥当な結果を得るために，どのような心理支援的配慮があるのかを考えてみたい。

(2)「受ける側」と「する側」の関係のありよう
1)「受ける側」の心理的条件

　「受ける側」にとって，心理検査状況が安定したものであり，緊張や不安がやわらぐような関係の中で実施されることが大切である。両者の間に**ラポール（親和的関係）**が十分に成立していることである。特に，不安の高い人間や選択性緘黙児，言語障害児，神経症の状態を示す人などは対人関係，コミュニケーション関係において過敏であったり，緊張感情をもちやすく，自己の能力を十分に発揮しにくい状態に陥ることがある。心理検査における関係は，「受ける側」の心理的状態をよく理解し，共感し，受容的な態度で実施すると同時に，検査の実施方法についてはマニュアル（検査手引）の約束を尊重して行わなければならない。

2)「受ける側」の身体的条件

心理検査を受ける人間が身体的に不健康だったり，障害のために不利な結果が予想される場合，検査の中止か変更が考慮されなければならない。

身体的に不健康（急な発熱など）な場合，ベスト・コンディションが望ましいので，心理検査の実施時期の変更か，再検査が考えられる。不利な結果が予想されるのにそれを実施したところで，正しい結果ではないし，適切な心理支援に適用できない。病気の診断，治療のために病院で「検査」を受けることとは意味が異なるのである。

ある障害のために不利な結果が予想される場合，特定の障害，たとえば，視覚障害，聴覚障害，肢体不自由，自閉スペクトラム症などの状態に対応した心理検査が選択されなければならない。時おり，その障害に対応していない心理検査を実施し，検査不能とか，状態像にふさわしくない結果をみかけることがある。「受ける側」の状態像について面接や家族などから情報を得ておくべきである。ただ一つの心理検査でもって，一人の人間の全体的状態像を測定できるものではない。

3)「受ける側」の物理的条件

物理的条件として，心理室は「受ける側」が心理的に安定し，緊張や不安を感じない環境であることが大切である。暑すぎたり，寒すぎたり，騒音がしたり，人の出入りがあったりなど「受ける側」にとっては不安定で集中できない状況では，心理検査の結果も不適切なものとなってしまう。空間的設定の配慮だけでなく，時間的設定も重要であり，「受ける側」が心理的に最も安定する時間が望ましい。一般的には，午前中の心理的に安定した時間がよい。

4)「する側」の専門性と連携・協働

心理検査を「実施する側」が，その心理検査のありようについて十分マスターしておくことはきわめて重要である。たとえば心理検査のインストラクション（教示の方法）やスコアリング（得点化）などをミスするようでは，心理検査の結果に歪みが生じてしまう。検査の内容を熟知し，実施の前に練習し，熟練した査定者の**スーパーヴィジョン**（臨床的指導・教育）を受けておく

第2章　臨床心理アセスメント　*17*

ことである。一人よがりの実施，結果のまとめ（所見）は，心理検査の妥当性，信頼性を低下させてしまうことがある。

　また，心理検査によってはかなり高度で専門的なものがあり，検査を「する側」の限界を超えることもある。このような場合，地域の社会的資源（大学の専門講座の相談室，保健センター，精神保健福祉センター，児童相談所，少年鑑別所，福祉施設など）との連携・協働が必要である。心理支援においては，このようなネットワークが重要な意味をもつのである。

5）「する側」のかかわり

　心理検査時にみられる「受ける側」の反応や行動は，心理検査の応答以上に重要な意味をもつことがあるので，綿密に記録しておくことが大切である。先にも述べたように，心理検査の状況は，「する側」と「される側」の人間関係的状況であり，その中で観察される言動は，その人間のパーソナリティの反映であることが多い。特定のスコアやプロフィールの意味を臨床的に明確にすることもあるし，スコアやプロフィールに表現されない面を洞察することもできる。

　また，心理検査実施中に，当然，「受ける側」が失敗したり，応答ができなかったりする場合が生じる。その際，検査者が解答を暗示したり，正答へ誘導したりすることは，正確で適正な臨床的査定を誤らせてしまうことになる。暗示や誘導はけっしてあたたかい配慮ではなく，むしろ，再検査の妨げになったり，検査者への依存的態度を強化し，検査者の顔色をうかがいながら反応するという偽りの状況をつくりあげてしまう。

　「受ける側」の人間が失敗を繰り返すとき，検査者は「次に進んでみましょう」とか「もっと元気になったらきっとできますよ」とあたたかく励ますのが望ましい。答えられないことはけっして悪いことではなく，今，ここで，その人間がそのような状態にあることをあるがままに理解することが重要である。検査者の側にある「評価的」態度が，その人間の「反応的」態度を促進してしまうのは偽りの関係であり，けっして真実のかかわりではない。

(3) 質問紙法と作業法

質問紙を用いて検査したり，特定集団あるいは個人の行動を理解する方法を**質問紙法**（questionnaire method）という。この方法には，個人がそのパーソナリティを具現すると思われる場面における感情や意欲，態度や行動を記述した多数の質問に対して，設定された選択肢の中から回答する形式と，回答欄に自由に文章を記入する自由回答法とがある。質問紙法には，向性テスト，職業興味テスト，Y-G性格検査，MMPI，MPI，エゴグラムなどの検査がある。

長所としては，質問の順序，回答の形式を統一することができるため，解釈の際，主観に影響されにくい。また，多数の回答者から比較可能な情報が得られ，統計処理をすることができ，施行が容易でデータを得るための時間的，経済的効率がよい。さらに実施する側が回答する場にいなくてもよい。

短所としては，質問項目や回答形式が決められているため，回答する側の条件に合わせることができない。また，受ける側の構えによって意識的，無意識的に回答を歪めてしまう可能性がある。個人が意識している自己像，心理状態を得ることができるが，一方で，その個人は，その回答を意識的に操作（防衛，回避等）することも可能である（たとえば神経症レベルの状態にあれば，過剰に不安な感情を訴えるだろうし，心身症レベルであれば，失感情〔体感〕症がみられることから，正常からほぼ正常な〔作為的，操作的〕結果になるだろう。精神病レベルの病識に乏しい状態では，真のパーソナリティ像は得られにくくなる）。回答者の言語能力に依存しているため，読み書きの十分でない状態にある人，質問の意味の理解が困難な状態の人，読み書きのための身体的機能や集中力が困難になっている状態の人には合わない。さらに，回答している場面を十分に観察することができにくい。

これらの質問紙法の長所と短所は，逆の言い方をすれば面接法の短所と長所でもある。したがって質問紙法を用いる場合，面接法との併用や，実施する側との人間関係を含んだ検査場面の配慮が望まれる。

作業法は，質問紙法，投映法（次頁参照）と並ぶ，代表的な性格検査である。たとえば，「クレペリン作業検査」「ブルドン抹消検査」「ベンダー・ゲ

シュタルト・テスト（BGT）」などは，数字の加算作業や図形の模写をしてもらうものである。つまり，検査を受ける側にさまざまな課題を与え，その課題に取り組む作業過程，作業結果から，その個人の性格・特徴を測定するのである。

　長所としては，作業法の場合，「できるだけ速く，正確に」という教示にしたがって，目の前の作業に取り組むため，質問紙法のように回答を操作するような意図がはたらきにくく，無意識のうちに自分の性格を表現しやすい。

　短所としては，パーソナリティのごく一部分しか明らかにできない，という批判もある。

　質問紙法や作業法で得られたデータは，面接法や観察法で得られた情報と相互補完的に，人間全体として理解することが重要である。したがって，スーパーヴィジョンを受けながら臨床経験を積むことにより，単に検査のデータだけに頼ることのない，真の意味での「客観的」人間理解が可能になる。いかに心理検査の妥当性や信頼性が高くても，検査をする側の臨床経験や人間観によって結果の解釈は異なってくるからである。

(4) 投映法

　投映法（Projective Method）の一つである**ロールシャッハ・テスト**（以下，ロ・テスト）は，10 枚のカードに描かれているインクのシミを通して，人間の無意識を含む心理的世界，思考プロセスを投映（反応）するものである。精神鑑定で用いられることも多く，健康な側面はもちろんのこと，病的サイン（精神病的サイン，そううつのサイン，神経症のサイン，人格障害のサイン，脳の器質的障害のサイン，その他の精神病理的サインなど）が見出されやすい。

　短所として，ある意味で侵襲性が高いといったネガティブな面が指摘されている（中井，2013 ほか）。シャッハテル（Schachtel, 1975）は「抵抗」という用語を用い，検査をする側と受ける側の対人関係的意味と反応に及ぼす影響について述べている。池田（1995）は「プライバシーや自我を侵害させる苦痛な体験になるため，決して被験者の意思を無視して強制的に行ってはならない」と注意を喚起している。

一方で，長所として，近年，ロ・テストの心理支援・心理療法の効果，促進性も見出されつつある。フィン（Finn, 2007）は，フィッシャー（Fischer, 1994）の「心理アセスメントをクライエントに合わせて**個別化する（Individual Psychological Assessment）**」という考えを取り入れ，クライエントを尊重しながら協働し，そのクライエントに合った言い回しによってクライエントがより多くの可能性にきづくように支援する「治療的アセスメント／協働的アセスメント」を見出している。つまり，協働的な検査者が，クライエントのゴール，限界，希望，危険や障害などに目をやりながら，検査や会話を通して，クライエントと一緒にクライエントの世界を探索するというアセスメントである（Finn, 2007）。これは，ブーバー（Buber, 1923）の他者（汝）との「出会い」の概念，すなわち他者と無形の「あいだ」に対する深遠な敬意でもある（Fischer, 1994）。

特にロ・テストは，無意識の心理的世界を投映することから，検査を受ける側が操作できにくく，鑑別診断や精神鑑定で使用されることが多く，そのアセスメントの指標には大いに貢献している心理検査である。

(5) 心理検査の種類とテスト・バッテリー

心理検査を実施するにあたっては，最小限の**テスト・バッテリー（組み合わせ）**をもって最大限の臨床的情報を得ることが求められる。適切なテスト・バッテリーは，「受ける側」にとっても「する側」にとっても，時間的，心理的に負担がなく，適正な結果が効率よく見出される。

したがって，テスト・バッテリーを構成するにあたってはどのような心理検査を選択すべきか，その検査の意味内容や特性，さらに適用範囲などについて理解しておく必要がある。

標準化された心理検査を，測定する内容により次のように分類することができる。

心理検査の例

- **乳幼児の発達に関する心理検査**：乳幼児分析的発達検査法（遠城寺式），津守式乳幼児精神発達質問紙など。
- **個別式知能検査**：田中ビネー式知能検査，ウェクスラー式知能診断検査など。
- **学力，創造性に関する心理検査**：標準学力テスト，各種のレディネステストなど。
- **性格，人格に関する心理検査**：不安テスト，向性テスト，Y-G 性格検査，SCT（文章完成法テスト），P-F スタディ（絵画欲求不満テスト），TAT（主題統覚検査），ロールシャッハ・テストなど。
- **行動，社会性に関する心理検査**：行動観察法，ABS（適応行動尺度），ADL（日常生活活動度），新版 S-M 社会生活能力検査など。
- **職業適性，興味に関する心理検査**：職業適性検査，職業興味検査など。
- **運動能力に関する検査**：狩野・オゼレッキー式運動能力発達検査，幼児用運動能力発達検査，APP 検査（新 APP 事故傾向予測検査）など。
- **道徳性，人間関係に関する心理検査**：ACS 青年期の危機尺度テスト，親子関係診断テストなど。
- **言語発達，言語理解に関する心理検査**：新版構文検査小児版，SLTA 標準失語症検査，PVT-R 絵画語い発達検査 ITPA 言語学習能力診断検査など。
- **知覚，感覚に関する心理検査**：ベンダー・ゲシュタルト・テスト，フロスティッグ視知覚発達テストなど。
- **記憶，学習に関する心理検査**：ベントン視覚記銘検査，記憶検査法など。
- **発達障害に関する心理検査**：LDI-R，LD 判断のための調査票，PRS LD 児・ADHD 児診断のためのスクリーニングテスト，新装版 CARS 小児自閉症評定尺度，PEP-3 自閉児・発達障害児教育診断検査［三訂版］，TOM 心の理論課題検査，Conners3 日本語版，CAARS 日本語版，CAADID 日本語版，ADI-R 日本語版，AQ 日本語版自閉症スペクトラム指数など

　このように多くの心理検査が標準化されているが，「する側」の熟練された臨床的技法や解釈が重要な意味をもつ。テストづけやテスト公害にならぬよう，心理支援者としての（人間観，教育観，発達観を基盤にした）人間学的哲学を成熟させることが大切である。哲学のない技法は人間不在であり，検査の結果も意味のない数値となり，「受ける側」の人間性は無視されがちになる。

　心理支援的接近の一方法としての心理検査とは，「受ける側」の人間のために存在しており，「受ける側」の人間の「よりよい生き方」にフィードバ

ックするとき，初めて心理検査としての意味をもつ。「する側」も，「受ける側」との出会い的状況を通して，心理支援者として成熟していく存在である。

　以下に，テスト・バッテリーを組む際，特に多くの心理支援者がファースト・チョイスとしている知能検査について述べ，臨床心理アセスメントの事例として PTSD（心的外傷後ストレス障害），発達障害を紹介し，人間理解の方法を述べてみる。

第3節　知能の臨床心理アセスメント

(1) 知能の意味

　知能（intelligence）は，一般に知性の程度とか頭のよさとして漠然と理解されている。知能は，抽象的な概念であるため，「知能とは何か」といわれても明確には答えにくい。現在ではウェクスラー（Wechsler, 1972）の総合的，総体的能力であるとする立場が一般的に支持されている。ウェクスラー（Wechsler, 1972）は，「知能とは，個人が目的的に行動し，合理的に思考し，環境を効果的に処理する総合的または全体的能力である」と述べている。

　一方で，知能は生得的に決定されているものなのか，経験や学習の結果として考えるべきなのか，さらには知能と発達段階との関連など，知能を定義づけるには困難な問題が多い。

(2) 知能の測定

　知能検査（intelligence test）は，1905 年にフランスのビネーとシモン（Binet & Simon, 1911）により考案されたのが始まりであるとされている。この検査は，当時の政府の依頼により主として健常児と知的障害児の判別のために用いられたものであった。その後，1937 年にアメリカのスタンフォード大学のターマン（Terman, 1916）らにより，精神年齢（MA：mental age）の概念が導入され，ビネー・テストを修正した改訂スタンフォード・ビネー・テストが作成された。これと相前後して，アメリカで第一次世界大戦の兵士の選抜を目的とした集団形式の知能検査も考案されている。

一方で，ニューヨーク・ベルビュー病院のウェクスラーは，ビネー・テストは子どもの知能を測定するものであったため，知能を診断的に把握することや成人の知能を測定することなどを考え，ウェクスラー・ベルビュー知能検査を考案した。

　このように個別検査には，ビネー法やウェクスラー法などがある。ビネー法のうち，日本では田中・ビネー式知能検査がよく使用される。これらの検査では，年齢ごとの問題が配列されており，結果は「精神年齢と IQ」であらわされ，知能の一般的水準がわかる。ウェクスラー法は，主に「言語性検査（Verbal Test）」と「動作性検査（Performance Test）」に分かれ，それぞれの IQ（Verbal IQ と Performance IQ）を算出することができると同時に，全体の IQ（Full scale IQ）も算出することができる。また下位検査（後述）の評価点のプロフィールが描かれ，知能を診断的に教育や臨床の場で活用できる。

(3) 知能の発達

　サーストン（Thurstone, 1938）は，知能の発達曲線の起点を統計的に推定し，誕生前 3 か月より知的活動が始まっていることを指摘している。この時期の胎児は身体運動も著しく，心身の諸機能が芽ばえ始めている頃ではあるが，明確な結論には至っていない。ジョルダン（Jordan, 1956）によれば，誕生後 2 年間は知能の発達が最も著しく，その後 20 歳頃までは徐々に知能得点が増加していくが，20 歳以後は発達がほとんど認められなくなるという。ウェクスラー（Wechsler, 1972）も知能の減退については同様の見解を示しており，70 歳頃に急激な下降がみられるという。

　また，質的な面からみると，言語性の知能は比較的変化が少ないが，動作性の知能はスピードを要求される部分の減退が著しいと述べている。

　知能の発達には個人差があり，優秀な子どもほど急速な発達をし，しかも長期間進歩を続けるが，逆に知能が未発達な場合は進歩が遅かったり，衰退も早く始まる傾向がある。知能の発達を規定する要因には，他の精神的機能と同じく遺伝と環境とがあるが，知能は比較的変化しにくい遺伝の影響を受けやすいという見解もあるし，環境の変化で知能も大幅に変わり得るという

見解もある。したがって，知能が急速に伸びる乳幼児期に，適切な環境におくことの必要性が感じられる。

知能に及ぼす遺伝の影響を研究する方法としては，双生児研究法や家系研究法が知られており，環境の影響を研究する方法としては，一卵性双生児研究や社会経済的階層との関連などの研究がある。

(4) 知能検査について

知能検査によって測定された「知能指数」が，「知能」そのものを意味しているかということについては，従来からさまざまな疑問が指摘されてきた。知能指数は「知能検査によって算出された測定知能」と表現しておくのが妥当と思われる。

個別式知能検査の代表的な検査が，先述した**ビネー法（Binet Method）**と**ウェクスラー法（Wechsler Method）**であり，この両知能検査の問題点と相互補完的利点について以下に述べてみる。

〈ビネー式知能検査の利点〉
　・4歳以下の年少幼児にも施行できる。
　・かなり重度の知的障害のある者にも施行できる（低 IQ の測定）。
　・精神年齢が算出できる。
　・比較的短時間で施行できる。

しかしながら，言語的ファクターが多いため，言語機能に障害がある場合，不利な点があること，ウェクスラー法のようなアセスメント的効果に乏しいなどの問題点があることを知っておく必要がある。

〈ウェクスラー式知能検査の利点〉
　・知的機能の結果が下位検査ごとに算出できる（プロフィールの表示）。
　・全体 IQ（Full scale IQ），言語性 IQ（Verbal IQ），動作性 IQ（Perfomance IQ）など別個に算出できる。さらに，言語性 IQ と動作性 IQ のディスクレパンシー（Discrepancy）から適応障害などの目安が得られる。

以上により，臨床的には，知的機能のアセスメント的有効性が高くなる。

第2章　臨床心理アセスメント　　25

しかしながら，時間的効率性が低く，重度知的障害や幼児などへの利用は困難であることが多い。

　いずれにしても，ビネー法，ウェクスラー法の長所，短所をよく理解しクライエントの状態像に適合したものを選択して，相互補完的に利用することが望ましい。知能検査上のさまざまな問題や意味が検査する側に理解されていたとしても，最も重要なことは，その人間が十分に自己のもてる資質を発揮してこそ，「測定知能」はその子どもの本来の知能（状態像）に接近可能となることである。IQのみの情報では，発達状況の一部分を把握しているにすぎないし，人間像の理解や支援にとって十分に適切な情報とはなり得ない。
　さらに，行動観察や両親などのキー・パーソンからの情報は，心理検査以上にその人間を浮き彫りにしてくれる。適応行動上の障害を単なる問題行動としてとらえるだけでなく，その人間の発達状況の意味を理解し，力動的，発達的観点からも，とらえなおしてみる必要がある。

(5) ウェクスラー法について
　本書では，ウェクスラー法を中心に論をすすめる。
　ウェクスラー（Wechsler, 1972）は，成人を対象にした知能検査（WAIS）を1939年に発表した。その後，時代や文化の変化に伴い，改訂版が出されている。ウェクスラー法においては，幼児用，児童用，成人用があり，年齢により使用するテストが3種類に分けられている。Wechsler Preschool and Primary Scale of Intelligence（WPPSI，対象年齢2歳半～7歳），Wechsler Intelligence Scale for Children（WISC，対象年齢7歳～16歳），Wechsler Adult Intelligence Scale（WAIS，対象年齢16歳以上）である。ウェクスラーの知能観に基づいて，いずれも標準化されたものであり，ウェクスラー法の共通的仮説になっている。ウェクスラー法における下位検査の換算点の不均等は，主として思考機能のパターンを意味づけているという臨床的見解がある。
　次頁に，各改訂版によって若干異なるが，主な下位検査の内容についてあげてみたい。

ウェクスラー式知能診断検査（主な下位項目）

〈言語性検査〉

一般的知識：一般的知識の程度・範囲を調べる。生育環境・教育などによって影響されるとしても，知識の理解や保持などについての素質的なものが基礎となる。

類似問題：2つの概念から共通性，類似性を発見し，抽象化する能力を調べる。ものごとを表面的にしかとらえることができず，深くその本質をつくことのできない場合は，知識だけ豊富でも不十分である。

算数問題：単なる計算の上手，下手を問うのではない。数的推理力や数的関係の理解度，あるいは注意集中度，知的敏速性その他が関連する。

単語問題：単語の定義・説明をもとめる問題。ものごとに対する理解，受容の程度のほか，概念構成や言語的表現能力などにも関連する。知っているだけでなく，それを正しく表現し伝える能力が伴っていなくては十分ではない。

一般的理解：生活場面や事象についての理解の仕方や対処の仕方などについて調べる。社会的知能ともいわれる。一般的知識は豊かであっても，それが知識の表面的な集積にすぎないならば，一般的理解は困難になる。

数唱問題：記憶力のみならず，思考の集中性や情緒安定性などに関係する。

〈動作性検査〉

絵画完成：簡単な絵の中で欠けている部分を指摘させる検査。ものごとの本質に対する観察力，洞察力の鋭さと関係が深い。

符号問題：視覚的な把握，弁別の正確さ，知的敏速性あるいは視覚と運動との協同性などを調べることができる。

絵画配列：場面に対する分析，意味文脈をよみとるといった関係理解の能力あるいは，評価・構成の能力に関係する。特に社会的成熟度に直接関係するという意味で「社会的知能」の検査といわれる。

積木模様：視覚的分析，抽象，洞察の能力に関係するほか，知的速度，協応運動性などに関係する。特に，課題自体への接近の仕方が試行錯誤的か洞察的かといった課題解決における思考様式の特徴が反映されやすい。

組み合わせ：知覚的な見通しや関係理解，抽象力，あるいは視覚と運動との協働速度などに関係する。

記号問題：左側の刺激記号が右側の記号グループの中にあるかどうかを判断させ，回答欄に〇をできるだけ多くつけさせるものである。

迷路問題：迷路をたどらせることによって，全体的事態への見通しの的確さ，速度，あるいは運動の正確性，その他についての手がかりを得ることができる。

たとえば，「一般的知識」「一般的理解」「類似問題」「単語問題」は言語的知的能力が中心であり，本質的な言語的な記憶と概念の蓄積が重要となる。動作性検査においては，「符号問題」「積木模様」「組み合わせ問題」が視覚－運動系に関する中心的検査であるといわれる。したがって，下位検査のばらつきのパターンを読みとることで，その人間の知的機能上の特性や適応（人格的）障害の診断，アセスメントに有効であるという臨床的研究がある。

また，**言語性 IQ**（Verbal IQ）と，**動作性 IQ**（Performance IQ）の比較による研究では，一般的に，生理的要因による知的障害は，動作性 IQ が高く出現する傾向があるといわれる。一方，明らかに脳に器質的障害を有する知的障害では，言語性 IQ の方が高く認められている。

第4節　PTSD の臨床心理アセスメント

(1) 心理検査の治療的効果

ロールシャッハ・テストは，先述したように，侵襲性が高いといわれ，PTSD の症状がみられる場合，フラッシュバックを煽る可能性もある。しかし，以下に示す2事例は，来談時，単回性のトラウマによる PTSD 症状がみられたケースであり，ロ・テストを実施した後，急速に PTSD の症状が軽減していった事例である。以下にそれを紹介してみたい。

P さんは，土石流災害により，目前で家族，全財産を失い，自身もケガを負った30歳代男性。Q さんは複数の加害者により同時に性犯罪被害に遭った20歳代女性。

筆者らは一貫して人間学的心理学（クライエントの独自性，主体性を尊重する心理学）に立脚している。特に，感情移入的理解（Rogers, 1961），我と汝の出会い（Buber, 1923）を大切にし，心理療法や心理検査の際は，クライエントの私的な世界を感情移入的に理解し，そのうちクライエントの自己実現にとって意味があると感じたことは伝えるようにしている。P さん，Q さんに対しても，筆者らは，クライエントの内的世界の私的な個人的意味を，あたかもあなた自身のもののように感じながら（～as if），追体験するような気持ちで

かかわった。ロ・テストは，名古屋大学式技法に準拠した（名古屋ロールシャッハ研究会，2018）。

（2）ロールシャッハ・テストの事例から

1）Pさんのロールシャッハ・テストの結果

スコアリングは，次のような結果であった（数値の解釈，具体的な分析内容については，「ロールシャッハ法解説―名古屋大学式技法―」〔名古屋ロールシャッハ研究会，2018〕参照）。

Tot.R＝33，card of rej.＝none，Ⅷ・Ⅸ・Ⅹ/R%＝10/33（30.3%），F%＝30/33（90.9%），F+%＝8/20（40.0%），W：M＝2：4，M：FM＝4：5，M：ΣC＝4：0.5，FC：CF＋C＝1：0，Human%＝6/33（18.2%），Animal%＝26/33（78.8%），Content Range（C.R.）＝6，P＝4

D反応（部分反応）中心でd反応（異常部分反応）も5個みられ，些細な部分へとらわれやすく，C.R.（Content Range：知的な関心の広さ，興味の柔軟性を示す）が6であることから若干，興味関心の狭さが感じられた。Animal反応（動物関係の反応）が78.8%と多く，インクの染みに対し，「小人」「仮面ライダー」といった反応がみられ，パーソナリティの未熟さ，30歳代男性にしては子どもっぽい印象であった。感情カテゴリーにおいて，一人だけ生き残ったという罪悪感の影響なのか，中でも強迫的不安感情が強かった（34.8%）。一方，攻撃性は弱かった（5.4%）。対人関係の側面において，eye反応（「目」に関する反応）は8個みられ，顔反応も6個と多かった。つまり，他者からの評価，視線を気にしやすい対人的過敏性がうかがわれた。

全体的に，抑うつ感情が示唆されたが，パーソナリティのありようから，今後は男性として，成人としてのたくましさを確立していくことが課題となることが見出された。

2）Pさんの心理療法の経過

<u>1回目</u>　被災以降，心理療法に対して距離をおいていたが，被災7か月を経過し，「飲酒が少し増えたのに気づき，心理療法を受けようかな，という気持ちになった」という。クライエントが自己の状況にきづき，よくなり

たいという気持ちになったことを支持した。

　2回目（1回目から1か月後）　「一人暮らしを始めた」という。新たな生活がはじまり，掃除・洗濯などが大変，といった話題が中心。状態像をみるため，ロ・テストを実施。クライエントも今，自分はどんな状態なのかを知りたい，とのことで了解を得る。

　3回目（2回目から1か月後）　ロ・テストの結果報告。ロールシャッハ反応にあるような対人的過敏性についての自覚はない，という。むしろ「以前に比べると臆病になり，用心深くなった。物忘れもひどい」と述べる。ロ・テストの結果と，自覚している症状とを重ねながら，症状の意味について語り合う。また，ロ・テストには，インクの染みに対して「ジャンプしている」といった反応もみられ，現状から飛び出したいという気持ちもうかがえることなどを伝えた。さらに，今後は，男性としてのたくましさ，アイデンティティを確立していくことも大切と，ロ・テストの結果をフィードバックした。

　4回目（3回目から1か月後）　さわやかな明るい表情。自ら災害時の様子を赤裸々に話し始めた。災害時のすさまじい情景を想像しながら，静かにPさんの気持ちに耳を傾けた。「自分で無理をしているな，と思ったときは，親友と食事に行くようにしている」と自分なりにコントロールしている様子がみられた。出来事について表明したことは回復の兆しを感じるが，話したことで，フラッシュバックも起こしやすいことを想定内にしておくことなどを伝えた。

　5回目（4回目から3か月後）　真っ黒に日焼けしていた。趣味の話，転居の話題が中心であり，生気にあふれ，冗談もかわすことができるようになった。未来志向的になっている様子が感じられた（終結）。

　（終結後）　恋人が出来，結婚し，子どもが産まれ，新居での新しい生活が始まったとの連絡があった。

3）Qさんのロールシャッハ・テストの結果

　スコアリングは，次のような結果であった（数値の解釈，具体的な分析内容については，「ロールシャッハ法解説—名古屋大学式技法—」〔名古屋ロールシャッハ研究会，2018〕参照）。

Tot.R＝13，card of rej.＝Ⅵ・Ⅸ，Ⅷ・Ⅸ・Ⅹ／R％＝2/13（15.4％），F％＝3/13（23.1％），F＋％＝2/3（66.7％），W：M＝7：5，M：FM＝5：3，M：ΣC＝5：0.5，FC：CF＋C＝0：1，Human％＝6/13（46.2％），Animal％＝6/13（46.2％），Content Range（C.R.）＝6，P＝4（1）

総反応数（10枚のカードに対する総反応数）は13個であり，拒否カード（「何も見えない」と述べたカード）も2枚みられた。抑制された，あるいは図版に反応することを回避しているようなニュアンスを感じた。Popular反応（平凡反応：多くの人々にみられる反応）は4（1）個みられ，客観的外界把握はできていた（名古屋大学式技法では5あるいはそれ以上が一般であるといわれている）。

F％は23.1％と低く，カラー・カード（彩色のあるカード）で反応時間の遅延がみられ，情緒的刺激に対して不安定になりやすい。反応数の低さや拒否カード2枚のありようから，表面的には抑制されているが，内面世界は，名大法の感情カテゴリーでTotal Unpleasant％（不快感情の割合）が56.3％と高く，ネガティブな感情，内的緊張などがうかがわれた。対人関係の側面について，通称「人間カード」といわれるカードに人間反応がみられるものの，不安定な対人関係，防衛的な関係などがうかがわれた。また，他者は，「いじわるな悪魔」「槍に刺された人を喜ぶ怪獣」など，ネガティブなものに意味づけられていた。

以上のことから，全体的に，抑制的，抑うつ的，回避的，防衛的なニュアンスが強くみられた。また，「人か動物が槍に刺されて（周りが）喜んでいる」などPTSDの再体験の症状を思わせるような反応も散見された。

4）Qさんの心理療法の経過

<u>1回目</u>　「民事裁判になり，症状が再燃し，苦しい」「好きな人ができても話さないといけないと思うと面倒くさくなる。気持ちの波もあり，イライラする」という。筆者（餅原）と症状の意味について語り合う。波を繰り返しながら回復に向かうこと，来談したこともよくなる兆しでもあることなどを伝えると安心した表情になった。

<u>2回目</u>（1回目から2週間後）　現在の状態像を把握するため，と了解を得て，ロ・テストを実施。「現状から逃げ出したい。日本とは季節が異なる国

へ海外研修に行きたい」「前向きな気持ちが出てきたが，まだ，なかなか寝つけない」などを語る。

3回目（2回目から3週間後）　ロ・テストの結果を報告。PTSDの症状は残存しており，特に他者に対する脅威，恐怖心がロ・テストにも反映していることを伝えると，「ちゃんと（反応に）出るんですね」とぽつりと語った。クライエントの海外研修が決まり，「ようやく生活のリズムが出てくるようになったけど，海外研修に行けなくなる夢をみてしまった」と述べながら，忌まわしい出来事について話し始めた。「夢だったらどんなによかったことか」と涙を流す。ロ・テストでは心的エネルギーが抑制されていたが，こうして海外研修の準備をするというエネルギーが湧いてきていることについて支持した。

4回目（3回目から2か月後）　海外研修から帰国。心理的に開放された様子で，土産を持参し，「食べ物がおいしくて。9時間は睡眠がとれた」と楽しかった様子を語り，クライエントとともに，その余韻にひたった。

5回目（4回目から3週間後）　以前と変わらないほどに元気になった（終結）。

（終結後）　将来への希望が湧き起こり，就職し，安定している。

　PさんとQさんの共通点は，災害・事件後数週間から3か月後に**心理教育**（クライエントおよび家族に対して，有力化〔自ら潜在能力を発揮すること〕，および最善の対応法を教えること。サイコ・エデュケーションともいう）を実施し，その後，自ら心理療法を受けたいという気持ちになったことである。ロ・テストを実施したのはそのタイミングであり，加えて，Pさんは，一人暮らしを始めようとするときであり，Qさんは海外研修に行こうとするときであった。心理教育を受けた後，自分でなんとかしようともがいたにもかかわらず安定しなかったこと，新しい人生を築こうとするが，思うようにいかなかったことなどが，心理療法を受けようとする気持ちになったようであった。

　ハーマン（Herman, 1992）は，「被害者がその記憶を呼び起こすにつれて，安全を保ちたいという欲求と過去に直面しようという欲求とのバランスを絶えず取り直すことが必要になる。患者と治療者が一緒になって，狭窄と侵入

との間に安全な通路をつくるすべを学ばなければならない。回復の基礎はその後を生きる者に**有力化**（empowerment：エンパワーメント）を行い，他者との新しい結びつきを創ることである」と述べている。その回復の展開は，安全な場（安全の確立）で，被害者が外傷のストーリーを語り，再構成し（想起と服喪追悼），外傷的な過去との和解を達成し，未来を想像する（再統合）という過程をたどるという。

　つまり，筆者らの言葉（症状の意味，ロ・テスト結果のフィードバック）がクライエント自身に実感として感じられ，それがクライエントの有力化を促し，筆者らとの信頼関係を生み，安心感を育んだのではないかと思われる。そして曖昧模糊としたロールシャッハ図版を知覚することで内面世界への「やわらかな侵入（これは筆者〔久留〕がクライエントとの間主観的関係の中で感じた表現である）」「覆いをはがす仕事（Herman, 1992）」となり，PTSDの「回避」の症状を軽減させ，過去に直面することができたのではないかと考えられる。

(3) 心理支援者・検査者の協働的態度

　ロ・テストの印象について，Ｐさんは図版をみて「暗いのが多い」と述べていた。しかし，クライエントが少しでも良くなろう，現状を脱したいといった気持ちがロールシャッハ反応にあらわれていたことをフィードバックした。また，Ｑさんは，「ちゃんと（反応に）出るんですね」と自分の症状に対して納得している様子だった。図版に対しては「ごちゃごちゃしていた」と述べていたように，クライエントのまとまらない気持ちを一緒に整理していった。また，自己イメージ・カード（self-image card）について，Ｐさんは「なんとなく」，Ｑさんは「はっきりしない」と曖昧な自己像であった。ロ・テストを受けることで，漠然としたself-imageが惹起され，ロ・テストの結果のフィードバックによって自己洞察が促され，自己受容的変化を遂げていったのではないかという点も，新たに見出された。

　ロ・テストを通して，それぞれの事例の症状の意味についてクライエントと語り合うこと，そして，それをクライエント自身が納得していくこと，自己洞察を深めていくこと，そのプロセスがクライエントとの協働であったの

ではないだろうか。2事例ともロ・テスト実施後，忌まわしい出来事について詳細に自ら表明し始め，数か月から半年後に PTSD 症状がおさまり，新しい人生を確立していった。

　筆者らとの，かけがえのない**我と汝の「出会い」**(Buber, 1923) という関係の中で，「前はちょっと抵抗があったけど，今は平気（事例 Q）」という言葉に象徴されるように，素直な気持ちで安全を実感し，外傷のストーリーを語ることができたのではないかと思われる。そしてクライエントの潜在的な有力化，レジリエンス（Regilience：回復力）を促進し，抑制していたクライエントの感情が'やわらかなフラッシュバック'として解放されていったように筆者らには理解された。この'やわらかなフラッシュバック'とは，筆者ら（餅原・久留，2015）による表現である。トラウマを被った後は，「再体験」や「回避」の症状を煽らないことが重要である。しかし，トラウマからの回復過程においては，自ら出来事を表明することが自然治癒を促進する。そのプロセスを考えると，ロ・テストのもつ，いわゆる侵襲性は，クライエントの自我が許す限りの「再体験」の症状を自然に表出させ，「回避」状況に対峙させるという無意識の表明ともいえる。

　ロ・テスト状況で過去の体験に付随した感情が喚起され，その心理的安定をもたらす者（心理支援者・検査者）の支持的な存在のもとで，当該の感情を「再体験」したのかもしれない。ハーマン（Herman, 1992）の「ペースを測り，タイミングを選ぶ決断には細心の注意が必要であり，患者（クライエント）と治療者とが波長を合わせつつこれを頻繁に検討しなおさなければならない（p. 274）」との言葉が，あらためて実感された。

　ハロワー（Harrower, 1956）は「**投映法カウンセリング（projective counseling)**」という用語を提唱し，小川（2015）は，検査実施そのものが心理支援であると考えることができる場合もあると述べている。村瀬（1970）は，自身の事例を通して，ロールシャッハ法は自己の表現を助ける媒介物として活用し，検査実施の瞬間瞬間に互いの世界を交流させることができたという。今回検討した2事例は，小川（2015）の言う認知的共感性を喚起するロールシャッハ法による心理支援として機能したのではないかと考えられる。

ロ・テスト実施後に2事例が急速に回復していったその意味は，心理支援者・検査者の人間学的心理学に築かれた信頼関係とPTSDについての心理教育，そして，ロ・テストの実施と結果のフィードバックを通しての協働的態度，対話が，忌まわしい外傷的出来事との和解を促進していったのではないかと考察された。

第5節　発達障害の臨床心理アセスメント

(1) 治療的なアセスメント

「**治療的な**アセスメント」とは，主として心理アセスメントに対する「態度」のことを指している。治療的なアセスメントにおいて検査者が望むのは，アセスメントが実りある経験となり，クライエントやクライエントに関係のある者に，肯定的な変化を生み出す一助となることである。治療的なアセスメントの土台となっているのは，臨床心理アセスメントをクライエントの支援に直接結びつけようとする考え方である（Finn, 2014）。

(2) 協働的アセスメント

治療的なアセスメントを「協働的なもの」と「非協働的なもの」とに分けておくことも大切である。フィッシャー（Fischer, 1994）は，クライエントを尊重しながら協働し，そのクライエントにあった言い回しによって，クライエントがより多くの可能性にきづくような支援を試みていた。つまり，「心理アセスメントをクライエントに合わせて**個別化する**（Individual Psychological Assessment）」ことを重視している。協働的な検査者が，クライエントのゴール，限界，希望，危険や障害などに目をやりながら，検査や会話を通じて，クライエントと一緒にクライエントの世界を探索するのである。これは，ブーバーのいう，「我と汝」の出会いの概念，すなわち，他者と無形の「あいだ」に対する深遠な敬意である。アセスメントの過程がより人間的で，クライエントを十分に尊重しているという経緯が通奏低音のように流れている。

この**協働的アセスメント**（collaborative assessment）の土台に現象学的心理

学，首尾一貫した人間哲学がある。「われわれは外的現実をそれ本来の姿のまま知ることはできない。何かを見るときには，観察したものに対して，どうしても私たちの知覚や経験，関心に基づいた意味づけをしてしまう」といった**間主観的関係**（相手と自分との主観的感情，主観的体験が一致している関係）の中で，検査者の意味づけと，クライエント自身の現在の主観的体験が一致しているかどうかに関心を向けることが大切である。

(3) 治療的アセスメント

人間科学の枠組み（現象学的心理学，間主観性理論），協働的アセスメントは，治療的アセスメントの基礎になっている。従来の臨床心理アセスメントにおいては，「スコア（数値）」が重視され，「スコアが生まれるプロセス」の観察にはあまり目が向けられていなかった。同じスコアでも，そこに至るプロセスはさまざまであり，そのプロセスを無視して最終結果だけに注目すると，大切な情報が失われてしまう。**治療的アセスメント**（therapeutic assessment）では，アセスメントにおける対人関係，「**関与しながらの観察**（Sullivan, 1954）」をクライエントの人生の問題を理解する主要な手段として位置づけている（Finn, 2014）。

フィン（Finn, 2014）は，アセスメントの目的を「クライエントの問題行動が起きる必要十分な文脈的条件を特定すること。クライエントとともにこの要因をつきとめられれば，クライエントを悩ます問題が起きないようにするための条件を整えられ，アセスメントの中でそれを確かめることができる」と述べている。

そのとき，クライエントとのやりとりには必然的に謙虚さと配慮がもたらされる。フィン（Finn, 2014）は，クライエントとの共感的波長合わせの重要性について，クライエントが理解してもらえるという感覚自体が，クライエントを回復させる力になることにも着目している。

- -

協働的アセスメント／治療的アセスメントを試みた事例
受理面接時の臨床心理アセスメントにおいて ADHD（注意欠如多動症）の

状態像を呈していた R さんに対して心理検査を実施し，約 2 年後に再度，心理検査を実施した。

　2 回目の心理検査時に，「協働的アセスメント」「治療的アセスメント」の視点を取り入れた結果，ウェクスラー式知能検査の結果（全検査 IQ：FIQ）が，24 ポイント高くなった。

　以下，事例が特定されないよう，若干の修正をした（後ろ向き研究）。

・**事例**：20 代女性。職業系の高校卒業後，介護職に勤める。国語は好きだが，数学は計算が苦手。他者に共感できなかったという。

・**主訴**：X 年 4 月に来談。主訴は，「職場で人間関係がうまくいかない。臨機応変に動けない。複数のことを頼まれると優先順位をつけられない」というものであった。あまり表情はなく，淡々と応答する。

・**テスト・バッテリー**：X 年 4 月にウェクスラー式知能検査，AQ-J（自閉症スペクトル指数日本版），ASRS-v1.1（成人期 ADHD のスクリーニング）を実施した。X＋2 年 6 月に，再度，ウェクスラー式知能検査とロ・テストを実施した。心理療法と心理検査は，筆者（餅原，2017）が担当した。

・**受理面接時**

〈ウェクスラー式知能検査〉

　検査には協力的だが，廊下の音（人の出入りや声）に反応しやすく，集中力は途切れやすい状況であったが，最後まで穏やかに，淡々と取り組む。検査者（餅原）から，集中力が途切れてしまうことには触れることはなく，通常のやり方で心理検査を実施した。

　ウェクスラー式知能検査を実施した結果，言語性 IQ＝78，動作性 IQ＝69，全検査 IQ＝71，言語理解（VC）＝86，知覚統合（PO）＝59，作動記憶（WM）＝72，処理速度（PS）＝89 であった。知的機能のレベルは境界域（軽度知的障害に近い）状態像にあった。短期的，即時的な記憶は良いが，ケアレス・ミスが多くみられた。知覚し，統合する能力が低いものの，知能の異常減退は認められなかった。

〈AQ-J（自閉症スペクトル指数日本版）〉

　得点 31 点であり，自閉スペクトラム症であるかどうかを区別するカットオフポイント（33 点）を下回っていた。

〈ASRS-v1.1（成人期 ADHD のスクリーニング）〉

　パート A（ADHD の主症状）で 4 項目のチェックがみられ，ADHD に該当する症状を有している可能性が高くみられた。パート B（ADHD に随伴する症状）では，「不注意」や「衝動性」がチェックされた。

　結果をフィードバックする際，「非常に頻繁」「頻繁」にチェックされた「詰めの甘さ」「順序立てることの難しさ」「じっくりと考えることが苦手」「不注意な間違い」「相手の話をきけない」「相手の話をさえぎってしまう」については，職場へ理解を求めるとよいのではないか，という助言をした。さらに，自

己の特性を伝えるだけでなく，「時々ある」とチェックした項目（「大事なこと
を忘れる」「気が散る」「人の邪魔をしてしまう」）は，Rさん自身が心がける
ことで改善する可能性もあることから，自分でも努力してみることを周囲に伝
えていくことも大切だと伝えた。

・**再来時（X＋2年6月）**：前回（X年4月）の結果をもとに，障害者職業セン
ターを紹介し，訓練を受けた。その後，就職したものの障害のことを伏せて
勤めていたため，できないことを責められ，混乱してしまった，といって再来
した。今回は，協働的アセスメント，治療的アセスメントの概念を考慮して，
ウェクスラー式知能検査とロ・テストを実施してみた。

〈ウェクスラー式知能検査〉

　今回の検査状況で，Rさんは，検査中，室外の人の足音や声に反応し，なか
なか集中できない様相がみうけられた。検査者が，「静かになるのを待ちまし
ょうか？」と尋ねると，「掛け時計の秒針の音が気になります」と述べた。検
査者にはほとんど聞こえなかった音である。さらに「周囲が騒々しいと，ぼー
っとしてくる」と述べた。検査者はRさんに，些細なことで気になったら，
そのつど教えてほしいと伝え，できるだけクライエントが集中できるような環
境を大切にした。

　ウェクスラー式知能検査の結果，言語性IQ＝102（78），動作性IQ＝82
（69），全検査IQ＝93（71），言語理解（VC）＝102（86），知覚統合（PO）＝
83（59），作動記憶（WM）＝90（72），処理速度（PS）＝89（89）であった
（註：（　）内数値はX年4月実施時）。

　下位検査の結果，言語の元になる「知識」は，ある程度あることから，長期
記憶は可能であった。原則，原理をよむ「類似問題」も平均的であった。特
に，社会的知能といわれる「理解問題」は14点と最も高く，社会的知識を適
応的に効率よく発揮する能力を有していた。一方，「算数問題」や「語音配列」
といった聴覚的短期記憶は，長期記憶に比べ低いこと，「積木模様」「行列推
理」といった知覚統合力が低いことから，脳の器質的な障害が疑われた。また，
ばらばらの絵を意味文脈的に並べ替える「絵画配列」が低かった。「符号問題」
「記号問題」といった処理速度も低く，短期記憶が苦手なため，優先順位がつ
けにくく，時間制限も加わり，同時処理が困難になりやすいようであった。時
間オーバーが多く，時間をかければ可能と思われた。

　知的機能のレベルは，正常範囲の状態像が反映されていた。ただ，言語性
IQと動作性IQの差は20と大であり，知能の異常減退率（加齢による減退率）
が32.6と高かった。同時処理は苦手であるが，継時処理は良好であることが
見出された。本来のRさんの知的レベルの高さと脳の器質的な問題等が表面
化するに至った。環境的要因によって，知的効率が変動することも見出すこと
ができた。

〈ロールシャッハ・テスト〉

　総反応数は 75 個とかなり多く，彩色カードでは，全体の 60%を占めていた。図版の細部が気になり，注意が転導しやすく，ものごとを全体的，統合的にとらえることが困難になりやすい。知覚様式は独特で，独断的，恣意的思考様式を有していた。

　情緒的側面においては，感情のコントロールは難しく，潜在的な攻撃性，不安感情と幼児的，宗教的依存といった両価的感情が存在していた。些細なことで混乱しやすい様相が示された。反応しながら，「表面は穏やかだけど，スパっとキレて戦争になりそう」といった感情が宿っていた（これについては，クライエントは両親の影響だと受け止めていた）。

　対人関係の側面においては，他者の視線（評価）には過敏であり，特に男性に対しては，防衛的反応を示しやすいようだった。「落ちてくる死にそうな女の子」という反応もあり，対人関係はかなり不安定であった。潜在的には権威依存的になりやすいことがうかがわれた。

　全体的に，認知の歪み，外部刺激への過反応が強い反応であり，ADHD のエビデンスが示唆される反応様式であった。

(4) 協働的アセスメントの視点

　筆者らは通常，人間学的心理学（人間学的心理療法）に立脚し，我と汝の関係，間主観的関係を尊重しつつ，心理検査，心理療法を実施している。今回は特に，協働的アセスメントを意識し，検査者（餅原）は，クライエントを尊重しながら協働し，そのクライエントに合った言い回しによって，クライエントがより多くの可能性にきづくような支援を試みた。

　心理検査実施前のクライエントと検査者との関係，ラポールの中で，クライエントが，「壁掛けの時計の秒針の音が気になる」と言えたことが，一つのきっかけであったように思われる。X 年 4 月の時点では，室外の音には反応していたが，そのことに関するクライエントとの会話はほとんどなかった。今回，クライエントが「（音が）気になる」と言葉で言えたことが，協働的アセスメントにつながったものと考察される。

　ウェクスラー式知能検査を通して，クライエントの訴えを尊重し，クライエントがより安定して回答できる環境調整を試みたことで，検査結果が，本来のクライエントの知的機能を浮き彫りにできたものと思われる。また，ロ・

テストの場面では，反応数 75 とかなりの多さであったが，その，反応プロセスの一つひとつに，検査者が，反応内容や会話を通じて，クライエントと一緒にクライエントの世界の探索を試みた。その結果，クライエントの独特の知覚様式を理解することができた。

(5) 治療的アセスメントの視点

　検査者は，「スコアが生まれるプロセス」の観察に目を向けてみた。同じスコアでも，そこに至るプロセスはさまざまであり，そのプロセスを無視して最終結果だけに注目すると，大切な情報が失われてしまう。「関与しながらの観察（Sullivan, 1954）」を重視した。特に，ロ・テストにおいて，どうしてそのように知覚したのか，知覚してしまうのかに視点をあて，文脈的条件，要因を見出すことができたのではないかと思われる。

　検査者は，ウェクスラー式知能検査の結果とロ・テストの結果について，「些細なところに意識が向き，言葉に出してしまうこと（外部刺激への過反応）」「些細なことにこだわってしまい，過集中的になり，認知の歪みがでやすいこと」「継時的に処理することはできるが，同時に処理することが難しい」ことなどを伝え，どうしてそのようになってしまうのかを，クライエントと一緒に考えてみた。そうすると，クライエントは，「集中しようとすると，いろんな音が同時に聞こえてきて難しくなる」「頭がぼーっとしてくる」と語った。そして，再度，ASRS-v1.1 の結果について確認し合った。

　まず，自分の特性を周りに伝えてみることから話し合った。X 年 4 月に，検査者が助言したことが実行できなかった（自分の障害特性について伝えることができなかった）意味について，クライエントに聞いてみた。すると，「言わなくてもできるような気がした」と語った。しかしロ・テストでもみられたように，不安な気持ちがあり，依存的になってしまう面がみられること，クライエントも話したように，すぐキレて対人関係が困難になりやすいことなど伝えてみた。あわせて，クライエントの知的レベルは高く，ウェクスラー式知能検査の下位検査では，社会的知能といわれる「理解」問題が高い（評価点 14 点）ことなど，クライエントの本来の社会性の高さを伝えた。

クライエントとのやりとりには必然的に謙虚さと配慮が必要である。フィン（Finn, 2014）のいう，クライエントとの共感的波長合わせの重要性について，クライエントが理解してもらえているという感覚自体が，クライエントを回復させる力になったのではないかと考察された。

(6) 環境因子への配慮

ICF（International Classification of Functioning, Disability and Health：国際生活機能分類）は，人間の生活機能と障害の分類法として，2001年5月，世界保健機関（WHO）総会において採択された。この特徴は，これまでのWHO国際障害分類（ICIDH）がマイナス面を分類するという考え方が中心であったのに対し，ICFは，生活機能というプラス面からみるように視点を転換し，さらに環境因子等の観点を加えたことである。

環境因子（environmental factors）とは，人々が生活し，人生を送っている物的な環境や社会的環境，人々の社会的な態度による環境を構成する因子のことである。

この因子は個人の外部にあり，その人の社会の一員としての実行状況，課題や行為の遂行能力，心身機能・構造に対して，肯定的な影響または否定的な影響を及ぼしうる。

環境因子は，この分類の中では，次の2つの異なるレベルに焦点をあてて整理されている。

・個人的：家庭や職場，学校などの場面を含む個人にとって身近な環境。人が直接接触するような物的・物質的な環境や，家族，知人，仲間，よく知らない人などの他者との直接的な接触を含む。

・社会的：コミュニティや社会における公式または非公式な社会構造，サービス，全般的なアプローチ，または制度であり，個人に影響を与えるもの。これは就労環境，地域活動，政府機関，コミュニケーションと交通のサービス，非公式な社会ネットワーク，さらに法律，規定，公式・非公式な規則，人々の態度，イデオロギーなどに関連する組織やサービスを含む。

第2章　臨床心理アセスメント　*41*

このように障害は，個人をとりまく環境因子が変化することによって，その障害になっている症状や状態像も変化することが示唆される。したがって，臨床心理アセスメントにおいて得られる結果と，その結果を生み出す文脈，プロセスをクライエントと一緒によみすすめることで，クライエントの障害を最小限にする環境を作ることができるのではないかと考えられる。つまり，協働的アセスメントから治療的アセスメントにつながる可能性が示唆された。

(7) 間主観性理論からみた治療的アセスメント

間主観性理論（相手と自分との主観的感情，主観的体験が一致するという理論）は，個性記述的，現象学的な性質をもっている。検査者によってロ・テストの結果に違いがあったとの報告もある（Carlsson & Bihlar, 2000）。検査者の影響についても考慮する必要がある。

行動は，つねに何らかの文脈の中で生じる　　したがって，ある検査者には，たとえば境界性パーソナリティ障害の特徴を示すクライエントが，別の検査者にはそのような特徴をあらわさないこともある。

完全に客観的な測定法は存在しない　　検査者がクライエントを理解するうえで，自分自身の主観的な視点の影響を避けることはできない。結果を解釈するにあたっては，その検査者の生活歴と対人関係のとらえ方の原理（organizing principle）が必ず影響を及ぼしている。

対人関係といった文脈に対して自分が与えている影響の程度や性質について，きづいたり，関心をもったりすることはできる　　しかし，そうであったとしても，それらについて完全に知ることはできない。

そこで，間主観性理論が，協働的，現象学的，心理支援的な心理検査の実践に生かされているポイントがまとめられている。

文脈に焦点をあてる　　協働的検査者は，行動に影響を与える文脈的要素をより重視する。

アセスメントの枠組みに注意する　　協働的あるいは治療的アセスメントにおいては，アセスメントの枠組みそのものの文脈に注意をはらう。クライ

エントと検査者は，クライエントと相互に尊重し合う関係を構築できているのか，そのことが検査結果に大きな影響を与える。

検査データをクライエントとともに解釈する

異なる視点を考慮に入れる　　異なる視点を考慮に入れながら理解すると，クライエントを観る際の検査者の先入観や対人関係のかかわり方の原理にきづけるようになる。

アセスメントにおける検査者の影響がわかるように所見を書く　　アセスメントにおいて，検査者の影響を回避することができないならば，検査者の影響をきちんと認め，それを記録し，伝えることが大切である。

　間主観的に考えることで，われわれに現実的な謙虚さが培われる。また，心理検査を，クライエントの主観をよりよく理解するための「共感の拡大鏡」として用いるなら，アセスメントの間に一緒に作り上げる物語を通して，思いやりが高められ，新しい可能性が描き出され，つながりの感覚が強められるであろう。すなわち，アセスメントは，クライエントのみならず，検査者をも変化させる可能性を有している。クライエントの考えや検査者に対して抱く印象，あるいは検査のスコア（数値）や検査者，クライエントについて彼らが行う解釈を頭から否定することなく，柔軟な姿勢で受けとめるならば，われわれは変化しうるであろう。協働的・間主観的アセスメントは，自分を心理支援者としても，人間としても成長させてくれるものと思われる。

　フィン（Finn, 2014）は，次のように述べている。

　クライエントに心から**共感**（emphathy）するためには，「**クライエントの立場に立つ**（put ourselves in our client's shoes）」ことのできる力，クライエントを苦しめている葛藤，力動，感情の「自分版」とでもいうものを，絶えず自分の中にみつける努力をしなければならない。

　さらに，クライエントに対する思いやりのほかに，毅然とした態度も必要である。クライエントが心理的に安易に「近道」をしようとしていることに対して，過度に共感的になって正当化してあげたところで，それは何の役にも立たない。是々非々で伝えることも重要である。

第3章

臨床心理面接（心理療法）
—病める心への心理支援—

第1節　心理療法とは

　心理療法（**psychotherapy**）とは，人間が自己実現的に生きることを支援することであり，あるいはその支援の方法をさすことである。臨床心理学における心理療法のあり方は，第1章でも述べたが，究極的には，病める人間，悩める人間が，自己決定，自己選択的に，自己の生きる意味を確立していくことにある。

　その病める人間，悩める人間（クライエント：client）が，心理支援者（セラピスト：therapist）との「**出会い**」的状況の中で，自己へのきづきをもち，その自己を受容し，自己一致的に生きていくとき，心理療法は終結を迎える。クライエントの自己洞察，自己受容，自己一致の促進は，心理支援者（セラピスト）の受容性，共感性，透明性と密接な関係を有している。

　両者は，相互に変化していく存在であり，心理支援者（セラピスト）がクライエントを変えるのではなく，クライエントは心理支援者との出会い的関係の中で，自己成長，自己治療を促進していく存在といえよう。

　心理療法の種類は，その学派（オリエンテーション，治療仮説）の治療観，発達観，人間観などにより多くの治療法が存在している。ここでは，精神分析的接近，行動療法的接近，人間学的接近の3つの治療仮説に立脚する心理療法を紹介してみたい。

(1) 精神分析療法

　精神分析（**psychoanalysis**）は，1896年，フロイト（Freud, S.）によって初め

て使用された用語であった。フロイトは，無意識的心理を探求する方法，ならびにその無意識心理学に基づき神経症性障害（特に転換ヒステリー）を治療する方法，そしてこれらの臨床的知見の蓄積による理論化を進め，今日の「精神分析学」を展開させたのである。

　フロイトの精神分析学は，従来の意識心理学ではみられなかった「**無意識**」という心的過程の存在を主張した。人間の行動，夢，症状等の背後にある無意識的意味を自由連想や夢分析，解釈などによって人間理解の方法を試み，治療技法を確立させてきた。

　また，フロイトは「**抑圧**」（repression）理論を自我の防衛機制として主張し，「抑圧理論こそ，精神分析の全構造がその上に建てられる礎石であり，精神分析の本質的部分である」とその重要性を述べている。

　フロイトは，症状の発生と治療仮説を次のように述べている。人間は道徳的，倫理的に許されない願望や，想起することが苦痛な感情を伴う体験などを，「抑圧」という心理的メカニズムによって，人間の心理構造の主要な部分をさす「無意識」世界（日常意識することのできない世界）に押し込め，閉じ込めるものであると唱えた。かくして，これらの欲求や願望，感情の直接的な表出が阻止されると，その後になって，種々の問題行動（症状）として意味的表現がみられるとした。したがって，その問題行動（症状）の治療においては，原因となっているクライエントの無意識世界に抑圧されているものを，クライエントの意識世界に戻すことにより，治療上の問題を解決することができるということを臨床的に明らかにした。

　フロイトの精神分析学は，その後，心理学，精神医学を中心として，さまざまなジャンルで発展的変化を遂げながら今日の立場を築いてきた。分析的心理学のユング（Jung, C. G.），児童分析学のアンナ・フロイト（Freud, A.），精神分析学的自我心理学のエリクソン（Erikson, E. H.）などはその代表的臨床家であり，理論家である。

　心理支援的接近においては，「解釈」のとらえ方に関して注意すべき点があるように思われる。解釈を機械的・理論的に取り入れるのでなく，クライエントの無意識的表現を了解的に，意味的表現として，心理支援者（セラピ

スト）との一つの通路として受けとめるとき，心理療法のプロセスに深まりがみられると思われる。

(2) 行動療法

　行動療法（behavior therapy）は，ワトソン（Watson, J. B.）の行動主義心理学，スキナー（Skinner, B. F.）らの新行動主義心理学を理論的背景にしつつ，1950 年代になり発展してきた心理療法である。特に，ロンドン大学のアイゼンク（Eyzenck, 1965）の功績が大きいといわれる。現在では，認知行動療法・認知療法として発展してきている。

　行動療法は**学習理論，条件反射理論**を背景に有し，問題行動（症状）の発生を次のように説明する。人間は出生直後から死に至るまで，さまざまな経験や訓練を重ねながら適応していくのに必要な種々の行動を習得していく。さらに適応的な行動がとれるように，適切な行動へと修正したものを身につけていく（これを学習という）。したがって，問題行動（症状）とは，適応に必要な適切な行動をまだ学習していないか，あるいは適応的でない，不適切な誤った行動を学習したために生じるものであるという治療仮説に立っている。問題行動（症状）の治療は，前者の場合，適切な行動を習得させることであり，後者の場合，その誤った行動を修正し，より適切な行動を学習させることにあるとしている。

　心理支援においては，個としての人間の独自性，主体性，自発性を無視した機械論的，画一的，操作的アプローチにならぬよう，人間的なあたたかい配慮が基本的に問われなければならないものと思われる。人間の子どもは，愛情豊かな親子関係のもとで，適切な行動（食行動，排泄行動など）を取り込んでいくものである。それは，親子間の愛情に満ちた関係の中で自然に営まれるものである。愛情のない，一方的な学習のプログラムでは，真の臨床援助にならないどころか，人間はロボット化され，否応なしに「**プロクルステスのベッド**」註) に寝かしつけられてしまうことになる。

　　註）プロクルステスは，旅人を自分のベッドに無理やり寝かせて，その身長が短すぎるときには体をベッドの長さに合うように叩き延ばすか，のしを付けて引き延ばし，

ベッドより長い場合には切り縮めて楽しんだといわれる。「プロクルステスのベッド」とは，一方的で強引な画一化を意味している。

(3) 人間学的心理療法

　人間学派に属する心理療法の総称であり，中心的な治療仮説は共通しているものの，各々の学派により，また立脚する人間学的哲学や治療観により，それぞれ特徴がみられる。ここでは，ロジャーズ（Rogers, 1972）の**来談者中心療法**（client centered therapy）に視点をあてて，その考えを述べることにする。

　人間学的心理療法（humanistic psychotherapy）に代表される来談者（人間）中心療法の治療仮説は，人間とはその個人なりの独自性をもち，自らの自由意思で決定し，人生の生きる意味を，積極的に内側から方向づけながら自己実現的に存在するものととらえる。人間の問題行動（症状）とは，このような自発的，主体的，独自的な人間本来の生き方が阻害される結果，無目的で，無意味的になり，自己喪失的状態として意味表現されたものである。人間はすべて自己実現傾向（潜在的可能性の発現：よりよく生きたいという人間の内在的，根元的，基本的欲求）を有しており，その実現傾向が歪められ，弱められるとき，心を病み，悩む存在となる。

　心理支援的接近としては，特別な治療技法を重視するというよりも，クライエントに対する心理支援者（セラピスト）の人間的なあたたかさや誠実さ，受容性と共感性が重要な意味をもってくる。クライエントという人間は，あるがままの心理支援者との出会いの中で，しだいに自己へのきづきをもち，そのような自己を受容し，自己の生きる意味を確立し始め，自己決定的に行動するようになる。

第2節　心理療法をする側（心理支援者）のあり方

　卵の中がどうなっているか，「みる」ことができるだろうか。卵の中の音が「聴こえる」だろうか。「感じられる」だろうか。人の「心」も同じであ

る。人の「心」がどうなっているのか，「みえ」「聴こえ」「感じられる」のは，われわれの「心」なのである。

「啐啄同時」の「啐」は，卵の中で雛が殻をつつく音をいい，「啄」は，親鳥が外から卵をつつくことをいう。これは，禅宗の言葉だが，人とのかかわりにおいても，とても大切な関係に思われる。卵の中の雛が，卵からふ化しようとするとき，卵の殻を内側からつつく。親鳥（かかわる側）は，その卵の中を察し，わずかな音に耳を傾け，雛がつついた殻のちょうどその外側から，つつく。そうすると，卵の中の雛は，殻（暗闇の世界）から抜け出すことができる。そして，外側からつついてくれた親鳥との間に，信頼の「絆」が生まれてくるのである。

多くのクライエントは，暗闇の世界で生きている。しかし，人間には，自己実現傾向という，だれもが，今よりももっとよりよく生きたいという「生きる力」をもっている。その「生きる力」が高まり，回復しようとするとき，暗闇の世界（卵の殻）から脱しようとするのである。その瞬間を逃さず，また，クライエントが求めていることと離齬が生じないように，的確に，適切にかかわることが，人と人との「絆」を回復するチャンスになると思われる。

まだ殻を脱しようとする元気がないときは，かかわる側は，卵の中を察しつつ，あたたかく見守ることが求められている。少しでも安心して，ゆっくり休めるように，そっと，そして，積極的に待つのである。

人は，親鳥のような「人」によって「信頼の絆」を得，自分らしい生き方を確立していけるのである。啐啄同時の関係（呼応的関係）は，心理支援における，必要不可欠の関係であると思われる。

心理支援のあり方が，啐啄同時の関係（呼応的関係）で，臨床的であり，非日常的レベルのものであるほど，心理支援者の条件は重要な意味をもつ。一方，その条件が，クライエントにとって十分であればあるほど，自己実現傾向（潜在的可能性）は促進されるといわれる。

心理支援者（セラピスト）の第一の条件は，「**自己洞察**」である。心理支援者自身が自己への洞察が困難である場合，他者であるクライエントへの理解は困難なものとなる。すなわち，自分自身を見抜き，きづく深さが，他者を

理解し，洞察する深さと同一の条件となるのである。心理支援者の自己理解のあり方が，クライエントをいかに深く理解し，共感できるかにかかっている。自己覚知（自己に対するきづき）を深める方法は，多くの貴重な臨床的経験を通して，クライエントとの「出会い」の中で確立する。心理支援者は，クライエントから学ぶ存在でもある。

心理支援者（セラピスト）の第二の条件は，「**自己受容**」である。心理支援者の自己受容の程度が，クライエントに対する受容（他者受容）と同一の条件になる。逆に，心理支援者の自己否定は他者否定につながる。心理療法という臨床の場は，クライエントに対して無条件の肯定が原則とされる。このことは，クライエントに対する受容が最も重要となることを意味している。すなわち，心理支援者の受容性（自己受容性）を高めることが，心理療法の意味を深めることになる。人間は，自分にとって都合のよい点は認める（受容）ことができるが，不都合なことや，欠点，弱点があると否定しがちである。ところが，真実なる自己とは，長所と同時に短所をも担って生きている「あるがまま」の人間像である。あるがままの自分を受容できたとき，初めて，他者というクライエントをあるがままに受容できる。個人の弱点は，長所と同様に，その個人のパーソナリティの本質的属性なのである。その本質的属性を否定している限り，自分自身の否定（自己否定）につながるだけでなく，自分と同様の弱点を他者の中にみたとき，その人間を否定したくなる感情が生じる。このとき，心理療法という「受容的」支援関係は危機的になり，クライエントは否定されることになる。

心理支援者（セラピスト）の第三の条件は，「**自己一致**」である。自己一致とは，心理支援者の有する「透明性」である。心理支援者のあり方が透明であるとき，クライエントも信頼感をもち，同様に透明になり，あるがままの姿を表明することが可能になる。逆に，心理支援者のあり方が「自己不一致」であるときに，クライエントは，「不透明」な心理支援者に不信感，不安感を抱き，その場限りの「みせかけの関係」しかもてなくなる。心理療法という治療の場は，非日常性が重要であった。その非日常の場に，日常的なみせかけやスムーズな関係（表面的なよい関係）が入りこむことにより，自己実現

を促進していく「真実なる関係」は失われてしまう。現実の自己像と理想の自己像は，だれもが有するものである。しかし，現実の自分の姿を否定し，理想の自分の姿こそが本来の自分の姿であると，誤った自己認知（自己不一致）をしたとき，その個人の行動は不適応的となり，不健康な状態を示し始める。

　一方，健康で自己実現的な人間ほど，現実の自分を深く洞察しており，「あるべき姿」としての自分を明確に理解することができる。心理支援者（セラピスト）が自己一致的に生きているとき，クライエントもまた，そのように生きようとするのである。

　次に，大人の心理療法を子どもに適用したプレイ・セラピー（遊戯療法）について述べる。

第3節　子どもの心理療法—プレイ・セラピー（遊戯療法）

(1)「あそび」の意味

　人間は，あそぶことによって発達してきたといっても過言ではない。特に，幼児期，児童期においては，「**あそび**」は重要な発達課題として心理学的にも研究されてきた。また，「あそび」を体験することにより，子どもたちは運動機能，言語表現，感情表現，社会性を自然に獲得してきたことも経験的に知られている。すなわち，「あそび」によって子どもたちは心身の発達，成長を促進させ，人間社会の中でたくましく生きのびる方法を自然のうちに取り込んできた。

　一方，現代の子どもをとり囲む環境は，「あそび」の時空間を困難な状況にしてしまった。子どものあそび場が少なくなっただけでなく，あそびの時間も奪われてしまった。親によっては，あそぶことよりも知的学習を重視し，早期から発達課題を先取りすることにより，子どもの知的促進のみに視点があてられ，人間としての感性的成熟をスポイルしてしまっている。そのために，情緒や社会性，自我機能の未熟な人間が生み出され，現代的病理状況に染まった神経症的不登校，出社拒否などの自己拡散的あるいは自己喪失的青少年や大人が増えてきたと思われる。極端にいえば「あそびを知らない」子

どもたち，「あそびを奪われた」人間たちの未来の姿が，さまざまな状態で
現代の青年像に反映されていると考えられる。

　ヒトが人間として社会的に生きていくためには，「あそび」という必要不
可欠な発達課題を取り戻すことである。しかも，その「あそび」は，その子
どもにとって，自然で自由であり，自発的で解放的であることが重要である。
「あそび」が「あそび指導」という学習課題となったとき，「あそび」が本来
もっている，楽しく興味深く，自由で解放的な感情はスポイルされてしまう。
そのとき，「あそび」は「あそび」の性質を失い，ただの大人による教育的
指導や訓練になってしまう。

　「あそび」のもっている心理学的意味は，人間としての発達，成長の根元
的要因を含んでおり，特に，発達的障害や心理的問題行動を有している子ど
もにとっては，重要な治療的意味が存在しているということである。たとえ
ば，緘黙という心理的状態にある子どもは，「あそぶ」ことによって「語り
つくす」こともできよう。病院が嫌な子どもは，病院ごっこを「あそび」の
中で繰り返し，しだいに病院に行くことを受けいれ始める。ままごと「あそ
び」の中で，子どもたちは自然に父親や母親，男性や女性の役割行動，社会
的機能などを取り込んでいく。オニごっこやかくれんぼなどの「あそび」を
通して，運動機能や社会的ルールなどを発展させている。「あそび」の中で
生じるケンカや争いごとなども，子どもの感情表現や対人関係や自我機能の
発達を促進させてきたのである。「あそび」のもつ心理的意味には，健全な
発達の促進と治療的意味が基本的に含まれている。

(2) プレイ・セラピー

　大人の心理療法においては，心理支援者（セラピスト）とクライエントが，
「言語」を媒介にしてお互いに表明し合い，語り合うという治療的プロセス
が存在する。しかし，子どもの場合，自分の苦悩や問題行動に対しての自己
認知や，自己表現をすることが未発達であるだけでなく，自分できづいてい
ないことも多い。多くの場合，子ども（クライエント）は親と一緒に来談し，
親は心理療法を受け，子どもはプレイ・セラピー（play therapy）を受けると

いう方法（並行面接）がとられている。

クライエントは，心理支援者（セラピスト）と一緒にプレイ・ルーム（play room）に入り，いろいろな遊具を媒体として，心理支援者と遊ぶ。その間，親（あるいは親に代わる人）は，別室で心理支援者による心理療法を受ける。子どものさまざまな問題行動は，親（あるいは育児の中心となっている人）との関係の中で生じてくることもあるし，そうでないにしても（たとえば，知的障害児や自閉スペクトラム症児など），親の健全な生き方が子どもの発達を促すことはよく知られている。したがって，心理療法を通して親が安定し，健全な生き方へ変化・変容していくとき，子どももまた安定し，一層，発達的変化を遂げていく。子どものみに接近しても，親をはじめ，家族状況が変化しない限り，子どもの発達的土壌も変化しない。幼少であるほど，クライエントとそのクライエントにとっての**シグニフィカント・パーソン**（significant person：重要な意味をもつ人）への接近は大切であり，心理支援，家族への支援のありようが問われることになる。

クライエントにとって，プレイ・ルームが魅力的であるために，遊具の選択も工夫する必要がある。そのほか，プレイ・ルームの広さ，設備などによっても，クライエントの自由性は影響を受けるので，できる限り，制限や禁止の少ない空間を配慮する必要がある。

1）治療的場としてのプレイ・ルーム

心理療法的空間の広さは，治療構造に影響を与えるといわれる。狭すぎる場合，クライエントによっては心理支援者（セラピスト）との関係が密接しすぎて緊張や不安を煽ったり，行動の自由を制限されたりする。また，広すぎる場合，治療的関係が希薄になったり，開放的になりすぎて，攻撃性や多動性を煽ることがある。**個人遊戯療法**（individual play therapy）の場合は，15〜20㎡が，**集団遊戯療法**（group play therapy）の場合は，30〜40㎡くらいが好ましいとされる。

2）治療的意味を深める遊具の選択

プレイ・セラピーでの遊具の意義は重大であり，ジノット（Ginott, 1968）は臨床的な経験に基づき，次のような遊具の選択基準を提唱している。

第3章　臨床心理面接（心理療法）　*53*

①治療的関係を促進しやすいもの

②カタルシス（catharsis）を促進するもの

③クライエントの洞察を促進するもの

④社会性（現実化）を促進できるもの

⑤昇華（sublimation）の媒体となるもの

「遊具は子どもの単語である」（Lebo, 1958）といわれるが，子どもにとって魅力的なもの，内面感情を解放するもの，関係性を深め，想像性をかきたてるものが心理支援においては重要であろう。子どもによっては，身を隠し，一人になれるものに意味があるし，集団の場合，対人交流を促進するものが必要となる。

3）治療契約：時間と回数

1回のセッション（session）は，子どもの発達段階，臨床像，心理支援の経過によって異なるが，週1回30分から50分程度の**治療契約**を結ぶことが多い。子どもは親と一緒に来談し，心理支援者（セラピスト）とプレイ・ルームへ，親（あるいは親に代わる人）は面接室で心理療法を受けるのが一般的である。

4）プレイ・セラピーのプロセス

ムスターカス（Moustakas, 1968）は，プレイ・セラピーのプロセスについて以下のように述べている。

①漠然とした不安や敵意の時期

②不安と敵意のアンビバレント（ambivalent）な時期

③敵意や恐怖といった否定的態度の直接的表出の時期

④肯定的態度と否定的態度のアンビバレントな表出の時期

⑤肯定的態度と否定的態度の現実的分化の時期

このほかにも臨床家によってさまざまな分け方があるが，以下の4期に分けることが多い。

①不安と緊張の時期

②依存的な時期

③否定的，攻撃的感情表現の時期

④受容的，肯定的感情の表現の時期

終結へと至る

5）観察・記録と臨床的視点

プレイ・セラピーの過程を記録し，分析することは，心理支援者（セラピスト）の自己成長の重要な資料となる。また，毎回のセッションをケース・レポート（case report）として記録し，スーパーヴァイズ（supervise）を受けることも重要である。行動観察の逐語記録のほか，視聴覚機器やコンピュータなどによる分析の方法がある。

臨床的には，病理だけでなく健康な視点も含めた健康（成長）モデルと，病理に視点をあてた病理モデルが必要であり，次のような項目などが考えられる。

①**対人関係の様式**（分離不安，視線接触など）

②**感情表現の様式**（不安，依存，攻撃など）

③**行動（活動）の様式**（内閉性，多動性など）

④**言語表現の様式**（緘黙的，エコラリアなど）

⑤**遊びの内容**（模倣，役割遊び，集中力など）

⑥**運動能力**（大・小運動，器用・不器用など）

⑦**その他，特記すべき行動**（異食など）など

6）アクスラインの8つの原理

アクスライン（Axline, 1947）は，ロジャーズの来談者中心療法を子どもの心理療法に適用し，「プレイ・セラピー（遊戯療法）」を発展させた。彼女は，子どもの有する**潜在的能力**（potentiality）を最大限に発揮するための心理支援的方法を**8つの原理**にまとめた。筆者（久留, 1989）の臨床的知見を加えて，治療的意味づけをしてみたい。

①**心理支援者（セラピスト）は，まずクライエントとのあたたかい親密な人間関係をつくりあげる**　すなわち，ラポールづくりであり，クライエントと心理支援者との関係が，親和的で信頼的になることである。そして，しだいに，自由で開放的な雰囲気がクライエントに感じとられていくことが重要である。

第3章　臨床心理面接（心理療法）　　55

②**心理支援者（セラピスト）は，クライエントをあるがままに受け容れる**
心理支援者は，クライエントの問題行動に焦点をあて，そのことでクライエントの人格を評価してはならない。クライエントは，自分が評価されていると感じると，その評価の枠組みにますます反応的になる。心理支援者は，現在のクライエントの状態をあるがままに，やがて変化していく状態として受けとめる。

③**心理支援者（セラピスト）は，クライエントが自分の気持ちを自由に表現できるような治療場面の雰囲気をつくり出す**　心理支援者は，あたたかく，おおらかな雰囲気を備えていることが必要である。日常世界ではためらいやわだかまりのあることも，治療的世界では自由に感じるままに自分の気持ちを表現することが許されていることを，ク・ラ・イ・エ・ン・ト・が・感じとれることである。

④**心理支援者（セラピスト）は，クライエントが表現している気持ちを正確に認知し，クライエントの洞察獲得を助けるよう反射する**（正確な認知と適切な反射）　つまずき，傷ついたクライエントは，自分の内面世界を十分に表明できないでいる。そのようなクライエントの感情世界を**正確に認知**し，心理支援者はそれをクライエントにフィードバックする。すなわち，クライエントの内的世界が，心理支援者という鏡を通して，クライエントに感じとれるような**反射**をする。クライエントは，心理支援者という鏡に映った姿をみて，真実たる自分の姿にきづき，よりよい自己の生き方へと変化・変容していく。

⑤**心理支援者（セラピスト）は，クライエントが自分の問題を自分で解決できる能力をもっていることを認め，クライエントの自発性を尊重する**　クライエントの潜在的能力を尊重し，やがて自らの力でよりよい生き方を決定できる人間としての尊厳性を重視する。人間は，どんなにつまずいても，今よりよくありたい，過去の自分よりもっとよい生き方をしたいという基本的欲求（自己実現傾向）を有している。心理支援者がその欲求を援助することにより，クライエントは自発性を発揮し始めるのである。

⑥**心理支援者（セラピスト）は，クライエントの会話や行動を先導しないで，**

むしろクライエントの先導にしたがう　　クライエントはいつも，親や教師によって先導され，自己決定することをスポイルされている。そうするとクライエントは一層，自信を失い，自分のやり方で決定することにためらいをもってしまう。そのようなクライエントに，心理支援者は，自分で選択し，決定し，進められるようゆっくりと「（積極的に）待つ」のである。

　⑦**心理支援者（セラピスト）は，治療をせかさない**　　クライエントは，自分の発達エネルギーを自分なりの方法で使用し，自分なりのペースを有している。しかし，日常世界においては，そのペースを認められず，混乱し，挫折状況に追い込まれてしまう。心理支援者はクライエントの本来のペースを尊重し，クライエントの独自の動きが出てくるのを，ゆっくりと，おおらかに待つのである。

　⑧**心理支援者（セラピスト）は，治療を現実生活に関連づけて，クライエントの責任感を促すための制限を設ける**　　以上，①から⑦の治療（非日常）的関係は，クライエントにとって自由で受容的な世界である。しかしながら，いかに非日常的な世界とはいえ，治療的世界も現実世界に根ざしていることをクライエントに伝える必要がある。そのことが**制限**であり，禁止である。制限や禁止の治療的意味は，治療的関係の成立と安定，クライエントの安全や健康を守ることであり，①から⑦までの治療的世界が促進されるために存在する。全く無制限であるとき，たとえば心理支援者が生命の危機感をもち，不安定になり，心理支援的関係が成立しなくなる。また，クライエントが不道徳，不健康な行動をとるとき，心理支援者は，すぐにその行為を制限し，禁止し，健康で安全な方向への支援をする。自己実現的傾向の促進が治療であることからも理解できるように，制限や禁止は，クライエントに対して，治療上，積極的意味を有するものである。

第4節　親への心理療法

　いわゆる問題をもつクライエントのシグニフィカント・パーソン（多くの場合，親）の心理的背景は，クライエントと同様に苦悩に満ち，混乱してい

ることが多い。クライエントの問題がどのようなものであれ，人間の親として，その気持ちに変わりはないであろう。このような悩める人間に対しては，心理療法を中心とした心理支援が重要な意味をもつ。相談に訪れるクライエントたちは，理性的には問題の解決についての答えを知っていることが多いが，感情的なレベルではその解決法を受容することができず，そのために，自分の子どもに対して拒否的になったり，あるいは共生的になったり，親子ともども病理的な関係に陥ってしまうことが多い。

　したがって第一に，**親の内面世界（感情）を受容すること**に重要な意味が存在する。彼らは「〜すべきである」という理論的方法を知ってはいても，「今，ここで」の世界においては，子どもの問題行動を否定したり，回避したり，混乱した生き方になっている。混乱した感情が心理支援者によって受容され，共感されるにしたがい，親は，子どもの問題行動を受容し，子どもとともに生きていく勇気を確立し始める。

　第二に，心理支援者は**親の「生きる意味」の確立について支援していくこと**が重要である。親は，わが子のために，未来に対して不安と苦悩の先取りをしていることが多い。「生きる意味」の拡散や喪失は，親としてのアイデンティティの拡散や喪失をも意味している。したがって，心理支援者は親自身が一回限りの生命を大切にし，子どもとともに未来に歩み出す勇気と，よりよく生きたいという生命エネルギーが再び活性化するよう支援していくのである。親の中に「生きる意味」が感じとれてくると，現実を重視し始め，子どもを受容し始める。そして，自分たちの生きる方向を自ら確立し決定し始める。

　最後に，ミクロな視点の心理療法のみでは，限界を感じることも多い。個対個の支援はきわめて重要であり，基本的なものであることはいうまでもない。一方，個は社会的にも存在している。したがって，学級，学校，職場，地域全体からの支援も重要であり，そのための啓発も必要である。問題行動は心理社会的構造の中から生じてくるものも多く，その意味において，治療共同体のあり方が問われなければならないであろう。

第5節　心理療法の効果の測定—プロセス・スケール

　心理療法の効果の測定は，みえない心の世界のうごきを把握するうえで，とても重要である。ここで，ロジャーズ（Rogers, 1972）の**プロセス・スケール**を紹介する（表3-1）。心理支援者（セラピスト），スーパーヴァイザー，観察者等との合評をしながら，心理療法の効果を科学的，客観的に測定しておく必要がある。

第6節　チーム・アプローチのありよう—「臨床援助」の視点

　一人の人間が誕生し，成長，発達を遂げ，やがて死に至るまでのプロセスを考えるとき，乳児期，幼児期，児童期，青年期，成人期，高齢期なりの発達課題があり，それぞれのアイデンティティに基づいた生き方，環境の選択がある。ある人間は特別支援学校で教育を受け，その後，施設内で生活をするかもしれない。また，ある人間は，小学校，中学校，高校，大学と健康な生活を送り，社会人になってから統合失調症となり，入退院を繰り返し，病棟での生活が長くなるかもしれない。さらに，ある人間は，ずっと健康な人生を送ってきたものの，退職後，認知症となり，いわゆる高齢者病棟での生活が中心になるかもしれない。

　一人の人間が長い人生において，さまざまな支援的接近を受けることは避けられないことであり，それらの支援的接近を包括した概念として筆者（久留, 1989）は，「**臨床援助**」という用語を提唱した。

　それぞれの専門分野は，独自性，主体性を有すると同時に，特に人間に直接関わる専門分野では学際的であることが要求される。すなわち，心理学も医学も，教育も福祉も，専門分野として不連続的細分化を主張するのでなく，それぞれの分野の独自性，主体性はもちろんのこと，病める人間，悩める人間，障害のある人間に対して，統合的，連続的，共通的基盤をもった人間学的科学や哲学のうえに支援がなされるべきであろう。医学や心理学にお

第3章　臨床心理面接（心理療法）　　*59*

表 3-1　カウンセリングの過程尺度（Rogers, 1972）

ストランド	過程段階		
	1	2	3
I　感情の個人的意味 （FPM）	・自己の内部感情を意識しないため，本当の気持ちが出ていない。感情は過去の遠く離れたものとして述べる。何を話すか，ためらい当惑する。	・感情は時に意識されるが，外部のもの，過去の対象として非人称的に述べる。自分の感情はなるべく避けるように自己と無関係に述べる。	・感情は過去でも私が出て個人的意味が次第に密着してくる。嫌な感情を述べた後は，ほっとした気持ちになったりする。
II　体験過程の様式 （EXP）	・自分の今，ここでの瞬間の感情を述べることがない。問題について外部から眺めた過去を語るにすぎない。	・現在の事象は過去のものとして述べ，自己との関係に思いつかない。問題には合理化等で自己を防衛し，直接に体験に近づこうとしない。	・体験は過去の再経験として生き生きと報告的に述べるが，しかし今ここでの経験として述べるのではない。
III　不一致の度合 （INC）	・体験と意識との間に大きな矛盾があるがきづかないし，知らずにいる。これは傍観者には一方的で狭い考えとみられる。	・客体としての自己についての発言に，矛盾があっても全く意識していない。	・体験の中の矛盾にきづくが経験と自己（表明）の不一致がまだ十分反省されていない。
IV　自己の伝達 （SEL）	・自己を伝達したがらないし，話は不馴れなどと述べたりする。問題に無関係な世間話をしたりする。	・問題にふれないで，非自己的話題について話す。自己は学校・家庭・遺伝等の結果と考えている。自己の外部からの評価を気にする。	・他人の中に反映された自己の過去を客観的に述べたり，自己および自己に関係した活動や役割を，客観的により自由に表現したりする。
V　個人的構成概念 （PC）	・自己を頑固に信じ，その意味づけは自己の外部にあると考えている。価値判断は白か黒かなど絶対的で，未分化でおおまかである。	・自己の考えを固守し変えようとしない。自己および生活は，外的条件により規定され関与できない。	・自己はまだ固いが，時に構成にきづく。時に過去の自己の構成の妥当性に疑問を抱いたりする。
VI　問題の関係 （PBR）	・問題意識や治療の自覚がない。困った問題はないし，大丈夫で健康で変容の必要がない。	・問題を認めるがそれは外部条件で起こったと考える。問題を感情的に意識したり責任を感じたりしない。	・問題は外部より自己の内部にあるときづき始める。感情的にはまだ十分意識していない。
VII　対人関係 （REL）	・カウンセラーとの接近を避けたがる。カウンセラーは治療者，解釈者と思っている。	・何か話さなければならないと思うが，自ら質問することを恐れている。相談室を自分が自由に動ける場と考えない。	・カウンセラーへの信頼の感情が高まり，自由な発言が多くなる。カウンセラーを自分のことは何でも話せる腹心として受けいれる。

4	5	6	7
・感情は自己に密着して現在の対象として自由に述べられる。強い感情は時に不信や恐れを抱いたり，あるいは意欲を突き破る形で述べられる。	・感情は心中に起こるや直ちに自由に述べられ，瞬時的に経験され受容される。感情を体験すると直接的な照合体（意味）が与えられることが理解される。	・以前，意識されなかった新しい積極的な感情が経験され受容される。そこには否定・抵抗・恐怖がない。	・新しい感情が豊かに瞬時的に体験されると，この体験過程は，明確な照合体として用いられ，深い意識に導く。
・何か体験していろいろなことを漠然と不本意に恐る恐る認める。内的照合枠（体験の意味）は，不明確で混乱したときに厄介に思われる。経験は過去に縛られることが少なく遅延なしに起こる。	・感情が瞬時的に経験されると体験過程は進行し意識され概念化される。体験過程の照合体は意味や象徴化を深めるが，まだ明確化できないから恐怖もある。	・これまで否定された感情はそのまま経験され自己として受容（肯定）される。照合体（体験の意味）は現在の自己になっていく。この体験は劇的かつ鮮明で生理的解放がみられる。	・変化する体験の流れを信頼し，その中に快く生きる。現在の体験過程に即して生き，経験の意味（照合体）を信じ，最高の指標としようとする。
・体験上の矛盾が実感され，それに関心をもつ。現在の自己と以前の自己の分裂が意識される。経験の分化に伴い，象徴化の正確を求める。	・矛盾は人格の異なった側面や水準による態度として認識され，生き生きしている。古い客体的自己と新しい体験をする自己との対比が生き生きと経験される。	・体験過程に十分生きる瞬間に自己一致の中に自己不一致が消えていくのが目立つ。感情の象徴化の不正確さにきづくと一致をもたらす。	・体験過程を受容し，その中に生きるにつれて，体験の意味の象徴化・概念化が正確となり，不一致は最小限に，また一時的になる。
・自己に関連した現在の種々の感情を述べる。過去を述べても現在の処理にとりくむ。体験過程に，より直接的，より集中的となり，自己発見に努める。	・自己の現在の感情を自由に表明し受容し，感情そのものすなわち真の自己になりたいと願う。自己が現在の感情に表明されると，客体的自己の知覚が少なくなる。	・自己は感情，あるいは有機体経験としての体験過程そのものである。自己意識は反射的で，対象として強く意識しない。	・自己は知覚の対象よりも確信をもって感じとられるもので，豊かに変化する体験の反射意識である。
・自己は相対性，融通性をもち始め，体験は，常に妥当しないことにきづき，疑ったり時に過去を問題とする。	・自己は柔軟性を増し，自己について新しい発見や疑問をもったりする。自分の中で自由な対話が起こり，内的交流が改善される。	・不一致の感情を体験し受容すると，自己の受容を生き生き経験する。安定した照合体が解放されたときにしばしば不安を感じる。	・自己すなわち体験の発展は常に融通的・試験的に行われ，より深い体験に照合して再検討・再構成される。
・問題に対する自己の責任が表明される。自己が問題の原因であると理解するが，まだ動揺する。	・問題に対する自己の原因を気にし，明確に責任があると感じる。	・問題のある面を生き生き経験すると問題への生き方が関心となる。問題の話が少なくなり，自己のあり方，生き方が焦点となる。	・自己の新しい生き方，すなわち体験過程が深まると，計画や行動の新しいあり方が効果的になる。こうなると，問題は特別の意味をもたない。
・両者の親密さを心配しながらも，感情的水準の相互関係を保つように試みる。	・人間関係が感情水準で行われる。感情が通じ合い，気持ちを同じくすることができる。	・カウンセラーが現実の自己を受容することを信じる。自己はカウンセラーとの関係で真の自己となることに努める。	・自己の直接的なありのままの体験に基づいて，だれとでも自由で率直な関係を保とうとする。

第3章　臨床心理面接（心理療法）　　*61*

ける臨床観，治療観，教育や福祉における発達観，援助観が，一人の人間に統合されたとき，臨床援助としての開かれた人間学的接近が展開されてくる。一人の人間（病み，悩み，障害のある存在）に対して，医師も看護師も，心理支援者（臨床心理士・公認心理師）も，教師も，かかわる者すべてが，共通的，連続的人間観に立脚するとき，「臨床援助」というかかわりが成立する。

　たとえば，PTSD に苦悩する人間にとって，心理支援者（臨床心理士・公認心理師）や医師，保健師，看護師，PSW（精神科ソーシャルワーカー），法律家，行政家，子どもの場合は教師や両親など，周囲のあたたかい連携と共通理解に立った支援が必要になる。また，障害をもつ人間のライフ・サイクルにより，その時々において，それぞれの臨床援助の専門家がケース・ネットワークを設定する必要がある。一人の人間をめぐって，臨床援助を織りなす人々が，人間学的接近という共通の基盤に立ち，ホリスティック・アプローチ（全人的，統合的接近）を展開し，協働・連携し，継続していくとき，その人間の「生きる意味」はしだいに確立されていく。

　以下に，「心理支援」の基本哲学をベースにした，チーム・アプローチのありようを述べる。

(1) 一人ひとりの事例に対する支援者全体の「共通理解」

　植物を育てるために，まず，土壌を耕す必要がある。その植物にとって，適切で豊かな土壌でない限り，生き生きとした植物は育たない。しかし，育てている植物に害虫がついたり，根腐れを起こしたりするとき，専門家の意見を聞きたくなる。同様に，問題をもつ人間のとらえ方に関して，専門家による助言に耳を傾ける必要が生じてくる。とはいえ，人間の行動のとらえ方は，しばしば一面的になりがちである。

　ある一人の人間の部分をみて，その人間の全体と思い込んだとき，とんでもない誤解をし，誤った支援をしてしまう。したがって，専門的な立場からの助言にも耳を傾け，一人の人間をめぐって，全体的理解，共通理解が必要となる。そうしたとき，初めて，その人間にとって最も適切な支援が可能となる。共通理解をすることにより，支援者一人ひとりが，一人の子どもに対

して一貫性のある理解と支援を行うことができる。

さらに，人間にとって，その環境（学校，職場，病院，施設など）が「開かれている」ことは，きわめて大切である。「閉ざされた」環境では，クライエントも心を閉ざし，真の自分の姿をみせてくれない。かかわる側が心を開いているとき，クライエントもその透明な信頼できる関係に安心して心を開くことができる。自国さえすぐれていればよいという利己的王国を支配し，「優勝劣敗主義」を煽るのみでは，クライエントは他を敵対視し，負けることへのこだわりが生じてしまう。競争原理のもつマイナス面を十分に配慮しておくことが重要である。

また，支援者が「啐啄同時の関係」をもつことは，クライエントとのかかわりにおいて重要な意味をもつ。スタッフの眼（まなこ）がクライエントの心の痛みを洞察し，耳は心の叫びを傾聴し，そして心の響きに音叉のように共鳴できたとき，全支援者の真の共通理解は促進されていく。

(2) 支援体制が機能するための環境調整と「自己研修」

畑に育ってきた植物は，すくすくと伸びているものもあるが，枯れているもの，虫に喰われたものも出てくる。その原因には，水や光，肥料の過不足，不適切な温度などさまざまな要因がある。それを改善していくには，その植物の環境調整や専門家の知恵を借りることも必要である。つまり，一見，完成したとしてもまだ完全とはいえないのである。それが十分に機能するための人的，物的環境を整える必要がある。

そのためには，研修会を充実させる必要がある。医師，心理支援者（臨床心理士・公認心理師）などの専門家を中心に，感性教育のための知恵を共有することである。時には，事例検討会（ケース・カンファレンス）を通して具体的に，経験的に感得する機会を設定する。この場合，実際に現存する人間が，研修の内容になるので，「**守秘義務**」を遵守することが大切である。「共通理解」と「守秘義務」は，表裏一体，光と影の関係にある。

同時に，チーム内のみならず，クライエントをとりまく周囲の人々（シグニフィカント・パーソンや地域の人々）へも，啓発的研修会を行うことが必要で

第3章　臨床心理面接（心理療法）　*63*

ある。クライエントの多くは，家庭，地域社会で生活している存在だからである。かくして一人のクライエントに対して，共通の「きづき」が得られたとき，クライエントは多くのまわりの支援者から，一貫性のある安定した人生の方向への指針を得ることになる。

ムスターカス（Moustakas, 1968）の言葉にあるように，「子どもは大人の言う通りにはしない。子どもは，大人のする通りにする」のである。このときの，子どもからみた「大人の条件」とは，「精神的にたくましく，言動に一貫性があり，心から信頼できる大人」を意味している。

共通基盤として，この「大人の条件」がチームの支援者に求められている。つまり，「知性」と「感性」のバランスを重視した，人間として育んでくれる支援者（大人）を，クライエントは求めている。そのために，スタッフ自身の「自己研修」が大切になる。

しおれた植物の成長条件を満たすために，われわれは何もいとわない。しかし，クライエントのしおれた姿（問題をもった状態）に対しては，一方的に叱正しがちである。植物に対する気持ちと同様の「感性」を，チームの支援者全員がともに身につけるような研修が望まれる。

(3) チーム・アプローチのありようについての再検討

実りの秋，収穫が良好だったことについての意見交換，収穫が不良だった場合の原因などを深く理解することは，今後の作物の育て方に多大の影響を与えるものである。チーム・アプローチ体制のありようを定期的に，あるいは随時フィードバックする機会を設け，それぞれの事例を通して，部分的に全体的に見直しをすることが大切になる。その際，高度な専門的知識と豊富な臨床経験をもつ専門家からのスーパーヴィジョンや助言（コンサルテーション）を受けることが望まれる。そして，構造の歪みや弱点を見出し，よりよい体制への建て直しを計ることが大切である。

フィードバックすることは，原因についての理解を深め，今後の援助のあり方のために役立ってくる。そのためには，チームのすべての支援者が心を開き，クライエントの自己実現（よりよい生き方）のために，率直な自己表明

がなされるべきである。特にチームの支援者は，**オープン・マインド**になる必要がある。そうならない限り，あたりさわりのない意見のみが先行し，真の表明はなされず，ともどもに「きづき」をもたないまま済まされてしまうことになる。一支援者のみがきづいていても，それを他の支援者に伝えない限り真の共通理解にはならない。

ところで，チームの支援者がいつも心身ともに健康であるとは限らない。心身が不健康になると，支援者のクライエントに対する受容性や共感性は低下する。そのとき，先に述べた「大人の条件」は喪失してしまう。支援者自身の**メンタルヘルス**はきわめて重要な意味をもつ。支援者のストレスとのつきあい方もまた，重要な問題である。仕事の量，多様さ，時間に追われる生活……いったいどこでストレス解消をしているのか，筆者には不思議に思えることがある。ギスギスした支援者による，閉ざされた「王国」でストレスが生じるのは当たり前ともいえよう。人間としての支援者の感性に，みずみずしさと，ゆとりが十分に機能しているとき，クライエント自身もみずみずしい感性を取り戻すのである。

(4) そして，これから─支援者の自己実現，「生きる意味」の確立

さて，土壌を耕し，肥料もたっぷり施し，収穫も予定通りであったとする。しかし，次の年はどうであろう。その年の気候や手入れの仕方で土壌も変化し，作物の出来具合も同様に変化するはずである。

クライエントが健全に成長していくためのチーム・アプローチ体制づくりは，毎年，毎年，変革していく必要がある。なぜならクライエントも支援者も変わり，時代も変わるからである。完全なる固定的体制はあり得ない。クライエントが人間として絶えず発達的変化をしていくように，体制づくりも絶えず力動的に変化していく必要がある。

失敗も成功もあろう。しかし，それを貴重な体験として生かしていくことが大切である。「体制づくり」を完成に近づけるには，一人ひとりの支援者が自己実現的に変化，変容し，自己確立的に「再体制化」「生きる意味」を確立することが重要に思われる。

第3章　臨床心理面接（心理療法）　　*65*

第4章

発達につまずく人間

　第1章の発達観で述べたように，発達につまずく人間一人ひとりが自己実現的変化をとげるには，発達支援，心理支援に携わる者の姿勢，態度，そして，支援システムが重要になってくると思われる。

　そのシステムの一つとして，2007年に，学校教育法の改正が施行され，特別支援教育という用語が使用されるようになった。**特別支援教育**においては，「幼児児童生徒一人ひとりの教育的ニーズに応じた適切な教育や，必要な支援を行うこと」として，全国の幼稚園，小学校，中学校，高等学校，中等教育学校及び特別支援学校において，支援システムの整備が進められている。十把一絡げに同じ量の教育をするのではなく，一人ひとりの教育的ニーズに応じた教育をすることで，真の平等が得られる（台所に立てる人間になるというノーマライゼーションの考え方）というものである。

　この「特別支援教育」の考え方は，筆者らのいう開かれた「発達観」と共通するものであり，障害の有無にかかわらず，すべての幼児児童生徒の個性を発揮できるような，そして，一人ひとりを大切にするという思いやりの心を育む教育と思われる。また，特別支援教育の考え方は，学校だけでなく，地域社会にも広がる不可欠のシステムだと思われる。

　そこで，本章では，発達につまずく人間に視点をあて，すべての人々の発達を支援するために必要な知識，理論を展開してみたい。

第1節　発達とは

(1) 発達の概念と原理

　発達（development）という用語は，**成長**（growth）や**成熟**（maturation）と

同義的に使用されることもある。発達とは，時間系列にしたがいつつ，ある状態からより発展的で形成的な方向性をもった，より高次の状態へと変化していく現象をさすものと理解される。発達的変化においてみられる現象には，ある種の共通性，法則性の存在が知られており，それを発達の原理としてとらえることができる（岡本，1974）。

発達の原理

・発達とは「自己実現」を果たしていくプロセスであり，個体が環境とかかわり合いながら，絶えず自己修正を試みる力動的現象である。人間は，だれでも，現在よりも「よりよく生きる」方向への欲求を抱いており，発達の衝動性を有している。

・発達には「順次性」がみられる。発達とは，より高次の構造化へ向かうプロセスであり，その構造化の進展には一定の順序がみられる。そして，どの個人も発達の遅速の差はあれ，その順序にしたがう。したがって，そこに営まれる行動にも一定の発現順序がみられる。その発現順序を無視した育児や教育のあり方は，発達の遅滞や障害を招くおそれがある。

・発達には「予行性」がみられる。発達の順次性は単に継時的に羅列したものではなく，連続性をもった再体制化の系列であり，一つの行動は，次の段階行動への前提としての予行性をもつ。その予行性を的確に認知し，適切な発達刺激を与えることにより，発達は促進されていく。

・発達現象の流れは「発達曲線」を描く。心理的活動は，常に一定の速度で上昇するのではなく，急速な時期と停滞もしくは低減する時期とが含まれる。しかも，その時期は，能力や機能によって異なり，それぞれ異なった発達曲線を描く。臨床的には，らせん的発達状況あるいは波状的発達状況を示すことが多く，単に直線的なものとして発達状況をとらえると発達支援を誤ることになる。

・発達には「個人差」がみられる。発達進行の様式は個人によって異なり，特定の時点での発達水準には常に個人差が存在する。しかし，ある一定の子どもたちの場合，比較的安定しており，発達中に動揺はあるものの，全体的にみると発達は相当期間にわたって恒常性をもって進む。幼少期においては，この発達の個人差と発達遅滞が混同されやすい。また，子どもにはそれぞれの発達のペースがあり，そのペースを理解したうえで心理支援的かかわりを進めねばならない。

以上の発達現象に共通してみられる原則性は，人間理解と心理支援において，きわめて重要な意味を有している。もし，これらの人間の発達の共通性

が無視されると，発達は遅滞や障害の方向へと変化していく危険性がある。発達支援，心理支援を進めていく者が，これらの原則性を理解したうえで，実際的に臨床的にかかわりをもつとき，子どもの真の発達的変化がみられるのである。

　なお，発達は，青年期に終わるものではない。人間は，一生を通して，新しい体験世界や行動様式を発展させる再生産の過程を有している。したがって，年齢にかかわりなく，生涯にわたるすべての変化・変容を発達としてとらえていかねばならない。

(2) 発達を規定する要因

　発達の原則が重視されることと同時に，発達現象を規定している要因について知ることも重要である。

　人間の発達を規定する要因については，古くから遺伝と環境，成熟と学習の問題として論じられてきた。現在においては，遺伝（成熟）か環境（学習）かという立場よりも，遺伝（成熟）も環境（学習）もという相互作用説が受けいれられている。ダイナミックで複雑なプロセスを経るといわれる人間の発達が，ただ一つの規定要因によって決定されることの方がむしろ問題であろう。

　遺伝的要因のみを主張してみても，その背景には環境的要因が存在していることが多い。たとえば，バッハの家系にはすぐれた音楽家が出たが，音楽の才能が遺伝的要因のみに規定されているとは限らない。なぜならば，バッハは幼少期より，すばらしい音楽的環境の中で生活し，しかもすぐれた音楽的指導者（親）のもとで，豊かな音楽的教育を受けていることから，その環境的要因を重視する必要がある。つまり，遺伝的要因を主張するとき，その背景に存在している環境的要因を含むことが多い。

　また，成熟要因のみを主張していくとき，たとえば，発達的刺激環境を剥奪された乳幼児が，立つことも，歩くこともできなかったという例はよく知られている。つまり，だれか（親もしくは親に代わる人）が，立ったり，歩いたりできるような発達課題的刺激を与えない限り，せっかくのメカニズムも作

動しないし，進行しないことになる。逆に，環境要因や学習要因のみで発達を規定することは，同様の理由で困難なことである。たとえば，すぐれた指導者と環境のもとであれば，だれもがバッハと同様に，すぐれた音楽家を生み出したり，陸上競技で 100 m を 10 秒で走る選手を養成できるとは限らないであろう。

　すなわち，相互作用的な力動的関係が複雑にからみあって，発達的変化はみられるのである。

(3) 発達課題

　人間の発達においては，それぞれの発達段階があり，それは一般的に，乳児期，幼児期，児童期，青年期，成人期，高齢期という区分が用いられている。そして，その区分の各発達段階において果たすべき課題があり，それを**発達課題**（developmental tasks）と呼んでいる。これはハヴィガースト（Havighurst, 1953）が初めて用いた概念である。

　すなわち，「発達課題とは，個人が健康な発達を果たすために，発達の各段階において学習しなければならない課題をさし，ある段階での課題の学習は，次の段階の課題の学習を規定する」ものである。したがって「これらの発達課題が各発達段階において，順次，獲得されてこないと，次の段階での課題の達成は困難となり，さまざまな発達上の問題行動が予測されることになる」という（新倉，1981）。

　発達課題は，人間が果たすべき種々の機能について設定されており，それは以下の3つの領域でとらえることができる。

・主として身体的成熟に関するもの（歩行の学習，身体的技能の学習など）
・自我やパーソナリティの発達に関するもの（両親や友人との対人関係の発達，良心や道徳性の態度形成など）
・社会的文化的条件によって規定される度合が多いもの（読み書きの学習，種々の概念の形成など）

　なお，発達課題は，**レディネス**（readiness：学習する準備ができていること。準備性ともいう）と密接に関連しており，学習や経験が最も効果的になされる**最**

適期（optimum time）があり，**適時性**（timeliness）を逸したような，早すぎる学習や経験は効果がないと考えられている。

また発達課題は，人間の発達において共通するものもあるが，特定の文化的状況においてだけみられるものもある。身体的成熟に関する発達課題は，文化間の差は少ないとされる一方，個人に対する社会的要求は文化的状況や，時代差などによって大きな変化がみられる。

以上のことでも理解されるように，発達課題は時代や文化的要因によっても異なる現象が生じることがあり，次にあげる現代の発達加速現象においてもそれが反映してくることが知られている。

(4) 発達加速現象

発達加速現象（developmental acceleration）とは，「成長促進現象ともよばれ，人間の身体的発達が，世代を新たにするにつれて促進されていく現象」である（前田，1966）。この現象には2つの側面があり，第一に，身長，体重，胸囲の増加（成長加速の過程）があり，第二には性機能や歯牙萌出の早期開発（成熟前傾の過程）がある。さらに，この発達加速現象は，年間加速現象と発達勾配現象に分けてとらえることができる。

年間加速現象とは，異なる世代における同年齢間の発達速度の相違を意味しており，その現象には次の3つがあげられる。

・乳幼児，児童，青年の身長・体重増加の加速
・歯芽萌出の前傾
・初潮，精通年齢の前傾

発達勾配現象とは，同一世代における同年齢間の発達速度の相違を意味しており，その現象には次の3つがあげられる。

・都市部の子どもは郡部の子どもに比較して身長増加が加速している
・都市部の子どもは郡部の子どもに比較して性機能の初発が前傾している
・同一地域では，社会階層の高い子どもは，社会階層の低い子どもに比較して加速，前傾がともに大である

ところで，この発達加速現象とは，人間の発達現象に関してどのような意

味を有しているのであろうか。すなわち，人間存在にとって適応現象なのか，あるいは，現代の子どもの**適応障害**（ストレスによって，社会適応に支障があらわれる状態）と関連性を有するものであろうか。

前田（1966）は，以下の見解を述べている。

第一の見解として，発達加速現象は幼少期の短縮を意味する。人間の発達課題にとって文明的刺激を受けるのがあまりにも早期（低年齢）すぎるため，この不適切な刺激過剰状況によって，人間の自然な成熟過程は阻害される可能性があるというものである。

第二の見解として，人間的生活体は，現代の複雑な文明的刺激を受けいれ，処理するために，その心理生物学的体制を刺激に応じて整えねばならない。したがって幼少期の短縮は不適応でも退行でもなく，文明への適応であるというものである。

第三の見解として，発達加速現象は未知なる現象であり，人間の本質的な構造変化を意味する。加速化された人間は，心理生物学的には新しい一つの類型の出現を意味する。加速現象が適応現象であるか否かは，この新しいタイプの人間が何を生み出すかによって理解すべきであるというものである。

われわれが，人間の発達現象を理解していくにあたって，人間の発達原則，発達の要因，発達課題，そして現代人の発達加速現象を抜きにしてとらえることはできない。発達過程とは，これらの視点が相互に，力動的に関連し合った現象である。さらに，ミクロな立場での個としての発達現象を重視することはもちろんであるが，同時にマクロな立場からの心理社会的（psychosocial）状況をも，力動的に把握しておく必要がある。

第2節　障害のある人間―自分のこととして

以上，発達について述べてきたが，DSM-5（APA, 2013）によると，発達につまずきのある神経発達症群／神経発達障害群の中に，知的障害，自閉スペクトラム症，学習症，注意欠如多動症などが含まれている。

文部科学省は 2012 年に，通常の学級に在籍する発達障害の可能性のある

特別な教育的支援を必要とする子どもに関する調査に対して担任教員が回答した内容から，知的発達に遅れはないものの，学習面または行動面の発達で著しい困難を示すとされた子どもの割合は6.5％と発表した。

　これはきわめて「身近な」現象である。自分の両親，同胞，そしてその子孫の代まで含めると，統計的にはそこに1人の障害のある人間が存在することになる。他人事とか，無縁のこととして，対岸の火事的態度でながめている問題ではなく，自分の，まさしく「身内の」出来事になってくる。

　このことはむしろ，きわめて普遍的で共通的な問題として理解すべき現象であることを意味している。障害のある人間を真に理解するためには，彼らにかかわる側の発達観が重要な意味をもつ。

　筆者（久留，1980b）は，臨床的な立場から障害のある子どもに対して，次のように発達観を述べてきた。すなわち，発達のプロセスは，一時的に停滞したり，退行したりしながら波状的前進を示すことが多い。時には問題行動が生じたり，別の障害が出現したかのようないわゆる「見え」の現象を示すことがある。このような障害や問題行動に対して，マイナスの面からのみとらえるのではなく，発達的観点（きっと，変化・変容を遂げるであろう，という未来志向的観点）からとらえることも重要になってくる。

　たとえば，子どものいたずらがひどくなったとき，爪かみや指吸いが生じたとき，乱暴で攻撃的な行動がみられるときなども，発達的プロセスとして理解することができる。それは，未分化な自我が分化してきた証拠であったり，未統合な情緒が統合されてきた結果であったりといった，発達阻止状況が促進的状況に変容してきたことの意味表現であり，これらは臨床的にもよく知られている。

　つまり，今まで認知できなかったことが，次第に，意味づけ，関係づけが可能になることで，子どもは，自発的で主体的な反応的行動を示すようになる。単に表面的に，その行動を問題とか遅滞といった視点からとらえてはならない。「見え」の行動の背景にある発達的意味を臨床的に洞察することが重要になる。子どもたちの発達プロセスは，いったん，ひきこもったような遅滞的行動をみせていても，次の発達課題へのスパートのために，そのエネ

ルギーを温存しているのであり，たえず，「状態像」として「可変的な様相」をみせている。

　子どもの発達支援，心理支援に携わる者は，子どもがみせている状態像を，確かな眼（まなこ）で見通さねばならない。発達を支援する側の眼が，曇っていたり，歪んでいたりしたのでは，正しい発達観でとらえることはできないであろう。発達支援，心理支援に携わる者は，そのような正しい発達観をもつことができるような「眼（まなこ）」をもつ人間へと変化・変容し，自己成長していくことが必要不可欠である。

　次に，発達に障害のある人間，特に知的障害，自閉スペクトラム症，学習症，注意欠如多動症について述べてみたい。

(1) 知的障害

1) 知的障害の概念規定

　知的障害とは大脳の発達に障害があり，出生後早期より知的機能が未発達の状態になり，社会生活に大きく支障をきたすものである。また，「知能が未発達な状態」「社会への適応が著しく困難な状態」といった，「状態像」としてとらえ，適切な発達支援，心理支援により，発達的変化がみられる状態を明らかに示唆している。イギリスでは，「subnormality」と表現することもあり，その内容も包括的で状態像に重きを置いた概念になっている。

　米国知的発達障害学会（AAIDD）の定義では，「知能指数が 70〜75 またはそれ以下であり，コミュニケーション，身辺処理，家庭生活，あるいは社会的スキルなど 10 の適応技能のうち 2 つ以上でサポートを必要とし，そして発達期，つまり 18 歳までに現れるものを意味する」と述べられている。診断基準の ICD（WHO）や DSM（APA）もこの考えを踏襲している。

　「知能が有意に低い」というのは，標準化された知能検査の成績が 2 標準偏差（ウェクスラー法では，1 標準偏差＝15）以上低い方へかたよっていることを意味する（たとえば，ウェクスラー法で IQ70 以下をさす）。「発達期」とは 18 歳までの年齢をさし，「適応行動」とは人がその年齢に応じて，また所属している文化集団に照らして期待されている個人的自立と社会的責任の標準に応じ

る能力，あるいはその程度として定義されている。

2）知的障害児の行動特徴

知的障害児の行動特徴には，自己中心性，依存性，固執性，消極性などがあり，これらは彼らの知的発達そのものの遅滞から生じる特徴といえる。しかもこれらの行動の一部は，知的発達の遅れの中から二次的に形成されてくることもあり，その行動機制は複雑である。確かに同年齢の集団の中では，知的発達の遅れがみられればその行動は消極的で追従的にならざるを得ないであろう。このような行動パターンが繰り返されると，受動的な適応様式を余儀なくされることになる。

器質性の行動障害といわれるものを列記すると，注意散漫で，ささいなことに興奮したり，衝動的になりやすい。依存心が強く，怖がりで新しいものに対して用心深くなるようである。特に注意散漫，興奮性，衝動性といった特徴は，器質性の行動特徴であろう。

また，知的発達の遅滞によって蓄積されてきた欲求不満とそのエネルギーが，一次的な行動特徴を形成する場合もある。すなわち，乱暴になったり，不平不満が多くすぐ泣くといった退行性，引っ込み思案で自信がないなどといった行動は，所属欲求，承認欲求，達成欲求，愛情欲求などの心理・社会的欲求（自己実現傾向）が，持続的に阻害された結果生じてくるものと理解することができる。さらに欲求不満が蓄積されてくると，当然のことながらその行動は防衛的になりやすい。このように欲求不満行動が習慣化して，いくつかの行動特徴を形成することがあることも忘れてはならない。

さて，知的障害児の特徴の一つとして，パーソナリティの硬さ（rigidity）がよく取りあげられる。パーソナリティの硬さとは，新しい事態に対する適応が困難で，融通性，柔軟性に乏しいことをさしている。しかしながら，彼らはこの特徴をプラスに生かして，単純で単調な作業を比較的長時間にわたり心的飽和を示すことなく持続することができる。

また，パーソナリティの硬さは**欲求不満耐性**（**frustration tolerance**）の低さとも関連がある。欲求不満事態におかれたとき，パーソナリティの硬さのため，適応的な課題解決の方法を考えることが困難となり，固定的な行動し

かとれないことが多い。しかも欲求不満事態にさらされて不安傾向が強くなるほど欲求不満耐性は低くなる。したがって，容易な課題を与えられてもそれが新しいものであれば不安傾向が強まり，自分にはできないと回避してしまうのである。このように，達成動機よりも失敗回避動機の方が強いことも知的障害児の行動特徴の一つである。新しい目標を立ててそれをうまくやりとげようとする傾向よりも，過去に成功したパターンを繰り返し行うことで失敗を回避しようとする傾向が強い。これはこれまでの成功経験が少ないことと同時に，多くの失敗を経験したことによる防衛的な適応様式と考えることができるだろう。このような自己防衛的行動は否定的な自己像（self image）を生み出すことになるものと思われる。

　知的障害のある子どもに対して，心理療法的アプローチを行った事例を紹介する。

・・・

事例

　A君は来談時，満7歳の男児であり，知的障害と口蓋裂による構音障害がみられた。主訴はことばの遅れと友人ができないということであった。二次的に登校をいやがる傾向もみられた。

・**生育歴**：8か月の早産で，1780gの未熟児であった。ミルクがうまく飲めないことから，生後1か月を経過して口蓋裂があることがわかった。首の座りは6か月，始歩は1歳6か月，始語は2歳8か月と遅滞した。1歳10か月の時に口蓋裂の手術を受けた。両親はきわめて教育熱心であり，兄（10歳），姉（8歳）ともA君に協力的な家庭である。

・**状態像**：学業成績は5段階評価の1であり，学校の規則をなかなか覚えられない。自分に対して自信がなく，特に　人前では思いきった行動がとれない。失敗することをひどく恐れていた。また，登校もいやがっている。対人的には敏感であり，自分がどう評価されているのか顔色をうかがうような行動がみられた。自我表出面での不安感，繊細さとして受け取られる行動が多かった。理解言語はかなり発達しているが，話しことばに関して構音障害がみられた。親や兄姉は聞きとれるが，友人たちにはわかりにくいため，A君の気持ちが伝わりにくく，仲間はずれにあうことが多かった。また，うまく話そうとして過度に緊張したり，吃音が見られることがしばしばあった。

　感情・情緒面では，恥ずかしがりやであり，敏感であったため，自分の感情をコントロールできないところがあった。いじめられる，嫌われている，怒られるなどを理由に登校をいやがっていた。このようなA君の感情を母親はま

ともに受け容れ，共生的な状態に陥っていた。母子ともども未熟な自己中心的感情世界を形成していた。その他，身辺自立，運動機能については，十分でないにしろ，ほぼ適応行動がとれていた。

・**心理検査および治療目標**：これらの状態像から，知的機能の側面，社会性（対人関係）の側面，発達的側面，親子関係の側面など，さらに明確にする必要を感じ，以下のような心理検査が選択され実施された。

知的機能の側面では，ウェクスラー法を実施し，言語性 IQ：74，動作性 IQ：65，全 IQ：65 という結果を得た。家族の文化的条件の高さなどが反映されており，「単語問題」「積木模様」は特にすぐれていた。

社会性の側面では，社会生活能力検査を実施し，SA（社会生活年齢）：4 歳 6 か月，SQ（社会生活指数）：65 の結果が得られ，特に，対人関係と言語機能の面に遅れがみられた。発達的側面では，津守式乳幼児精神発達質問紙を実施し，平均的にほぼ 5 歳程度の発達段階として分析された。特に，表現活動，社会性，言語機能などの領域での遅れが浮き彫りになった。

親子関係については，親子関係診断テストから，母親は，溺愛と厳格，不安と干渉が危険な母子関係であると自己認知し，父親は比較的安定した父子関係であると自己認知していた。したがって，特に母親との関係のあり方が変化することに重要な意味があると思われた。

以上の検査所見をまとめてみると，軽度知的障害の状態像を示しており，A君の繊細で不安定な心理的状況には自我の発達促進が重要であり，特に，母親の心理的成長に重要な意味があることが理解された。したがって，A君にはプレイ・セラピーを，母親には心理療法を試みることにした。

以上のようなアセスメントと同時に治療仮説がたてられ，1 年間にわたり心理治療的接近を継続した。その結果，登校を拒否する傾向は全く消失し，友人関係も広がり，自己表現能力はかなり促進された。

治療開始 1 年後に再度実施した知的機能は，言語性 IQ：78，動作性 IQ：70，全 IQ：71 といくぶんかの変化がみられた。特に，「一般的理解」の上昇は大きく，A君の社会的態度の発達を反映しているものと思われた。

社会性の側面では，SA：6 歳 4 か月，SQ：79 とかなりの変化がみられた。特に，自己統制の領域での変化が大きく，自己中心的な状態から，ルールを受容し，適応的行動がとれるようになったことを示していた。発達的側面では，平均的に 6 歳 7 か月程度の発達状況が示された。まだ，表現活動や社会性の領域に軽い落ち込みはみられるが，全体的にはかなりの変化を示していた。

親子関係において，母親の関係のあり方は，溺愛・不安傾向が依然として若干みられるものの，全体としては安定した方向に変化している。心理療法のプロセスでも，自己中心的（非社会的）なかかわりから，解放的で自己実現的な態度に変化し，クラスの PTA の委員長をつとめたりした。

(2) 自閉スペクトラム症
—他者（コト）やモノとの意味づけ，関係づけにつまずく人間
1) 自閉スペクトラム症の概念規定

DSM-5（APA, 2013）では，自閉性障害という用語が「自閉スペクトラム症」に改訂された。ちなみに，スペクトラムという用語は，物理学におけるスペクトルという概念からきているといわれる（「あいまいな境界をもちながらも連続していること」という意味がある）。

ロンドン大学精神医学研究所のウイング（Wing, 1998）らは，「連続体，分布範囲」を意味する「スペクトラム（spectrum）」の概念を用い，「広汎性発達障害」から「自閉スペクトラム症」という呼称名に改めた。

自閉スペクトラム症は，研究史的には，1943年にカナー（Kanner, 1943）が「情緒的接触における自閉的障害」という11症例の論文を発表し，翌年，「早期幼児自閉症」（early infantile autism）という臨床的単位を確立した。一方，時を同じくして，アスペルガー（Asperger, 1944）が，「自閉性精神病質」（autistischen psychopathen）という呼称を使用した症例論文を発表した。カナーは精神医学者であり，アスペルガーは小児医学者であったが，この2人の臨床家の発表をきっかけに，自閉スペクトラム症は，各国で原因論，治療論，教育論のうえで大いに討議され，発展してきた。

2) 自閉スペクトラム症の中核要因論と行動の理解

自閉スペクトラム症（Autism spectrum disorder：ASD）は，「自閉症」「自閉性障害」という用語に代わって，DSM-5（米国精神医学会）の診断基準で用いられるようになった。2018年に公表されたICD-11も同様の案である。

この臨床的単位は，1960年代は精神科医であるカナーの影響が大きく，精神病的カテゴリーのニュアンスが強かったが，1970年代になり，ある種の「発達障害」のカテゴリーとして考えられるようになってきた。これらの臨床的カテゴリーの変遷の背景にはロンドン大学精神医学研究所（モーズレイ学派）のラター（Rutter, 1971）らの研究がある。ラターらは，長期にわたる追跡的研究の結果と，知覚・認知に関する基礎的研究の結果から，自閉スペクトラム症の本質は「認知・言語の障害」であり，社会的・行動的な問題行

動は二次的な結果として生じるものであると提唱した。この仮説的提唱は，従来の自閉スペクトラム症に新しい局面を開いただけでなく，治療的アプローチや教育的接近においても新しい研究的視点を与えた。

ラターやウイングの認知・言語障害説は，脳の知覚中枢にその問題の所在を見出した。また，ハーメリンとオコーナー（Hermelin & O'Cornor, 1977）も知覚・認知障害説を主張した。これらの自閉スペクトラム症に関する原因論の趨勢からみても，知覚・認知過程をつかさどる中枢神経系の障害説が優勢であると考えられる。

しかし，1980年代後半になり，「社会性および共感性の障害」が，思春期，青年期まで残存していることが注目されてきた。つまり，他者の感じ方や反応の予測ができないこと，他者が何を考え，何を感じているのか理解できず苦悩する自閉スペクトラム症者の存在が明らかになった。

筆者（久留，1980）の臨床的見解では，自閉スペクトラム症の知覚的発達の未熟さが，彼らの関係認知や感情認知を未発達的状態にしているものととらえている。自己や外界状況に対する知覚のありよう（意味づけ，関係づけのありよう）が未熟で，不適切であるため，混乱した，いわゆる自閉的行動が出現してくるものと臨床的に理解される。特に，人や物との関係づけ，情緒的な意味づけが未分化であり，そのために，対人関係や情緒や社会性の側面で未発達的状態を生み出している。さらに，これらの要因が，言語や話し言葉の遅滞，感情表現の混乱，適応行動の障害など，自閉スペクトラム症独特の行動を出現させているものと思われる。現在の中核要因論として，ロンドン学派のバロン-コーエン（Baron-Cohen, 1988）の「**認知理論（心の理論障害説）**」とホブソン（Hobson, 1989）の「**感情理論**」が取り上げられ，さまざまな論証が展開されている。

オルニッツとリトヴォ（Ornitz & Ritvo, 1976）は，自閉スペクトラム症の行動特徴を，知覚の障害，発達程度の障害，関係能力の障害，会話や言語の障害，運動能力の障害に分類している。筆者（久留）の臨床的知見を加えて，その臨床像を明確にしてみる。

<u>知覚の障害</u>　　感覚受容器に障害はないが，知覚過程において歪みが生じ，

第4章　発達につまずく人間　　*79*

そのために不適切で混乱した行動（うまく表現できない）が出現する。視知覚，聴知覚，味知覚などにおいて奇妙な行動がみられる。スピニング（体全体でくるくる回る），トウィドリング（手指をくるくる回したり，ひらひらさせたりする）などの自動運動的で，反復的な自己刺激行動などもあらわれる。この知覚過程の障害は，自閉スペクトラム症の中核的要因であり，このためにさまざまな自閉的行動が出現する。

　発達程度の障害　　　発達の様相がきわめてぎくしゃくしており，発達上のズレが大きい。特に，社会性，感情・情緒，言語・話し言葉の発達の遅滞は大きい。一方，ある種の運動機能や機械的記憶などは健常児をしのぐこともある。このような発達の局面のアンバランスは，他の障害児ではほとんどみられない。また，発達の一領域内において，発達している部分と未発達な部分との開きが大きいのも特徴である。

　関係能力の障害　　　自閉スペクトラム症の中核要因論でも取りあげられ，重要な症状の一つである。これは人生の最早期より発現している。特に基本的な対人関係の発達を示す行動様式にさまざまな問題がみられる。授乳中にみられる，'holding position' や予期姿勢をとらない（生後1か月）。あやしても反応せず，抱かれるときに予期行動がない（生後2〜3か月）。人に対して無関心，無表情（生後4〜6か月）。人見知りがなく，分離不安を示さない（生後6〜12か月）。'eye contact（視線接触）' がなく，他の子どもに対して無関心である（1〜2歳）。そのほか，後追いをしない，抱きぐせがつかないなどの行動がみられ，乳幼児期においては，両親は「手のかからない，育てやすい赤ちゃん（easy baby）」として受けとめていることが多い。コール（Call, 1975）は，1歳段階までの自閉幼児に対して，母子間の愛着行動がいかに展開されてきたかが重要であると指摘している。

　さらに，4〜5歳になっても友人関係が困難で，ある程度関係能力が発達してきても，関係の距離のとり方が固定的で「ズーミング（相手とのほどよい距離について，適切にピントをあわせること）」ができないことが多い。異性に対する関心や，恥じらい，照れなどの共感性の発達も未分化である。

　対物関係においても，物の意味がよく認知されず，おもちゃあそびが困難

であるが，一方，同一性保持行動（特定の物や状況に対して固執すること）が出現したりする。

　　会話や言語の障害　　話し言葉の理解（意味了解）に困難性があり，言語発達が遅滞する。言語が発達するにつれ，反響言語（オウム返し：echolalia）がみられることが多く，状況に合った言葉（useful speech）を使用することが困難なことが多い。さらに，動詞の使用や疑問文の使用に反転混乱現象がみられたり，文章を読むことができても，文脈的意味をもった簡単な文章（日記など）が書けないことなどはしばしばみられる。ジェスチャーなどのシンボリックな社会的コミュニケーションは困難であり，話し言葉のイントネーションや感情的ニュアンスを含んだ表現法に欠け，モノトーンな会話になりがちである。知的機能の側面からみても，言語的意味内容のものより，動作的で機械的な記憶や視空間的技能を要するものの方がすぐれている。

　　運動能力の障害　　一般的に多動的（hyperactive）であり，特に，社会的ルールの認知が困難なため，不適切で混乱した行動をとりやすい。また，自動運動的な手たたきや手指の衒奇的運動はしばしばみられる。さらに，タンスなど高いところへ登り，飛び降りたりする半面，衣服の着脱ができないなど，アンバランスな運動能力を示すことが多い。感覚運動面は未統合で，不均衡な状態が多くみられる。

　　発達障害とは，発達のペースが緩慢な状態である。時間的経過と適切な支援，環境が整えば，必ず発達的変化がみられる。筆者（餅原）の見解では，平均寿命までに「治る」可能性は低いかもしれないが，それ以上に長生きすると治るかもしれないといった発達観も重要な意味をもつと思われる。自閉スペクトラム症児も同様であり，彼らをとりまく家族，周囲等に対する安心感（将来の見通しと発達の可能性）を与えるものである。一方，成人に至っても残存する症状は，自閉スペクトラム症の中核要因であるとともに，青年期に至ってもアセスメントが可能であることを示唆するものである。

3) 自閉スペクトラム症児・者への発達支援のあり方

　自閉スペクトラム症児・者への発達支援，心理支援に関しては，医学，心理学，教育学などの側面からさまざまなアプローチがなされてきた。しかし，自閉スペクトラム症の本態が症候群であり，発達障害であること，さらにその原因が，脳の知覚中枢系に起因していることなどにより，**「発達支援」**がその中心になっている。

　一つの治療技法のみが有効であり，別の心理療法は無効であるとするのは，自閉スペクトラム症児・者という人間への無知から生じるものであろう。またそれは，支援者が自分の準拠する治療技法への自閉的こだわりから生じる，偏狭な態度とも思える。発達支援者，心理支援者としてのありようが問われなければならない。自閉スペクトラム症児・者という人間は，ただ，神経学的に，条件反射的に存在しているのではなく，根元的に人間として存在していることを忘れてはならない。彼らは，時空間的にも，絶えず変化してやまない状況の中に存在し，その障害のありようも多様であり，独自の家族の一員として生きているのである。

　筆者らは，自閉スペクトラム症児への発達支援，心理支援として人間学的心理療法を中心にしたアプローチを継続してきた。自閉スペクトラム症の中心的症状である，対人関係，言語的表現，感情表現などは心理療法（プレイ・セラピー：遊戯療法）により，程度の差はあれ，「人間的発達」を発現してくる。自閉スペクトラム症児とともに生きている親への心理療法が，同時並行的になされるとき，親子ともども変化・変容を示し始めるのである。

　一方，自閉スペクトラム症児は，家族，こども園や学校，地域社会の中で生活しており，その生活空間でのルールや生活技能の獲得も重要である。食事，トイレット，衣服の着脱など，そこには，社会的人間として生きるための具体的生活技能の習得が要求される。年齢的にも，性的にも，環境的にも人間としての生活様式や技能がつきまとうことになる。

　すなわち，自閉スペクトラム症児・者に限らず，人間としての生き方への支援は全く同様である。内側からの接近として，心理療法（人間学）的支援を中心に，関係認知や感情認知を促進することに重要な意味がある。加えて，

外側からの接近として，療育や学習訓練・行動訓練などを中心に，生活技能や社会的ルールを獲得していくことは，一人の人間として社会的行動を身につけていくうえで重要な意味をもつ。

　言うまでもないが，どの支援モデルに立脚しようとも，人間学的臨床観，発達観，教育観を確立しておくことが必要不可欠である。人間哲学の貧弱な，単なるプログラムやテクニックのみの接近では，自閉スペクトラム症児・者に限らず，あらゆる人間は，発達するどころか，さまざまな二次障害をきたすことになる。心理支援者という人間と，「自閉」といわれる人間との間の，信頼の絆や深い愛情によって，真の心理支援的関係が成り立つことを忘れてはならない。

(3) 学習症―学習につまずく人間

1) 学習症の概念規定と行動の理解

　文部科学省（1999）は，1999（平成11）年7月の「学習障害児に対する指導について（報告）」において，「学習障害」を以下のように定義している。

　　DSM-5では「限局性学習症」，ICD-11では「発達性学習症」という用語を使用しているため，本書では，「**学習症（LD：Learning Disabilities）**」として述べることとする。

　「学習症（学習障害）とは，基本的には全般的な知的発達に遅れはないが，聞く，話す，読む，書く，計算する，又は推論する能力のうち，特定のものの習得と使用に著しい困難を示す様々な状態を指すものである。学習症（学習障害）は，その原因として，中枢神経系に何らかの機能障害があると推定されるが，視覚障害，聴覚障害，知的障害，情緒障害などの障害や，環境的な要因が直接の原因となるものではない。」

　その障害に起因する学習上の特異な困難さは，主として小学校入学後に顕在化するが，その後も明らかにならないこともある。また，環境的な要因が直接の原因ではないが，そうした状態や要因とともに生じる可能性はある。また，行動の自己調節，対人関係などにおける問題が，学習症に伴う形であらわれることもある。

このように学習症は，中枢神経系の障害が原因で，学習する能力に偏りがあり，そのために学業や行動面でさまざまな問題が生じる状態である。したがって，「学業不振」や「学習遅滞」とは異なることを認識しておく必要がある。

学習症の行動特徴を以下にあげる（上野，1984）。

・<u>活動性</u>：絶えず動き回り，落ち着きがない（多動性）。動作がのろのろしていたり全般に反応が鈍い（寡動性）。

・<u>注意力</u>：注意の集中持続が短く，それが，短期記憶力の低さの原因にもなる。

・<u>転導性</u>：気が散りやすく周囲の刺激によって行動が中断したり，左右されやすい。

・<u>保続性</u>：単純な反復運動を繰り返したり，特定の事物，話題に興味が偏り，固執する傾向が強い。

・<u>協応運動</u>：運動面でのぎこちなさや，ボタンかけ，ひも結び，ハサミの使用など手先の不器用さとしてあらわれる。

・<u>情緒面</u>：緊張しやすく，過敏で動揺しやすい。ちょっとしたことにひどくうろたえたり，持続的に努力することが苦手などの行動特徴を示す。

・<u>衝動性</u>：新しい環境やめずらしい場面に出あうと自分を抑制することができず，衝動的に人や物に触ったりだれにでも話しかけたりする。

・<u>知覚面</u>：左右や事物の位置，地理などの空間概念や時間概念に，発達的遅れが認められる。

2）学習症児への発達支援

発達支援のありようとして，まず，親への心理療法，さらに，学習症児へのプレイ・セラピー（遊戯療法）などにより，二次的に生じる情緒的問題の安定化をはかることが重要である。一方，通級指導教室などを利用した，学習症のための特別支援教育を継続することが必要になる。「周囲と異なる自分」に傷つき，悩む子どもたちへの理解が不可欠である。また，心理支援者自身の資質の向上とともに，有意義な研修の場が多くもたれることも対応策の一つであろう。

事例

　B君は生活年齢8歳9か月の男児であり，両親と姉の4人家族である。父親は時に厳しい面もあるが，通常は，B君に対して寛容である。母親は，B君に対する不安感情が強く，あれこれと世話をやき，干渉的である。母親自身のパーソナリティは，神経質で不安の高い傾向が見受けられる。

・**生育歴**：妊娠中はつわりも軽く，問題なく過ごした。出生時の体重は2700g。首の座り，始歩は普通であり，始語も姉と比較して遅いという印象は認められなかった。そのほか，特別な病気，けが，ひきつけなどはなかった。

　幼児期は，よく寝る子で，偏食もなく，育てやすい子どもであった。保育園では特に問題を指摘されることはなかったが，子ども同士の関係はうすく，むしろ大人とはスムーズな関係がもてた。

　小学校入学後，授業中の落ち着きのなさ，クラスメイトとの関係（トラブルメーカー的存在），情緒的不安定，学習能力のアンバランスなどが目立ち始め，3年生になり，筆者らの心理相談室へ来談することになった。母親は，以前から専門家への相談を学級担任からすすめられていたが，相談の結果が心配で，この時点までなかなか決断がつかなかったという。

　来談時において，学業成績はほとんど3〜4の評価を受けていた。友人関係では孤立的で，集団における社会的スキルに欠け，自己中心的な行動が多かった。集中力がなく，あきっぽい。身辺の自立は比較的よいが，不器用さが目立った。特に協応動作面では未熟なところがみられ，運動はぎこちなく苦手であった。読むのは得意だが，書くことは苦手で，特に作文や日記は困難な状況にあった。計算は応用が苦手のようだった。

　話す内容は，大人のような会話をしていた。バスの中やレストランで，見知らぬ大人に何のためらいもなく話しかけることが多く，一見して社交的なふるまい方をしていた。

・**心理検査**：学習症を疑い，ウェクスラー式知能検査を実施した。テスト・バッテリーとして，フロスティッグ視知覚発達検査を組み合わせた（心理検査については第2章を参照）。

　ウェクスラー式知能検査を実施した結果，言語性IQ：111，動作性IQ：82，全検査IQ：97と測定された。言語性IQと動作性IQのディスクレパンシー（差）は29であり，適応行動上の障害が予測され，中枢神経機能の障害が示唆された。特に，言語性検査における「算数問題」「数唱問題」動作性検査における「組み合わせ問題」「絵画配列」の落ち込みがみられた。

　これらのサブ・テスト（下位検査）の特徴から，言語性検査においては，注意集中，情緒安定などの面に何らかの問題が感じられた。しかしその他の検査はむしろ平均以上の結果を示しており，アンバランスなプロフィールとなっていた。

第4章　発達につまずく人間　　*85*

フロスティッグ視知覚発達検査（視知覚上の問題を見出す検査）において，5領域とも7歳以下であり，4歳6か月から6歳6か月にわたっていた。明らかに，この側面において，3歳から4歳の遅れが認められた。学習面での障害は，視知覚的側面と深い関係を有しているものと思われる。B君の文字や絵画の未熟さにもそれが反映していた。

・**心理支援**：B君へのプレイ・セラピー，両親（特に母親）への心理療法により，二次的に生じる情緒的問題の安定化と発達支援，心理支援をはかった。一方，通級指導教室などを利用しつつ，学習症のための発達支援，心理支援を継続した。

（4）注意欠如多動症─注意につまずく人間

1）注意欠如多動症の概念規定

注意欠如多動症（Attention deficit hyperactivity disorder：ADHD）の主な状態像は，「多動で落ち着きがなく，注意の持続が短く，被転導性（些細な刺激に反応してしまうこと）が高く，気が散りやすい」というのが特徴である。また，衝動的で，情緒的にも不安定で，欲求不満に耐える力が乏しい。このような状態は，普通の子どもにもよくみられるが，精神年齢に比べて著しい場合にのみ，この診断が該当する。性差では，男児の方が女児より，6～9倍多いとされている。発生率は，通常，4～12％とされている。また，そのうち50～80％に学習上の困難がみられ，かなりの高率で学習症を合併するともいわれている。DSM-5（APA, 2013）では，自閉スペクトラム症との診断の併記が可能となっている。医学的臨床検査所見で特異的なものはなく，脳波検査で軽度の異常がみられることもあるが，必発のものではない。

症状としてあげられている項目をみると，知能は正常か，もしくは知的障害があっても軽度か中等度までにしかあてはまらないことがうかがえる。注意欠如多動症の子どもは，歩き始める頃から多動で，すぐ迷子になったりすることが多いようである。ことばの発達の遅れがみられることがあるが，2歳を過ぎる頃にはかなりことばを話すようになる。

行動面で問題になるのは，幼稚園に入園してからである。一つひとつの行動はまとまっているが，次々と別のことに手をつけるといった多動が目立ち，

みんなと一緒に座っていても，他の子どもが余計なことを始めると，すぐ一緒に動き出すことがしばしばみられる。気に入らないと激しいかんしゃくを起こしたり，時には他人を叩いたりしてしまう。

　小学校に入学すると，多動は少なくなるが，椅子に座っていても，絶えず身体を動かしたり，椅子をガタガタさせたり，鉛筆や消しゴムをいじったり，後ろに座っている友だちに声をかけたりすることなどが目立ってくる。忘れ物も多く，すぐ飽きて，だらしのない姿勢になったり，テストなどで句読点を忘れたり，足し算，引き算を間違えるなどのケアレス・ミスが多くなったりする。学業面でも，文章の読みが困難だったり，算数の計算ができなかったり，体育が苦手であることも多い。

2）注意欠如多動症児への発達支援

　注意欠如多動症児の心理支援には，心理療法も欠かすことができない。注意欠如多動症の子どもは，その症状ゆえに家庭や学校で受け容れてもらえず，子ども同士の対人関係ももつれがちである。また，学業も振るわず，自己評価が低くなり，抑うつ的になったり，反抗的となり攻撃的行動が出現したり，反社会的行動に走ってしまうこともある。このような状態に対しては，子どもや親への心理療法を実施する必要がある。

　長期的予後については，ほぼ半数が青年期になっても，不注意，落ち着きのなさや衝動性，社会的コミュニケーションが苦手な状態が続く。したがって，成人になっても治療を続ける必要がある場合がかなりある。

　何よりも，子どもをとりまく周囲（学校，家族）や発達支援者，心理支援者の深い理解が効を奏するものと思われる。

第3節　発達障害とトラウマ

（1）子どもの発達障害とトラウマ

　発達障害にトラウマが加わったとき，発達障害の転帰に関する増悪因子になる。その一つの要因が診断の遅れである。つまり，社会的な行動の遅れや多動性の行動障害に関して診断が遅れ，発達障害という視点からの支援が周

囲からなされないときに，虐待にとどまらず，過剰な叱責，さらには学校でのいじめなどの迫害体験を招きやすい。一方で，たとえば，通常の虐待の後遺症（トラウマ）には反応性愛着障害（他者に対する過度の警戒心から，素直に大人に甘えたり，頼ったりできないことが基本的特徴。言葉の遅れや，低栄養による身体的な成長の遅れがみられる場合もある）の状態像を示すこともある。この状態は，発達障害の症状に非常によく似た臨床像を呈し（杉山，2006），アセスメントの際には慎重にかかわることが重要になる。

　人間は凄惨な危機的出来事を回避し，強烈な体験（**体験強度**）から常に距離（**体験距離**）をとりながら生きている。その距離を安全に保つことは，自我の重要な機能の一つといえる。しかし，強烈で破壊的な出来事にさらされ，体験距離がとれず，しかも至近距離で体験した場合，自我が圧倒されるような状況に陥り，だれもがトラウマの症状を被ることになる。また，その症状は，トラウマとなる出来事の大きさや強さ（例：地震における震度や台風における風速）などの客観的な状況だけでなく，「いかなる状況でその出来事を体験したか」という，出来事に対する「個人の主観的体験（意味づけ）」が大きく影響するといわれる。すなわち個人のパーソナリティの「脆弱性」との関係は薄いことが臨床的に知られている。

　「体験距離」という視点でトラウマを考えると，発達障害の場合，外界を直截的に知覚・認知する特徴があり，ほどよい「体験距離」をとることが困難になりやすいことが推測される。

　たとえば，**自閉スペクトラム症**の場合，ごく日常的な生活が，「感覚の過敏性」によって脅威に満ちた世界へと劇的に変貌する（ウィリアムズ，2009）という。また，におい，音，感触，形，色彩，光など，あらゆる感覚の過敏性に関連する不快体験は，周囲からは，わけのわからない「パニック」と受けとられやすい。「パニック」は，周囲からの叱責や迫害を招き，集団生活からはじき出されることもあり，親，本人にとっても苦い失敗体験となってしまう。

　さらに，他者の意図や感情を読み誤りやすく，適切な対人距離，対応を判断することが難しく，そのため，からかいやいじめ，場合によっては，性的

な被害を受けることもある。集団行動の苦手さから，学校などの社会的場面でも叱責されやすい。失敗体験の積み重ねにより，自尊心が傷つき，抑うつ症状を呈することもある。虐待の例でいうと，杉山（2011）によると，1,110名の被虐待児のうち，発達障害と診断されたのは被虐待児の53％を占めていたという。

　杉山（2000）は，自閉スペクトラム症が，いわゆるパニックの際に過去の出来事を持ち出すことがあるという事実から，これを「**タイムスリップ現象**」と名づけている。一般的に非常に強い感情を伴う場合には，想起された体験との距離をとることは困難であるといわれている（米田，2008）。

　発達障害の特性により，虐待やいじめ等の外傷的体験を受けやすく，また外傷的体験を直截的に受け止め，トラウマが固着しやすい。したがって発達障害のトラウマが癒えるには，時間の経過を要することが考えられる。

　これまで述べた発達的な障害があるうえにトラウマを被り，症状が増悪した事例をいくつか簡略に記す。

知的障害の事例

　1997年の鹿児島県北西部地震により，震度5弱の地震を体験した2事例である。

　小学1年生男児の事例（C君）であるが，震度1の余震でさえも，顔面蒼白になり，母親にしがみつき，震えが止まらなくなるなどのフラッシュバック（よみがえり現象）がみられた。母子分離不安も強く，不登校傾向もみられた。

　もう1事例（Dさん）は成人で，施設入所中に震災に遭った。その後，いつでも逃げられるようにと椅子やベッドの端に腰掛け，逃げ出しやすい座り方や，パジャマに着替えることができない，といった持続的回避，意欲減退，神経過敏の症状が強くなった。

自閉スペクトラム症の事例

　Eさんは自閉スペクトラム症の特性にある，状況の認知ができず，加害者から，されるがままにしたがってしまい，性被害を被ってしまった女児である。その後，外傷的出来事を直截的に受け止めてしまいやすい特性から，出来事の恐怖が固着し，頭から離れないといった症状，被害に遭った場所を避ける，絶えず，イライラし，落ち着かないといった症状がみられた。

注意欠如多動症の事例

　F君は，発達障害の特性（不注意，多動）から，「何度言っても，言うこ

とをきかない」と父親から，真冬に全裸で一晩中ベランダに出されるという虐待を受けた事例である。何度言い聞かせても指示を忘れるため（聴覚からの理解が困難），父親はF君を何度も殴り，食事を与えない，などの虐待もみられた。その後，F君は父親を異常に怖がるなど，些細なことにも驚愕し，多動性，衝動性が増悪してしまった。

学習症の事例

　G君は，豪雨の夜，自宅ではなく近所に落雷があったにもかかわらず，あたかも自宅に落雷があったかのように直截的に受け止めてしまい，「また落雷があったらどうしよう」と毎日，フードを終日かぶる生活になった。毎夜毎朝，天気予報を確認し，曇天になると外出できなくなり，登校も渋るようになった。

　発達障害に伴う二次障害（トラウマ反応）である**フラッシュバック**やタイムスリップ現象を最小限にするため，出来事に触れることなく，自由に感情を解放する非指示的（クライエント中心の）プレイ・セラピー（アクスライン，1947）が重要である。プレイ・セラピーの中で，忌まわしい出来事に関する「再演」をした際は，安全であるという雰囲気を伝えつつ，少しずつ，（「今は」大丈夫だね，といった声かけで）現実世界へ向かうよう心掛けることが重要である。また，親や周囲の反応に影響されやすいため，親への心理教育（happyで positive な感情が増えるようなかかわりの重視），心理療法も大切である。

　通常と異なり，回復に時間はかかるものの，トラウマの症状は消失していくものである。そういったトラウマ症状（二次障害）が消失し，発達障害の状態が浮き彫りになったとしても，そのまま，プレイ・セラピーを継続することで，従来の発達促進がなされる。

　このように，事件，事故，災害が発生した際は，震度××といった客観的体験強度だけでなく，個人の体験距離のありようを把握しつつ，同時に，トラウマを被りやすい発達障害にも配慮することが重要だと思われる。

　ロンドン大学精神医学研究所の名誉教授ユール（Yule, W.）は，トラウマの一つである**PTSD**（**Posttraumatic Stress Disorder**：**心的外傷後ストレス障害**）は「記憶の障害」であると述べている。発達障害の場合，記憶想起のコントロールの問題がある。通常，フラッシュバックは，記憶そのものの過剰としてイメージされやすいが，別の角度から考えると，記憶想起の抑制的なコント

ロールができない，つまり，思い出さないようにすることができなくなるのではないかと思われる（米田，2008）。したがって，発達障害は，よりトラウマを被りやすい。今後，PTSD発症の危険要因，予後要因として，発達障害も含めて，「想定」しておくことが，緊急支援，トラウマ・カウンセリングにも重要な意味をもつものと考えられる。

(2) 大人の発達障害とトラウマ

　発達障害が背景にあるにもかかわらず，成人期になって初めて精神科を訪れるケースが散見される。統合失調症，そううつ病，うつ病，パーソナリティ障害，神経症，依存症などの多彩な臨床症状を呈するケースの一部に，背景に高い知能をもった軽度発達障害が存在することが明らかになっている。そのようなケースの臨床的特徴を表現する概念として「**重ね着症候群 (Layered Clothes Syndrome)**」が提唱されている（衣笠，2010）。

　発達障害が成人になるまで気づかれないと，さまざまな二次障害が生じたり，トラウマを被っていることに気づかずに何年も過ごしてしまうことがある。

1) 重ね着症候群

　衣笠（2010）によると，重ね着症候群とは，初診時18歳以上で，そのとき初めて背景の軽度高機能型発達障害が発見されるケースである。受診時の主訴は，種々の精神症状や行動障害であり，臨床症状としては，神経症，各種パーソナリティ障害，うつ病，そううつ病，統合失調症，依存症など多彩である。

　定義上，IQ85以上としているが，一部のケースでは，IQ150に達する者も存在する。また，一部のケースには児童，思春期青年期前期，中期（小学，中学，高校年齢時）に不登校，各種神経症，うつ状態，思春期妄想症，行動障害などを発症している。その一部は，精神科や児童相談所などを受診しているが，背景の発達障害の傾向を疑われたことはない。なお，幼児，児童期，思春期前期に発達障害がすでに発見されていて，18歳に達した個人は，定義上固有の発達障害を診断し，重ね着症候群とは診断しない。また，18歳

以降に受診しても，明らかに自閉スペクトラム症の特徴を示すものは，重ね
着症候群とはせず，自閉スペクトラム症とその合併症としての診断をくだす
という。

2）重ね着症候群の心理アセスメント

　重ね着症候群のスクリーニングとして，AQ-J（自閉症スペクトル指数日本版。
後に「AQ日本語版自閉症スペクトラム指数」として刊行されている）では，26点以
上は重ね着症候群の疑いが強く，32点以上はほぼ確定できる可能性があるが，
このテストだけで断定はできない。

　ロールシャッハ・テスト（以下，ロ・テスト）については，複雑な要素が関
与しているために簡潔にまとめることはできないが，全体の反応数が非常に
少ない場合や，細部へのこだわりが強く，形態認知が不十分，色彩反応が極
端であったり，逆にほとんどみられないなどの特徴を示すものが多いようで
ある。

　WAIS-Ⅲでは，言語性IQと動作性IQの差（ディスクレパンシー）が10点
以上あれば軽度発達障害傾向の疑いが強く，15点以上になればほとんど確
定診断になる。また，IQの結果だけでなく，**下位検査**（言語性IQには，知識・
類似・単語・理解・算数・数唱・語音整列などがあり，動作性IQには，絵画完成・絵画
配列・積木模様・記号探し・符号・行列推理・組み合わせなどの構成要素がある）の結
果が不ぞろい（個人内差が大きい）になることも特徴の一つである。しかし，
ウェクスラー式知能検査のスコアにあまり問題がみられなくても，ロ・テス
トや他のテストにおいて発達障害の傾向が疑われる場合もあるため，一律に
はいえないところがある（衣笠，2010）（註：心理検査の内容については，第2章を
参照）。

· ·

事例

　Hさんは40歳代男性で，「うつ病エピソード」という診断で治療を受けて
いるが，「20年以上も改善しない。インターネットで調べたら，『発達障害』
の状態によくあてはまる」という主訴で来談した。臨床心理アセスメントにお
いて，「うつ病エピソード」「重ね着症候群」の背景を考察してみた。事例が特
定されないよう，若干の修正をした（後ろ向き研究）。

・**事例**：40 代男性。大学中退。

・**テスト・バッテリー**：ウェクスラー式知能検査，AQ-J（自閉症スペクトル指数日本版），ロールシャッハ・テスト，SCT（文章完成法テスト），TAT（絵画統覚検査），PTSD チェック・リスト（DSM-Ⅳ準拠の，PTSD の「再体験」「回避と感情の麻痺」「神経過敏」症状の 17 項目を簡略化したもの）を実施した。

・**来談に至る経緯**：幼少期は人なつこい子どもだった。父親から中学受験を強制され，過呼吸（過換気）発作が起きていても，成績が悪いと父親の暴行（殴る，蹴る）を受けていた。その後，強迫観念，不安感，恐怖感にさいなまれた。大学入学後より意欲低下，生きる気力や自信が次第に低下し，病院を受診した。

「うつ病」の診断で服薬治療をするも軽減しなかった。大学卒業後も依然として日常生活を送ることに不安が強く，自信がもてず，一日中ひきこもるようになった。今回，うつ病が改善しないのは，発達障害だからではないかと自己解釈して来談に至った。

・**検査結果**：

〈ウェクスラー式知能検査〉

ウェクスラー式知能検査を実施した結果，言語性 IQ＝139，動作性 IQ＝140，全検査 IQ＝142，言語理解（VC）＝122，知覚統合（PO）＝140，作動記憶（WM）＝151，処理速度（PS）＝110 という結果であった。かなり高い知的レベルであり，うつ状態を示唆するような反応はみられなかった。しかし，下位検査のプロフィールをみると，最高評価点は，「数唱問題」で 19 点，最低評価点は「記号問題」で 8 点であり，その差が 11 点と大きく，処理速度が低いというのが特徴であった。何らかの発達障害が疑われるアンバランス性が見出された

〈AQ-J（自閉症スペクトル指数日本版）〉

得点 36 点であり，カットオフポイント（自閉スペクトラム症であるか否かの境界）を上回っていた。こだわり，空気をよむ，相手の気持ちを察することができにくい，と自覚していた。実際の物腰はとても丁寧であり，検査者への気遣い（〜してもよろしいでしょうか？といった確認）がみられた。

〈ロールシャッハ・テスト〉

全体的に，うちひしがれ，陰うつ的で，混乱した世界に生きているという印象であった。また，デジタル的認知のありようは，発達障害を思わせた。加えて，父親による虐待（ひどいしつけ）によるトラウマもうかがわれた。男性，特に父親に対する脅威，周囲からの視線へのとらわれ，不安感情に溢れた反応であった。

〈SCT（文章完成法テスト）〉

家族からは，「駄目な人間」「厄介者」と思われ，できないことは「数限りない」「失敗したことが多い」と自己否定的に受けとめていた。人々に「溶け込むのはむずかしい」，友だちが「少ない」と述べ，孤立的で，自殺も「考える」，

気持ちは「沈みがち」といった抑うつ状態が示唆された。仕事は「したい」と思っているものの，現状を打破できず，苦渋している様相がうかがえた。

〈TAT（絵画統覚検査）〉

　両親との関係をみることを目的に，J1，M3，J9，J4，J6F，J6M，J7M，J7F の 8 枚を実施した（名古屋大学版図版使用）。

　要求水準は高いものの外的圧力（特に父親）により，挫折せざるを得ない状況にあったことが推察された。母－娘関係に対しては，現実味をおびた表現ができるものの，父－息子の関係は，距離をおいた，第三者的表現が多い。また，男性は「自由きまま」，女性は「大変な思いをする」といった意味づけもみられた。「熱意があるのでがんばる」という表現もみられるが，今のところその熱意さえ，失われかけているような状態にあった。自己の望みは，拒絶，否定され，将来に対しても陰鬱であきらめ的であり，否定的な結末であった。

〈PTSD チェック・リスト（DSM-Ⅳ準拠）〉

　DSM-Ⅳ の診断項目 17 項目中，5 項目のみにチェックされ，PTSD には該当しなかったが，フラッシュバックが軽微ではあるものの，神経過敏（覚醒亢進）が継続していた。忌まわしいできごとを避けることがない分，うつ状態に陥ってしまう様相が示唆された。

〈総合所見〉

　重ね着症候群のための発達診断（衣笠，2010）によると，虐待（厳しいしつけ，折檻），ひきこもり傾向，MMPI では強迫，対人緊張の強さ，ロールシャッハ・テストでは想像機能が貧困，細部へのこだわりが強い，ウェクスラー式知能検査では，できる項目とできない項目が極端，AQ-J は 26 点以上，などがあげられており，本事例もその傾向に該当することが見出された。

　「うつ」状態が 20 年以上も変化しない背景には，重ね着症候群（発達障害）が存在していた。発達障害の特性に留意したアプローチをすることに意味があり，そのことによって重ね着されたトラウマ，うつ状態の治療が可能になってくるのではないかと考察された。

　さらに心理支援においては，トラウマの後遺症を最小限にすることで，もともとあった発達障害が浮き彫りになり，そのうえで発達障害の特性にあった生活支援，つまり，発達障害を抱えながら未来志向的に自己実現を促進していくような支援が重要になると思われる。

・・・・・・・・・・・・・・・・・・・・・・・・・・・・・・・・・・・・・

第 4 節　発達を促進する心理療法―プレイ・セラピー

　人間観，発達観というものは，その人の文化的な背景や個人的な経験から生まれてくるものである。ただ，**人間をモノとみる**（我と**ソレ**の関係）のでは

なく，コトとしてみること（我と汝の関係）で，その人間の独自性が開かれ，発揮されていくものと思われる。

　人と人が出会い，相手を了解するためには，まず，自らを平にし，相手を一人の人間として尊重する心を持つことが大切である。どのような状況の中でも，相手を洞察する眼を開き，その人らしさを追求し，心から信頼しているときに，真の支援になり得るように思われる。真の自己の広さと深さを知っていることで相手と「共感（相手の心の世界に立ってみること）」することができ，クライエントの自己開示（あるがままの自己を開示すること）を促進することができる。

　このような立場は，精神分析療法と行動療法という二大勢力に対抗して提唱された人間学的心理療法が根本にある（詳細は第3章参照）。この人間学的心理療法は，人間を無意識や環境的強化の結果としてではなく，目的と価値と選択権を持ち，自己決定の能力を備えている存在としてとらえるものである。人間は，その自由意志によって自らがもつ成長と幸福への潜在力を最大限に発揮することができるのである。

　ロジャーズは，この人間学的心理学の立場に立脚し，「来談者中心療法」を創始した。児童中心のプレイ・セラピー（遊戯療法）は，ロジャーズの来談者中心療法の理論をアクスラインが適用したものである（詳細は第3章第3節を参照）。「遊び」は子どもにとっての重要な発達課題であり，その遊びは，楽しく，自由で開放的，自発的でなければならない。この立場において，子どもは最大限の自由を与えられ，尊敬される。心理支援者は，直接的な指示を一切避け，子どもの行動の理解と受容に徹するのである。そうすることによって，子どもは生来の成長への力を発揮し，自分の力で考え，解決し，心理的成熟（発達）を遂げるのである。つまり，すべての子どもには，自分から成長し，適応していこうとする能力があるという，「成長の原理」と「自発性の原理」を基盤にしており，それは，子どもに対するきわめて強い「信頼」に通じているのである。自己実現の考え方を基本におき，「障害」を状態像としてとらえ，発達遅滞の状態から発達促進の状態へ転換していくという点を重要視している。つまり，症状のみを中心とした対症療法的アプロー

チでは，不十分であり，人間全体へのアプローチが重要な意味をもつ。障害
は一次的であるばかりでなく，二次的にも加重化することが多い。二次的な
障害（情緒的，人間関係的な障害）を軽減し，消失させて，潜在的可能性が発揮
され，自己実現的に生きることが発現されるとき，一次的な障害は残存して
いても，心理的に克服されていくものと思われる。

・・

事例

　ここでは，発達のペースが緩慢で，かつ軽度の麻痺（左手）のある女児，I
さんへのプレイ・セラピーを通して，その発達的変化に視点をあててみた。
・事例：3歳5か月の女児。両親と3人の姉をもつ。
・主訴：言葉の遅れ（一語文程度）と不明瞭な発音。
・生育歴：妊娠5か月目で早期破水があったものの，出産時は自然分娩（6か
　月の早産）。出生時の体重は900gであった。その後，周産期センターにて3
　か月入院し，2,600gで退院した。首の座りは4〜5か月，始歩は1歳5か月。
　始語は2歳前後。
・既往歴：8か月の時に百日咳で3か月の入院。1歳すぎにひきつけがあり，
　意識障害がみられ，左手に軽い麻痺がみられた。母親自身は，他の子どもより
　も少し動作が緩慢で言葉の発達が遅いかなと思っていたが，周囲から発音の不
　明瞭さや二語文が少ないことなどを心配され，徐々に不安が募っていった。
・経過：その後，2年間，アクスラインによるプレイ・セラピーを実施した。I
　さんは次第に言葉も増え，発音もある程度聞き取れるくらいになり，些細なこ
　とにも物怖じせず，たくましく成長した。母親も心理的に安定し，おおらかな
　気持ちでわが子に接することができるようになった。

・・

　人間の「発達」には，感情や情緒の安定が必要不可欠に思われる。自主
性，主体性が尊重されることによって，創造的思考を育て，そして「あそび」
を通して，内発的な自己活動が可能になってくる。プレイ・セラピーは，そ
のような「あそび」を通して，クライエントのよりよく生きたいという自己
実現傾向を促進し，クライエントの創造性，発達をひきのばしているものと
思われる。人間と人間との関係の中で，相互に尊重し，信頼することで成り
立つものと思われる。このプレイ・セラピーが単に技術的なものとしてとら
えられるならば，それは表面的なものでしかなくなってくる。技術はクライ
エントの心を見失いかねない。必要なことは，心理支援者（セラピスト）が「真

の自己自身であるということ」(ロジャーズ, 1967) である。そうすることで, 心理支援者は自らを開示し, クライエントを受けいれていくのである。クライエントも同様のプロセスをたどることになる。その関係は「透明」といってもよいであろう。「技術」はすぐに身につけることができるが, 心理支援者が真に自分自身になるには, 相当の苦悩が待ち受けている。人はだれ一人として同じ人間はいない。それぞれがかけがえのない存在である。具体的に治す方法を知っているのはクライエント自身なのである。そのクライエントとの出会い的関係の中で, その方法を見出していくプロセスに寄り添うこと, クライエントから学ぼうとする中で, 心理支援者は真の自己を発見し, 成長していくように思われる。

　また, クライエントは環境に依存して生きている。したがって, プレイ・ルーム内だけでなく, 家庭, 学校, 地域社会へのアプローチも重要になってくる。環境から切り離し, 単独での治療は不可能である。クライエントへの心理療法は, 一人ひとりが発達していく過程で, 真に彼らが必要としているものは何かを知る必要がある。また, クライエントのもつ自己実現の力や, 潜在能力を発揮させるものは何なのかを明確にとらえていくことを目的として初めて本来の心理療法の意味をもつことになるであろう。

第4章　発達につまずく人間　　97

第5章

繊細で傷つきやすい人間

第1節　自我，自己の拡散と喪失

　「自我」とは，人格の核になるものであり，その人間の行動に大きな影響を与えるといわれる。この自我がしっかりと確立している人間は，現実を客観的に把握し，自分の欲求や衝動を適切にコントロールすることができる。また，危機的な状況にあっても，自分自身を見失うことなく，一貫性のある安定した，柔軟な態度をとることもできる。さらに社会的役割を担い，その責任を自覚し，自信と誇りをもって行動することができる。一方，自我が未熟で，脆くて，傷つきやすい状態にあるときは，些細な心理的原因や環境的要因によってコントロールやバランスを失い，さまざまな問題行動があらわれやすくなる。

　このように自我の確立は，健全な人格を形成するために欠かせないものである。自我が発達し，確立するには，「自我形成期」という，いわゆる「反抗期」の有無が最も重要であるといわれている。

　「自我」（ego）の概念については，それぞれのパーソナリティ理論により，全体論的（holistic）立場や精神分析的（psychoanalytic）立場などの多義性が存在している。さらに，「自己」（self）との関係についても明瞭であるとはいいがたい。自我も自己も概念的，用語的に十分に分化し，確立しているわけではない。しかしこのことは，その他の心理学の用語や，心理学的現象の概念についてもいえることであり，むしろ複雑な人間行動の力動現象を意味しているともいえよう。ここでは代表的な概念を紹介してみたい。

　自我とは，「知覚し，行動している主体そのもの」であり，「パーソナリテ

ィの中核的存在としての意味をもつもの」と理解することができよう。

　自己とは，「その個人によって対象化された自我」であり，「客体として経験される自分」を意味するものと理解することができる。

　これらの自我および自己の概念は，本来不可分な関係にあり，「自己心理学」における自我概念の混入や，逆に，「自我心理学」における表裏一体視した自己概念の取り扱い方などに，しばしばみられる通りである。

　ここでは，自我に関する重要な心理学的用語を取り上げ，自我と人間行動のあり方を臨床的に明確にしてみたい。

(1) 自我関与

　「**自我関与**」(ego involvement) とは，個人にとって重大な関心のある事実や事態に対して，その個人がかかわりを有し反応的状態を示すことをいう。

　自我関与の状態にあるときは，一般に，情動的興奮を伴う。したがって，過度の強い自我関与状況では，緊張や不安が高まり，不適応感情が生じる。しかし，適切な自我関与の促進は，人間行動を積極的にし，主体的で自信のある一貫した態度を生み出す。逆に，自我関与が低い場合，一貫した自信のある行動がとれず，受動的で依存的な態度を示すことが多い。すなわち，自我関与は，人間の行動（認知，判断，態度，学習など）に大きな影響を与えることが，臨床的にもよく知られている。

(2) 自我の強さ

　「**自我の強さ**」(ego strength) とは，自我機能の全体的な健全性をあらわす概念であり，臨床心理学，特に心理支援・心理療法の分野においてよく使用される用語である。自我の強さは個人の内的な情動を統制し，社会的適応を促進する原動力でもある。前田 (1976) は，自我の強さを規定する要因を次のように述べている。

　<u>①現実吟味の能力</u>　　現実感覚の発達の程度，つまり現実をどの程度客観的に正確に認知することができるか，という自我の能力をさす。

　<u>②欲求不満への耐性</u>　　欲求や衝動を適切に統制し，葛藤状況における心

理的苦痛や困難的状況に対して，どの程度耐えることができるかという自我の能力をさす。

③適切な自我防衛　　適応機制といわれる抑圧や投射などの自我の防衛機制を，現実に即して適切に，有効に適用する自我の能力をさす。

④統合性，安定性，柔軟性　　危機的な状況に関与しても，自分自身を見失わず，自分についての一貫性・連続性を保持し，統合性と安定性を失わない自我の能力をさす。また，自我機能は，時と場合に応じて自由に変化し得るような柔軟性が必要である。

⑤自我同一性の確立　　自分というものを社会とのかかわり合いの中で，どの程度しっかりと確立しているかということであり，さらに，役割行動の主体者（たとえば，40歳の男性として，父親として，教師として）の責任を自覚し，自信と誇りを有しているかどうかということである。

(3) 自我同一性拡散

エリクソン（Erikson, 1959）は当初「**自我同一性拡散**」（ego identity diffusion）という用語を使用したが，その後，「**自我同一性混乱**」（ego identity confusion）と改め，自己像の退行的な分裂，中心の喪失と分散を広く意味するようになり，現代の青年の自己喪失的状況を象徴する臨床的用語となっている。エリクソンは，自我同一性拡散の状態を次のような構成要素から成り立つものと提唱している。

①時間的展望の拡散　　時間体験が混乱する状態であり，時間が自分にとって意味のある変化をもたらすという感覚が喪失的になり，将来の見通しも困難となり，自分が幼くなったように感じたり，年老いたように感じたりする状態である。

②自己同一性の意識過剰　　自分に対する意識が過剰となり，何も確信がもてず，不明確で不確定的な態度となり，他者との関係ばかりが気になる自己喪失的状態である。

③否定的同一性の選択　　社会的価値からは否定的な意味をもつ対象に同一化して，自分の立つ瀬を見出そうとする態度である。たとえば，反社会的

集団や非行グループのメンバーとして自分を見出そうとする場合などである。

　④活動性の麻痺　　その個人にとって本来の目的である勉学や仕事などの活動が停止し，空まわりしているような集中力の喪失状態である。一方，一つのことだけに異常なほど没頭するような状態もみられる。

　⑤男性あるいは女性であることへの戸惑いと混乱　　自分の性的同一性が不安定となり，親密な対人関係が困難になり，相手に全面的にのみ込まれてしまったり，孤立してしまったりする状態である。

　そのほか，権威の拡散と理想像の拡散が要素として含まれ，これらの要素はさまざまな割合で混入しており，一つの同一性拡散症候群を形成している。そして，その状態像は，一過性的危機状況のレベルから，精神病的危機状況のレベルにまでわたっている。自我の拡散や混乱は，臨床的にはある症状として出現してくる。発達段階とも関連しており，時代や文化など心理社会的状況とも関連している。たとえば，不登校（神経症的不登校）や選択性緘黙などは，現代的状況を反映しているといわれる。

　幼児期，児童期，青年期，壮年期，高齢期の発達課題やアイデンティティは，その時代の心理社会的状況との相互作用により，さまざまな反応を生み出すものと思われる。そのさまざまな反応的症状は，個人の自我状況，家族状況，学校状況，能力，人間関係，身体状況などの要因とも深い関係を有している。ただ一つの要因が，意味症状を生み出しているものではない。また，症状を背負った個人だけが責められるものではないし，家族だけ，学校教育だけ，社会だけが悪の根元として責められるものではない。個人と社会は相互に絡み合いながら，発達課題やアイデンティティという生きる意味とのからみ合いの中で，実は「**自我の再体制化**（脆くて傷つきやすい自我を一度，壊して，自分らしいたくましい自我を再び体制化すること）」「**自己の確立**」のための意味表現をしているものと思われる。人間は「自分らしく」生きようとして，挫折することもある。人間は「悩める存在」にありながら，自己成長しようともがくことがある。

　いわゆる問題行動（註：ここでは，周囲からみると「問題」となっているかもしれないが，個人内からすると，適応しようともがいている，という視点から，「いわゆる」

という用語を使用した）や症状の背景に潜む意味を洞察し，共感し，受容するとき，挫折していた人間はやがて，自我の再体制化，自己の確立へ向かって進み始めるのである。人間はだれであれ，「よりよく生きたい」という基本的欲求を内在的に，根元的に有していることを忘れてはならない。

　以上，自我に関する用語を紹介したが，不登校（神経症的不登校）や選択性緘黙，神経症や心身症の臨床例の中に，自我関与や自我の強さのありようが，高い緊張，不安の背景に存在していることを理解しておくことが大切である。
　次に，自己に関する重要な心理学的用語を取り上げ，自己と人間行動のあり方を臨床的に明確にしてみたい。

(4) 自己実現
　「**自己実現**」（self actualization）とは，パーソナリティ理解の鍵概念であり，その個人が最高の成果を達成しようとする傾向をさす。
　マスロー（Maslow, 1962）は，その人が潜在的に有しているものを十分に発現しようとする欲求であるとし，より基本的な欲求が満たされるにしたがって，上位の欲求が出現して人間行動に影響を与えるとした。その欲求体系は，低次から高次への階層をなし，生理的欲求，安全の欲求，愛情の欲求，尊敬の欲求，自己実現の欲求であるとする。なお，この一連の欲求は，誕生後の時間的経過にしたがって，その相対的重要度が変化し，生理的欲求から自己実現の欲求の方向に発達的に増大していくという。
　ロジャーズ（Rogers, 1967）も人間の自己実現の傾向，すなわち，有機体の潜在可能性を発現する傾向を重視している。人間はだれであれ，この潜在的可能性（potentiality）を有しており，いかなる心理的障害を有していても，適切な条件が与えられれば，その潜在的可能性は実現化されるという。彼の来談者中心療法の治療仮説は，この考え方に立脚している。
　マスローやロジャーズは，自己実現の存在はすでに臨床的経験によって実証されているとし，自己実現の動機を，人間にとって内在的・根元的な存在ととらえている。

(5) 自己概念

「**自己概念**」(self concept) とは,自分の身体的特徴,能力,性格などについて,自分自身がどのように認知しているかということであり,比較的永続した自分自身についての概念的人間像をさすものである (藤原, 1977)。

ロジャーズ (Rogers, 1967) は,**自己概念は個人の行動を決定する重要な要因であると指摘し,個人が自分自身をいかに意識しているかという自己概念のあり方が,その個人の適応行動を規定する**という臨床的見解を述べている。すなわち,自己概念には,現実自己(現実に経験している自分)と理想自己(かくありたいという理想的自分)の側面があり,適応障害的状況では現実自己と理想自己のズレ(自己不一致)が大きいことを見出している。また,心理治療の経過に伴い,自己概念は自己一致的に変化してくることを臨床的に実証している。すなわち,自己概念における自己一致性と,自己実現的な適応行動とは,臨床的に相関が高いことを見出したのである。

また,**自己一致**(self congruence) している状態は,**自己洞察**(self insight-fulness) がなされており,さらに,**自己受容**(self acceptance) がなされていることを意味している。真実なる自分を知り,その自分を受容していることは,他者という人間を知り(他者洞察),他者という人間を受容(他者受容)することを意味している。

自己洞察に乏しい人間は,他者洞察が困難であるといわれる。自己否定的な人間は同様に,他者否定的であるといわれる。神経症や精神病に悩む人間には,自己洞察の未熟さや混乱,自己否定的状態,自己不一致的状態を示すことが多い。やがて精神的健康を取り戻すにしたがい,自己洞察的,自己受容的,自己一致的に変化していくことは臨床的によく知られている。

第2節　情緒障害

(1) 情緒の発達

情緒(emotion) とは,比較的短時間に生起する一過性の感情状態であり,怒り,恐れ,不安のように表情や行動として表面化される。また,主観的な

内面的体験を伴い，生理的変化を引き起こすこともある。さらに情緒は，**動機づけ**（motivation）との関係が深く，行動への惹起となることが多い。

　情緒の発達要因としては，個の成熟と経験が相互に関連することはいうまでもない。情緒発達については，ブリッジェス（Bridges, 1932）の発達研究が知られており，パーソナリティにおける知的機能や言語機能などに比較するとかなり早い発達現象を示す。彼によると，ほぼ2歳までには基本的情緒は分化し，5歳までには大人の情緒と同様の状態を示すという。この研究でも理解できるように，特に，幼少期の情緒的発達が，何らかの要因で困難な状況にさらされた場合，その後の個のパーソナリティ形成のうえで，さまざまな障害が出現してくることは，多くの実験や臨床的事実により知られている。情緒障害は，その結果として現象化してきたものであるといえる。

(2) 情緒障害とは

　情緒障害は，「感情，情緒の機能に，何らかの原因で鎖れや軋轢が生じ，そのため，性格・行動面において，いわゆる問題行動（症状）が出現してくるもの」であるといわれている。このような状態像を情緒障害と呼称している。

　すなわち，情緒障害とは，感情・情緒の機能が，発達過程の段階で，何らかの心理的原因や環境的要因によってコントロールやバランスを失い，そのためにパーソナリティ全体としての機能を果たすことが困難になる状態ということができる。

　情緒障害の原因については，心理的，特に，人間関係的な要因が中心で，その問題行動は，一過性的（一時的）であり，可逆性（「状態像」として変化すること）をもつものである。なお，身体的・器質的な要因がからむ場合は，情緒障害といわない。したがって，自閉スペクトラム症，学習症などは，情緒障害という臨床的単位からは除かれることになるが，二次的に生じる症状としては，情緒面での障害が存在することはよく知られている。

　発達過程において，十分な情緒的成熟がなされていないと，いずれかの発達段階で，障害として出現してくるものと思われる。先述したように個としての，臨床的なミクロなとらえ方はきわめて重要だが，一方，その時代の心

理・社会的背景を含めたマクロなとらえ方をもけっして忘れてはならない。個としてのミクロな発達現象は，絶えず時代的変遷というマクロな文化状況にさらされており，その影響を確実に被るものと思われる。

なお，情緒障害を大まかに分類すると次のようになる。

- ・非社会的問題：不登校（神経症的不登校），選択性緘黙，引っ込み思案など
- ・反社会的問題：怠学，虚言，非行，校内暴力など
- ・神経性の習癖：吃音，チック，夜尿，夜驚など

(3) 情緒障害の背景と症状の意味

情緒障害とは，基本的に人間関係的（自我関与）状況から発症している。そのため，情緒障害の表面的な症状のみにアプローチした場合，その心理支援的意味は乏しいことになる。むしろ，「症状や問題行動を抱えた人間」へのかかわりこそが，重要な心理支援的意味を有している。「人間」をみずして，その「症状」のみに視点をあてることは，人間の「部位」のみをみて，人間の「全体」をみないことを意味している。すなわち，「症状を担う人間全体」への心理支援的かかわりが促進され，「自分らしい自分」が確立（自我の体制化，「生きる意味」の確立）されたとき，その結果として，障害という部位は消失し，改善されていく。

症状が発生してきた心理的背景を洞察するだけでなくその症状を，その人間の「生きる意味」の反映として受けとめることが大切である。たとえば，「学校に行かない」「人前で話さない」という人間の生き方（意味表現）の中に，心理支援的接近のありようが示されている。実は，彼らが学校まで行けること，他人と会話することなどの生活能力を十分にもち合わせていることは，だれもが知っていたはずである。しかし，このような生き方に苦悩している「人間」に対して，親や教師は，一方的に，画一的で基準的なレベルからその人間の行動をとらえようとする傾向がある。たとえば，対症療法的（症状という部位，学校に行くこと，人前で話すことを中心）に指導するとき，その症状は，一時的に消失したかのようにみえても，別の症状が出現したり，さらに，以

前の症状がぶり返したりすることがある。

　情緒障害という状態は，その根源にある，その個人の自我形成や自我機能のありようが，重要な意味をもつことが多い。対人関係的状況での，その個人の自我のありようを理解することが，心理支援においては重要になる。

(4) 自我の発達と障害—いわゆる反抗期（自我形成期）のない人間

　いわゆる「**反抗期**」は，親にとってはマイナスのイメージがつよく，むしろない方が，楽で育てやすいという親が多い。しかし，子どもの側からみると，この反抗期は，人格の発達に欠かせない重要な発達課題である。しかも，これから述べる「自我」の発達にも多大な影響を与えるものである。したがって，「反抗期がない」ということは，子どものその後の発達，成長にさまざまな問題を生じさせることが予測される。

　いわゆる「反抗期」とは，子どもが成長していく過程で，周囲に対して反抗したり，拒否的態度を顕著に示す時期をいう。これには幼児期（2〜4歳頃）の第一反抗期（**第一自我形成期**）と，思春期（13〜15歳頃）の第二反抗期（**第二自我形成期**）とがある。子どもにとっては，自立したい，独立したいという欲求の態度（もっと，よりよい生き方をしたいという自己実現傾向）を示しているにすぎないのである。

1) 第一反抗期（第一自我形成期）

　いわゆる第一反抗期は，それまで全面的に親の保護を受けていた子どもが，対人関係，ことば，感情などが発達してきたことで「自分らしさ」を主張し始める時期である（自我の芽生え）。親と衝突することで自己主張の限界を感じとり，依存−自立という葛藤を克服しようとすることで，健全な自我の発達を促進していく。つまり，この頃の子どもの自我は，けんかをしたり，いたずらをしたり，だれかに怒鳴られることで，たくましく，柔軟な，心理的耐性の強いものになっていくのである。

2) 第二反抗期（第二自我形成期）

　思春期になると，子どもなりに自分の価値観をもち始める。親の価値観との間にズレがあると，親に対して抵抗心が芽生えるようになる。つまり，子

どもなりに価値観を獲得するという成長があるからこそ，抵抗心や反抗心が湧いてくるともいえよう。周囲に依存していた状態から自分自身を確立し，一人の精神的に独立した状態へと発達していくのである。そして，大人―子どもの関係から，大人―大人の関係へと変化し，大人社会の一員として参加していく準備を培っていく。

　いわゆる第二反抗期の場合，反抗の対象は，親だけでなく，周囲の大人や権威あるもの，体制にまで及び，激しく抗争が繰り広げられる。この時期には，身体的変化も著しくあらわれ，自己像の修正やアイデンティティの確立など，人生の大きな発達課題もある。親や教師などのような支配感情をもつ周囲に対して距離をおき，攻撃的な態度が一過性的にドラマティックに展開していくのである。このような反抗期を子どもの"成長エネルギー"と受けとめることが大切であり，逆に，向き合うことができない家族状況では，家庭内暴力や校内暴力を引き起こすこともある。

　第一反抗期も第二反抗期も，子どもが人格的にたくましく育つための発達課題であり，この抗争を経験することで，その後の健全な人格形成の基が構造化されていくのである。

　反抗期がない子の親は，完全主義的で，先取り不安が強く，過保護で過干渉的に養育していることが多い。子どもの，自由で探索的で冒険的な行動は阻止され，いつでも，親が安定できるような関係の中で過ごすことになる。このような親子関係では，子どもの自我は未熟なまま，目に見えないハンディキャップを背負いながら，年齢を重ねていくことになる。その結果，自我形成のありようは心理的耐性の虚弱なものとなり，親への依存はますます強くなっていく。特に，養育に自信のない，不安の強い親であると，子どもとの間に共生的関係（子離れ，親離れできない病理的親子関係）が生まれ，反抗できない状況を作ってしまうことになる。

　また，反抗期がない子は，情緒障害などの問題がみられるまでは，一見，適応しているようにみえるかもしれない。しかし，子ども自身は自分らしさを捨て，あやつり人形になっているだけである。やがて子どもが自分自身のありようを問われたとき，いわゆる「反抗」という形で，学校に行かない（神

経症的不登校），人前で話さない（選択性緘黙），からだで語る（心身症）ことで，自我形成という発達課題を取り戻していくのである。このとき，親にとっては，「思い通りにいかない手のかかる子」となるが，このような状況は，親と子が独自の存在として目覚め，互いに「自立」するチャンスとして受けとめることが大切である。たとえ「あのとき，あそこで」反抗期がなかったとしても，「今，ここで」本来の姿にきづき，「これから」の未来を自分らしく豊かに生きていくことが何よりも重要である。

3）いわゆる反抗期（自我形成期）がない子の問題

第一自我形成期をパスし，自我の発達が未熟なまま年齢を重ねてしまうと，脆弱で，耐性のない心理的状態となり，些細なことでつまずきやすくなる。親や教師の評価基準にふりまわされ，「自分らしさ」を獲得しないまま，よい評価を得るだけの，従順な「よい子」として思春期へ向かうことになる。子どもの自我は，真に確立されたもの（本当の姿）ではなく，家族の病理構造や学校状況の価値基準（枠）にはめこまれた，みせかけの自己像（偽りの姿）と化す。

いわゆる反抗期がなかったり（阻止されたり），歪んだりすることによって，その後に，さまざまなパターンの問題が現象化する。「情緒障害」はその産物である。情緒障害は，心理的，特に人間関係的要因で，縺れや軋轢が生じ，そのため，性格・行動面において問題行動（症状）が出現してくるものである。

（5）不登校（神経症的不登校）—学校に行かない子

「不登校」とは，学校に行っていない状態をあらわし，「怠学」や「病気」で登校しない子どもも含まれる。正確なアセスメントがなされないと，適切な心理支援には結びつかない。本書では，学校（人間関係的状況）に対して，過度の自我関与状況に陥ってしまう「不登校（神経症的不登校）」に視点をあてて述べていく。

「不登校（神経症的不登校）」は，親や教師の評価基準が守り通せなくなったとき，自我が傷つかなくてもすむ病理的家族状況へ逃げ込んでしまう状態で

ある。自我関与が過度に高くなり，「人間」がいる学校は自我が脅威にさらされる場となる。そしてこの状態にある子どもは，だれよりも学校に行かなければならないと思っているにもかかわらず，他者（友人や教師など）の評価が気になり，過度の不安や緊張から学校を回避してしまう。学校に行こうとしても，朝になると腹痛や頭痛に悩まされる。怠学と異なり，昼間の外出など到底できない。それだけ苦しんでいるのであり，一時的に，対人関係状況を回避している状態なのである。幼児期にも分離不安を中心とした不登園（神経症的不登園）がみられるが，児童期においては高学年になるにしたがい，不登校（神経症的不登校）の出現は増加する傾向にある。

　不登校（神経症的不登校）の人間は，自ら選んだひきこもり現象の中で，脆くて傷つきやすい自我構造を再体制化しようと，もがき，苦しみつつ，初めての自己主張，「学校に行かない」という意味表現を呈している存在であり，だれよりも「登校しなければならない」という感情のもとに苦悩している存在ともいえる。

　「不登校（神経症的不登校）」という症状の背景には，さまざまな要因が臨床的に考えられる。中でも家族の心理的環境，特に幼少期からの親子関係の歪みやかたよりが，子どもの自我の発達のあり方にしばしば重要な影響を与えている。筆者（久留，1989）の研究によると，就学前は男女ともに，「非社会的，内閉的」「よい子でまじめ」という性格傾向をもっていた。また，第一自我形成期という重要な発達課題を体験していないケースが見出された。さらに不登校（神経症的不登校）児の性格傾向として，以下のような特徴が統計的に見出された。

　〈タイプⅠ〉甘えん坊の退却（Withdrawal）型。低学年に多い。両親のタイプは，父親・母親の役割逆転型。

　〈タイプⅡ〉優等生のブレイクダウン（Break Down）型。高学年で増加。父親権威専制・母親不安拡散型が特徴的。

　〈タイプⅢ〉混合型。両親ともに多忙であったり，離婚，死別，単身赴任などの理由でその関係のありようは希薄・放任型に近い。そのため子どもの自立的態度は，幼少期から促進されるが，一方では両親の愛情を強く求めて

いることが多い。

事例

・**事例**：Ｊさんは小学５年生の女児。４人家族の長女である。父親はいわゆる会社人間で帰宅も遅く，Ｊさんとの関係は薄かった。母親は，几帳面で完全主義的（自己完結的）な傾向が強く，Ｊさんに対してもこまやかに，いろいろと世話をやき，かつ，しつけも厳しかった。

・**生育歴**：妊娠中，出産時は特に問題はなく，乳児期は，手のかからない育てやすい赤ちゃんだった。Ｊさんが満１歳の誕生日を迎える頃，住宅ローンの支払に追われ，共働きの生活を余儀なくされた。３歳違いの弟が１人いるが，Ｊさんはきわめて活発で友人も多く，母親は特に意識することなく，つかず離れずの程よい距離で接することができた。

　Ｊさんは，託児所，保育園でも「よい子」であり，早期からの自立を強いられる状況に立たされた。弟に対しては，母親の代理役割的行動をとり，健気にも大人のルールを守りきっていた。他人の言動や大人の評価に敏感であり，だれからもしっかりしたよい子というイメージで見られていた。

　小学３年生までは，勉強面でも，運動面でもクラスのトップにあった。この頃，母親は職場を変え，三交替制の病院に勤めることになった。母親の帰宅が遅いときや，夜勤のときは，母親に代わって弟の面倒をみたり，時には，疲れ果てて帰宅してきた父親の世話もやき，妻や母親の役割行動を一手に引き受けているかのような生活が続いた。しかし，弟が小学校に入学してきた４年生３学期より不登校傾向が目立ち始めた。当初は，登校直前になると腹痛を訴え，嘔吐したり，しばしば発熱し，登校をしぶる現象がみられた。小児科の医師からは，身体的には特に問題はなく心因的なものだと言われた。

　小学５年生の１学期より，母親の付き添いでなんとか登校するが，教室に入れず，やがて登校することを拒否するようになった。その後，完全に登校することがなくなった。学級担任が家庭訪問することを嫌がり，友人が宿題を届けても玄関に出ることもなくなった。家の中では母親の後をついてまわり，１人で留守番をすることも嫌がり，そのため母親は休職し，弟が帰宅するまで買物にも行けない状況であった。

　小児科医の紹介で，５年生の１学期半ばより，筆者らの相談室に来談することになった。Ｊさんの呈している「不登校（神経症的不登校）」の背景には，早期からの自立を余儀なくされたこと，絶えず両親の期待を満たさなければならなかったことなどが反映されているものと思われる。幼少期から現在に至るまで，両親の愛情はＪさんの渇いた心を十分に潤すことはなかったのであろう。今，その両親のあたたかい愛情を求めて，子どもらしいＳＯＳのサインを発しているように思われた。

・**初回面接時**：表面的には快活で社交的な屈託のない少女という印象を受けた。

しかし，アセスメントの結果から自己のパーソナリティ（内面にある弱さ，傷つきやすさ）など，自己の心理的問題について両親以上に気にしており，不全感や劣等感情が強く，自己不一致的，自己否定的感情が色濃く示されていた。

　いわゆる問題行動の背景には，内面世界に潜む繊細さ，敏感さ，自我の脆弱さ，傷つきやすさが存在していたことが示唆された。また理想の自己（代理的親の役割）と現実の自己（自分らしい生き方）との狭間に苦しみ，自己内に葛藤状況が生じた結果，社会的場面において不適応状況に陥っていったように思われる。

　母子関係のあり方，特に母親の心理的状態（完全主義的，自己完結的母親像）の変化，およびＪさんの自我の再体制化（「代理母親」から，「自分らしい生き方」への変化），さらに，父親としての役割へのきづき（アイデンティティの確立）を援助することに治療的目標をおいた。

　・心理支援：Ｊさんへのプレイ・セラピー，母親への心理療法を行った。来談できなかった父親に対しては，母親から心理療法の報告や心理検査等を通して，間接的にかかわりをもてるよう努めた。心理療法において，母親はしだいに，「完全主義的，自己完結的母親像」から，母性ゆたかな「Ｊさんの母親」へと変化していった。父親も，しだいに協力的な役割行動をとり，会社人間としての生き方だけでなく，父親としてＪさんとの関係を深めていった。

　Ｊさんは，プレイ・セラピーでのかかわりを通して，自分を自由に表現するようになり，治療開始後，半年経過したところで登校を始めた。しかし，時々，保健室で時間を過ごすことがあったため，その後も心理療法を継続した。この頃より，弟とのけんかや両親への反抗的態度がみられるようになった。母親は，変化してきたＪさんの態度を，積極的な意味で受けとめ報告するようになった。心理療法開始１年後には，今までの「仮面」をかなぐり捨てた「素顔」の少女へと生まれ変わり，学校へ，友人のもとへと帰って行った。

(6) 選択性緘黙―表現をためらう人間

　「話さない」という状態は，「話せない」という言語障害的状況と異なり，特定の人との関係において選択的に緘黙の状態になることである。たとえば，家族という特定の人の中ではスムーズに会話がなされ，きょうだいとの関係も活発で感情表現も自由で開放的だが，学校状況はもちろんのこと，家庭にクラスメイトや教師などが訪ねてくると，無言の状態になり，自分の意志や感情の表現も困難になってしまう。脆くて傷つきやすい自我であるため，他者に対して緊張感，自我関与が極度に高くなってしまうのである。このよう

な子どもは，特定の安心できる人との関係を除いては，自我が脅威にさらされる状況を回避し，一切の自己表現を絶つ。一つの防衛反応であり，その防衛的手段として緘黙的状態が選択されるのである。

選択性緘黙（以下，緘黙と表現）の状態像は，特定の場面や，特定の人間関係を除いては，選択的に会話をしないという心理状態であり，話せないという言語障害的状態とは異なる。すなわち，特定の人間関係的状況において，選択的に緘黙の状態があらわれる。

緘黙の状態像は，重い状態では身体的緊張（ロボットのように一つひとつ指示，援助しないと着席や移動もしないというロボット症状），自己の感情や欲求の表現の拒否（給食をとらない，音楽や体育の表現活動に参加しない，トイレに行こうとしない，感情的表現をしない）などの行動が随伴する。つまり，話さないだけでなく，自己表現の多くを意識的に拒否しているともいえる。症状が軽くなるにしたがい，ある程度の自発的行動がみられ，友人と一緒に遊んだり，感情表現もみられるようになる。しかし，話したり，発声したりすることには，まだ，ためらいがみられる。さらに軽い状態になると，小声で隣の席の友人には，かなり積極的に話しかけたりすることができる。心理支援的アプローチの経過をみても，「ロボット症状期→行動化期→発声期」というように，その状態は変化していく。

緘黙の心理的原因として，自我構造の形成に関するものがあり，脆くて，傷つきやすい自我構造のため，心理的耐性の弱い，対人的不安の高いパーソナリティがある。このようなパーソナリティをもつ子どもは，特定の人間関係的状況を除いては，自我の存在が脅威にさらされることになり，そこから逃避せざるを得なくなる。一種の自我防衛反応という心理的機制（メカニズム）が働き，その防衛的手段として緘黙的状態が選択されることになる。最近増加しつつある不登校（神経症的不登校）などにも，同様の現象が存在していると思われる。なお，緘黙の心理的・人間関係的原因を生み出す臨床的要因として，体質的・環境的規定性，知的機能上の問題，養育者との接触障害（家族病理），社会的接触経験の未熟さなどがいわれている。

これらの原因や要因でも理解されるように，いくつかの要因が力動的に作

用して，緘黙という状態を形成している。いわば，未熟で未発達な自我構造が形成されるのであり，現象としての話さないことにのみ焦点をあて，親や教師がいくら強制的に一方的に働きかけたところで変化はしない。それどころか，一層子どもは口を閉ざし，症状が重篤化することさえあるので，あたたかく，さりげない配慮がさらに必要になる。

・・

事例

・**事例**：K君，5歳男児。

・**主訴**：両親と妹（3歳）の4人家族。保育園では全くしゃべらない，給食をとらない，いつも一人あそびが多い，集団のリズム活動などに参加しない，とのことで，筆者（久留）の相談室に来談した。母親はやや表情が硬く，小心で無口の傾向がみられた。父親とは一度も面接することはなかったが，子どもへの関心がきわめて乏しいが，他人にはたいへんなお人よしとして理解されているとのことであった。

・**心理支援**：週1回，40分の治療を計画し，K君へはプレイ・セラピー，母親へは心理療法を継続した。治療開始後，2か月を経過した頃，K君は，心理支援者（セラピスト）との会話ができるようになっていった。行動もかなり活発になってきたが，園では，やはり引っ込み思案で，特定の保育士の耳もとで小声で話す程度であった。3か月を経過した頃から，母親のK君に対する苦情が，面接の場で，しきりに述べられるようになった。K君は家でとても乱暴になり，いたずらがひどく，母親はイライラした感情，不安定な気持ちを次々に述べ，具体的にどうしたらいいか，と質問するようになった。母親は，神経質で，几帳面であり，家の中はいつもきれいに磨きあげられ，ソファやテーブルの位置など整然としていなければ気がすまないタイプであった。K君は，ソファやテーブルを雑然と並べ，紙きれを細かくちぎって部屋中にばらまき，大声を発し，大切な玩具を2階から放り出すようになった。母親が最もしてほしくないことを毎日毎日繰り返し，母親もK君も一時はパニック的状態になったこともあった。治療開始5か月目に入った頃，筆者（久留）が「子どもたちの遊ぶ場所は，多少ゴミが落ちていたり，落書きもあったり，いくらか雑然としている方が，心理的に自由になるし，活発な遊びもできるものですよ」と話したことがあった。次の週に来談したとき，母親は「ゴミはいくつぐらい落としておいた方がよいのでしようか」とたずねた。筆者（久留）は，この発言からこのような態度の母親のあり方が，子どもを緘黙状態に追い込むのであろうと深く感じた。K君はこの頃，プレイ・ルームでも心理支援者（セラピスト）に対して，相当の攻撃的行動を示していた。しかし，それも数回でなくなり，セラピストを受け容れ，制限も受容し，穏やかで安定した遊びへと変わってい

った。

　母親も次第に安定し，K君の友人宅を訪ねるようになっていた。それまで母親は，不潔だし，乱暴だからとよその子どもを家に入れたことがなく，また他家はきたないし，汚れているので自ら出かけることもなかったようである。保育士からの連絡では，K君は，給食もよく食べ（たいてい一番），大声ではっきりと話し，むしろ，そのわんぱくぶりに手をやくほどであるとのことであった。緘黙であったK君が，話すこと，表現することに何のためらいももたず，自由で，活発な状態に変化していった背景は何であったのか……。事実として存在するのは，心理療法過程でみられた母親の変化・変容であり（家庭でも園でも同時に），心理支援者（セラピスト）との安定した信頼的関係の成立であった。それに加えて，K君の通園している保育士の，治療に対する誠実な協力的関係があったことである。緘黙であったK君に対してけっして話させようとも，行動を強制しようともしなかったことも，重要な意味のある事実として受けとめる必要がある。

（7）傷ついた心の「表情」の心理的意味と感情体験

1）表にあらわれた「表情」の意味

　病み，悩み，苦悩する人間は，その心をそのまま「表情」にあらわすとは限らない。その「表情」を表に出すことをためらう人間の背景には，選択性緘黙のみならず，トラウマによって表現を抑制したり，うまく自分を表現できにくい発達障害などが隠れている場合がある。「**表情**」とは，感情や情緒を外にあらわすことで顔（時には全身）にあらわれた形態の変化をいう。場合によっては音声にあらわれることもある（声色という）。非言語的コミュニケーションの一側面として人間理解に役立つことが多いといわれている。

　人間は，「語る存在」である。言葉でうまく伝えられない場合，心の微妙な動きをさまざまな仕草や表情であらわすこともある。話し言葉を超えた仕草や表情，行動といった非言語的表現の中にも，その人間の本質を伝えようとするものがある。

　表情は，相手との関係の中で変化する。かかわる側が，評価的にモノをみるような権威的態度ではクライエントとの関係を破壊させ，クライエント自身も虚偽の表情を示すであろう。しかしクライエントをあるがままに受けとめようとすると，クライエントは自分らしい自然な表情を呈するであろう。

第5章　繊細で傷つきやすい人間　　*115*

「見え」にとらわれすぎると，表情は，単に顔の素材でしかなくなる。表情の意味を理解するためには，相当な時間をかけ，クライエントとの体験を深めることが大切である。じっくりと時間をかけてクライエントを理解するということは，クライエントに対する敬意をあらわすことでもある。

2）表情をつくる子

親や教師のいうことに従順な「よい子」の中には，自分の本当の感情を抑制し，周りに合わせた表情をつくっている子どもがいる。いつもニコニコ笑顔をふりまいて，過剰適応している子どもは，円形脱毛症や過敏性大腸炎という症状で語る（身体言語）こともある。また，親や教師のみえないところで陰湿ないじめをする子どももいる。

人の心の中には，どこかで自分に正直に生きたいと願っている部分がある。どんなに感覚がゆがめられ，鈍らされようとも，生命がある限り，本当の自分は心のどこかで歌を唄っている。心のどこかに難を逃れて隠れ，時機あらば踊りだそうと待ちかまえているのである。内界からのメッセージは，われわれ大人，心理支援者がそれを読みとることができなければ，生かされず，闇の淵に沈んでいくのである。

3）表情を消すことの意味

虐待，犯罪，大災害など，予告なく突然に襲う悲劇は，人間の心に大きな傷跡を残す。特に，PTSDの症状をもつ人間の表情は，生気を欠き，凍てつき，能面のようにみえることがある。これ以上の恐怖を感じなくてすむように感覚を麻痺させ，防衛的手段として表情を消すのである。

忌まわしい出来事を自分の心の中に過去のものとして納め，そして人間の潜在的可能性が芽吹き，生きていてよかったと思える人と人との「絆」が実感として感じられたとき，みずみずしい感情がよみがえり，感動する心が芽生え，生き生きとした表情を取り戻していくように思われる。

4）表情が乏しいことの意味

表情が乏しい＝（イコール）何も感じていない，と一般的には受けとめがちだが，実際にかかわってみると，表情は「参考資料」でしかないことに気づくことがある。表情が乏しい，とこちら側に「見え」ていても，実際はそ

うでないことも多い。絵を描いてみると，実に生き生きとした人物，動物，自然を表現するクライエントもいる。表情にあらわれなくても，心の中では，キラキラと光輝くほどの感動を抱いていることも多い。

事例

　表情のないLさんとのプレイ・セラピーでのできごとである。プレイ・ルームに入ってからLさんはうつむき，無表情のままであり，視線のみ，おもちゃの棚や筆者（餅原，2005）の足下をチラッとみる程度であった。しばらくたったとき，Lさんの視線がある一点にとまった。視線の先をみると，ハエがミニカーの上で手をこすっている。筆者（餅原）が「大きいハエだね」と声をかけてみた。それでもLさんは何もいわず，ハエをみていた。Lさんの気持ちに寄り添うように一緒にハエをみてみた。「あっ，ハエが手をすりすりしている」となげかけると，Lさんは，筆者（餅原）の方を向き，一瞬，視線が合い，かすかに笑った。意志や感情の表現を抑制し，何も感じていないようにみえたLさんの心の中は，ハエが手をこする様を見て，感動しているようにも感じられた。

　表情を抑えることで子どもは主張もする。学校や家庭のルールのみで子どもを規制し，弱点と欠点をみつけ，やり場のない状況に追い込むと，子どもは自分の感情を厳格に抑制し，虚ろなものと化してしまう。敵がいる，危険だと思うと心を閉ざし，表情を消すのである。そうさせているのはだれなのか。われわれ大人に何かを問いかけているようにも思える。乳児は「イヤ」という言葉を最初に発する。これは自分を主張する言葉である。それがいえなくなると逃げるしかない。

　このように表情が乏しいようにみえても，その中には，他からの自立や拒否，反抗，自己主張をもっている。そして，その子なりの感動がしっかりとあるように思われる。人間の言動には，必ず「意味」がある。表情がないようにみえても，そこには何らかの「意味」が存在している。子どもの「意味表現」は，われわれ大人のあり方によって出てくるものである。つまり，子どもたちの示す行動は，われわれ大人の姿を映す鏡のようなものである。どんな鏡も，心をこめて磨けば，それを美しく映し出すのである。子どもが自分の感情を適切に体験できるように，われわれ大人には，透明な心と，強さや余裕，とらわれのない自由さが求められている。

　表情からは得られない子どもの心を理解するためには，心理支援者の側の考えを十分に柔らかくし，子どもの心の文脈にそって，聴くことが大切である。表情という，一見ありふれた現象こそ，そのよってたつ原因は錯綜している場合が多く，複眼の視野で観察し，想像することが求められる。また，表情が乏しいという問題指摘にとどまらず，潜在的な治癒ないしは成長可能性を見出す

第5章　繊細で傷つきやすい人間　　*117*

努力が求められている。

　Ｌさんへのかかわりは，Ｌさんの表情の陰にある心の世界に寄り添ってみたことで，感動という光がみえた。表情がどんなに乏しくみえていても，Ｌさんの心の世界にあるオアシスのような健康で人間的な，それゆえ了解できる側面へのかかわりは，Ｌさんの心の中にある，彩り豊かな心を輝かせるのではないだろうか。

(8) 自我を育む心理療法

　子どもの反抗（自我形成の芽）は，自分らしく生きるための大切な「自己主張」の言葉である。反抗できる関係，自分の本当の気持ちを言える関係（反抗してよかった，言ってよかった……と思えるような関係）の中で，自分をまるごと受けとめられた，という感覚は，子どもに自分の足で歩いていくための自信と勇気を与えるものである。ただし，「わがまま（無責任な言動）」と「あるがまま（責任ある態度）」を，しっかりと見極め，よき人生の先輩として，是々非々の態度で，人として正しいことを伝えていくことが必要不可欠である。

　また，反抗期のない子どもの脆弱な自我を再体制化するためには，子ども自身がみせかけの自分を捨て，自信をもって自分らしく生きていくための苦悩の過程を経験することが重要になる。人間は絶えず苦悩する存在であり，苦悩することを「経験」としてとりこむことにより，自我は強く，たくましく成長する。心理支援においては，子どもを一個人として，一人の独立した人格の人間であることを心にとめ，子どもの独自性が開花するのを側面から大きく見守るような，ほどよい距離をとることが大切である。

　さらに，子どもの自我がたくましく育つためには，まず，「大人」としての親の自我が確立していることが重要になる。つまり親自身が，たくましく（安定性），ゆるぎのない（一貫性），うそのつけない（信頼性）大人になることである。大人になり得たとき，子どももそのように育っていくのである。子どもだけでなく，親への心理支援も同時に不可欠である。

(9) いじめ—いじめる子，いじめられる子，みている子

　学校は「教育」という場であり，勉強を「教」えると同時に，子どもの心

を「育」む場でもある。子どもの心をいかに育むかが，今，学校内で問われているように思われる。「いじめ」をしている子どもの多くは，「自己否定的（＝他者攻撃的）」で，「劣等感」を抱いていることが多い。この背景には大人から拒否，無視され，そして愛情を奪われ，傷ついた結果，歪んだ形となって，妬み，ストレス発散として，他者を「いじめ」ているのである。「**いじめ**」をしている大人の世界を暗黙のうちに模倣し，みえないところで陰湿化した「いじめ」をしている。「いじめ」をしてしまった子どもとかかわってみると，案外，一人でいじめきれない「弱さ」があったり，「愛情や承認」を強く求めていることが多い。時には，いじめられる側に逆転することもある。人間はだれもが愛されたい，認められたいと思っている。その愛されたい，承認されたいという欲求が満たされたとき，「いじめ」という行為をすることなく，自分らしく生きることができるように思われる。また，相手を思いやる心（心の理論）は，4～6歳に確立するといわれる。幼少期からの思いやりの心を育むことと，われわれ大人自身が「**人間の尊厳**」を大切にしたときに，「いじめ」はなくなると思われる。

　「いじめ」は，もはや特定の限られた子どもたちの問題ではなくなり，その内容も陰湿で執拗なものとなり，見逃すことのできない深刻な問題を含むものが多くなっている。さらにいじめ問題は，いじめ行為の当事者だけを問題にするのではなく，それをとり巻く状況も含めた全体的状況把握と，総合的な対応をとることが重要である。単に「いじめっ子」の側にある欲求不満や不安，ストレスなどの心理的な要因や，他者をいじめる性格などの特性との関係だけで，いじめの発生の実態を十分理解することは困難な状況にある。

1）いじめの原因と背景

　「いじめ」は学校やネット上を舞台に，教師や親の目の届かないところで行われることが多い。核家族化，少子化の現象により，地域社会での交流が減少している中，人間関係が希薄化し，対人関係の未熟さを抱えたまま，思春期を迎える子どもが多くなった。また，物質的豊かさや，家族内での過保護，過干渉や放任といった子どもに対する歪んだ養育態度の影響で，自己統制力の低下，正義感の弱体化，自己中心的傾向の増大という病理現象がみら

れるようになった。

　いじめの原因と背景には，欲求不満耐性の欠如，成就感・満足感を得る機
会の減少，将来の目標の喪失，対人関係の不得手，思いやりの欠如などが考
えられる。また，核家族・少子家庭の増加は，不十分な人間関係へと化して
いる。親の過保護・過干渉は，子どもの判断力や決断力を奪ってしまう。都
市化は，家族の孤立を生み，親の価値観の多様化から，協調性や思いやりの
欠如などが生じるように思われる。

　さらに，教師と子ども間の心の交流が乏しく，教師も子どもも多忙な状況
にある。教師の無理解，教師の体罰による「いじめ」の誘発，不十分な学校
と家庭との連携なども考えられる。知育偏重・偏差値重視という，単一の価
値観による能力の差別構造や画一的な生活指導・学校管理体制の締めつけ
は，「異質を排除」する傾向を生む。そのほか，社会の競争主義の風潮やゲ
ーム，攻撃モデルとしての暴力シーンや殺人シーンを提供するインターネッ
トやマスコミによる情報過多などの問題がある。

2）いじめへの介入のありよう

　筆者ら（久留ら，1997）は，将来教師を目指す教育学部生と現役教師を対象
に，いじめについてのアンケートを実施した。

　「いじめに遭った際，だれに相談するか」という質問に対して，教育学部
生／現役教師ともに，「友人（34%／51%）」や「両親（34%／28%）」が多かっ
た。しかし，「先生」に相談すると答えた人は，教育学部生はわずか2%，
現役教師はわずか7%であった。ある小学校の保護者アンケートで，いじめ
られていることが判明したのも，70～80%が本人から「親」への訴えだった。

　次に，「いじめはなくなると思うか」という質問に対しては，教育学部生，
現役教師ともに「なくならない（73%／57%）」と答えており，いじめに対し
て悲観的に受けとめているという現状が明らかになった。

　重要なことは，われわれ大人が，「いじめは必ずなくなる」と信じるピグ
マリオン効果であり，子ども（人間）の自己実現傾向への信頼が必要不可欠
である。われわれ大人自身が，「いじめ」の意味，背景を洞察し，真剣に取
り組んだとき，いじめの根絶に重要な意味がもたらされるものと思われる。

いじめが発見されたとき，早急にしなければならないことは，被害者の早期救出である。集団による「いじめ」は，ほとんどが学校場面で生じており，それだけ教師への期待が大きい。以下にその支援の要点を示す。

- みえにくい「いじめ」を早期に見抜く眼や感性を磨くこと。
- 徹底していじめられている側の立場に立ち，考える。いじめの被害感は主観的であるばかりでなく，その痛みは被害者の立場に立たないとみえてこない。一見，性格が暗かったり，能力が劣ったり，不潔だったり，教師からみて「いい子」でない場合がある。被害者にも問題があるという見方をしやすいが，これでは「いじめ」も被害者の痛みもみえてこない。
- 被害者が教師に相談すれば，密告したとして「いじめ」が加重されることがある。取り調べ的，犯人追及的では逆効果であるのは周知の通りである。教師が本気で被害者の気持ちを理解しようとする態度で臨まなければ，被害者はけっして真実を語らない。
- いじめっ子，いじめられっ子の双方にかかわること。いじめられっ子に対しては，最後まで見守ってもらえる，という安心感をもたせること。いじめっ子に対しては，悪者扱いするのではなく，問題を抱え，苦しんでいる子として，複数対応（組織対応）をしていくことが大切である。
- 傍観者に対しては，傍観していることが「いじめ」に加担する共犯であることをきちんと伝える。
- 集団自体の観察と適切な支援が大切である。いじめを解消するための最も大切な基盤として，学校運営のあり方が重要な意味をもつ。学校全体で取り組む姿勢（自分がしている行為，されている行為について，一人ひとりがきづくこと）が重要である。表面化していない「いじめ」にもきづくことができる。
- 集団による「いじめ」は家庭外で発生するが，親も早く，「いじめ」にきづかなければならない。家庭の協力がなければ，「いじめ」の解消ははかれない。親の悩みに共感し，不安な気持ちを受けとめつつ，親が主体的に豊かに子どもとかかわっていけるよう，家庭と十分に連携をとっ

第5章　繊細で傷つきやすい人間　　121

ていくことが大切である。

3) オープン・マインドのありよう

「開かれた関係」を学級，学校全体で取りあげることが大切である。「臭い
ものに蓋」の「閉ざされた関係」では，いじめはなくならない。いじめが起
きてからでなく，いじめの構造について，子ども，親，教師，心理支援者（ス
クール・カウンセラー）を含め，共通理解をもつことがいじめの予防につなが
る。そのためには，「いじめられる側」の辛さ，みじめさを深く理解し，「いじ
める側」の弱さ，脆さを認識することである。また，「傍観者（ギャラリー）」の
「さわらぬ神にたたりなし（対岸の火事的無責任性：自分がいじめのターゲットにな
ることへの恐れ）」は，いじめ構造を助長することを十分に認識することである。

以下に，「開かれた関係」をきずくためのポイントを述べてみる。

いじめっ子に対して　　本当に強い人間，たくましい精神をもつ人間は相
手の人間の辛さや痛みがわかるものであると伝えることが重要である。いじ
める側は，自分のしている行為がいじめであるとは思っていないかもしれな
い。何人かで一人の人間をからかったり，いたずらをしたり，おもしろおか
しく弄んだりしていることが，いじめの行為になっているかもしれないので
ある。多くの場合，自分の弱点や欠点を否定している人間は，相手にその姿
を見出すとその人を攻撃のターゲットにすることがある。それは自分の醜い，
認めたくない姿でもある。いじめる側自身もだれかに救われたいと願う存在
なのかもしれない。「本当に強い人間は，自分の弱さを受けとめている人間」
なのである。そして，「人を傷つけてしまった」ことへの「責任」は，生涯
感じて生きていかなければならない。

傍観者に対して　　「みてみぬふりをしている」傍観者は，心が痛み，辛
い思いをしているかもしれない。しかし，いじめる側は周囲が傍観している
限り，その行為は正当化され，卑怯なことにはならなくなってしまう。傍観
している側が勇気をもってきづかせてあげることが大切である。一人ではむ
ずかしいこともある。「何人かで勇気をもって人間として正しい行為をすべき」
である。「見ざる，聞かざる，言わざる」でいることは，いじめっ子の協力
者であり，いじめる人間と同じく卑怯な人間なのである。

いじめと戦っている人間に対して　　いじめと戦っている人間は，忌まわしく，辛い状況におかれているが，それを乗り越える方法がある。それは，自分がおかれている状況をきちんと訴えることである。それには勇気もいるが，辛い立場をきちんと表明することは，その人間の強さであり，正義感なのである。表明を避けていることは，真実なる自分への裏切り行為である。いじめと戦っている人間の勇気ある表明が，いじめを防止することになる。いじめにあっている人間，個人のことだけでなく，いじめっ子の方も人間として目覚める大切な機会にもなる。真に強い人間は，自分の弱さを表明できる人間なのである。

事例
・**事例**：Mさんは，小学2年生の女児である。
・**主訴**：「登校しぶり」「母子分離不安」を主訴に来談した。
・**性格**：Mさんは，反抗期もなくよい子であり，やさしい性格であった。
・**心理支援**：治療開始1〜2か月後，Mさんがいじめられていることを母親に話したことから，「いじめ」による不登校であることがわかった。
　親友のNさんとはお互いに運動が得意で，気の合う仲良しであった。同時に，わがままな性格のNさんとMさんは，お互いに強いライバル意識をもっていた。Nさんはずるい行為でMさんを負かそうとしたり，Mさんが他の友人と仲良くすると，Mさんが自分から離れないように，その子を「叩け！」などと命令するようになった。けんかをしたくないMさんは，このことがとても辛かったと訴えていた。母親が同伴登校することで，何とか難を逃れていた。クラスメイトは傍観し，担任もきづいていたが，他の教師との連携は全くみられなかった。また，母親も，NさんとMさんは「仲良し」だと思い，いじめには気づいていなかった。
　Mさんや母親へは，個別に心理療法的接近を試みた。学校側の担任，教頭に対しては，「NさんとMさんが，本当の仲良しになれること」「Nさんを悪者にしても解決にはならないこと」「MさんとNさんを特別視するのではなく，クラス全体へ働きかけること」を依頼した。学校側の理解は深く，すぐに対応してもらえた。担任は，クラス全体の交友関係を把握し，友だちづくりの雰囲気をつくるように努めた。すると次第に傍観していたクラスメイトはNさんの行動を注意したり，Mさんをかばってくれるようになった。他のクラスの担任や母親たちも励ましてくれるなど，クラス全体，そして学校全体の雰囲気が変わり始めた。その結果，Mさんやクラスメイト，親，担任そして学校と信頼関係が生まれ，Mさんは再び自信を取り戻し，交友関係も広がっていった。

学校全体が積極的にかかわったことで，無事，解決に至った。また，この学校全体のオープン・マインドのありようから，今後いじめが生じても解決していけるだろうという安心感を得ることができた。

4）いじめの相談を受ける側のありよう

「いじめ」を苦に，自ら命を絶つ子どもが後を絶たない。命を絶つ前に，苦悩する子どもの心をいかに深く理解し，「生きる意味」を見出すことに寄り添えるかが，問われているように思われる。

人間はだれもが，今よりももっと，よりよく生きたいという基本的欲求（自己実現傾向）を有している。だからこそ，こうありたい理想の自分と，うまくいかない現実の自分とのギャップに「悩む」のである。実存分析の立場のフランクル（2004）は，「人間は悩む存在である」と述べている。悩むことで理想の自分に近づき，成長するという。

しかし，「仲間はずれにされたり，いじめられたりする」という悩みをもつ子どもの内面世界は，対人不安感，恐怖心が強く，将来の生き方が閉ざされている。加えて，低学年になるほど，「いじめの悩みがあり，死んでしまいたい」と思う子どもが多い。いじめがいかに人を傷つけているかを，一人ひとりが自覚し，そして，悩みを相談された側は，真摯に受けとめ，最大の味方として，彼らの心に寄り添うことが求められているように思われる。

当人が，相談しやすい人，キー・パーソンを見出し，彼らとの「絆」を強固なものとし，フランクル（Frankl, 2016）のいう「生きる意味」の確立を側面から支援する心が，われわれに問われているように思われる。

第6章

悩める人間，病める人間，老いる人間

第1節　心の病気

　心理支援に携わる者は，臨床（的）用語を適切に使用できることが重要である。たとえば，「**きづき**」や「**みたて（アセスメント）**」のない「熱心な教師，指導者」「管理職」が，人間を自殺へ追い込むこともある。

　たとえば，子どもの「不登校」という用語は「学校に行っていないという状態像」であり，アセスメントによって，「怠学」であれば，非行へのアプローチが必要になるし，「神経症的不登校」であれば，心理支援（心理療法）的アプローチが必要になる。また，統合失調症の場合は，初期の時点から薬物療法が重要になる。

　状態像が似ているからといって，十把一絡げにしてはいけない。きちんとした臨床的用語を使用し，正確な「アセスメント」をすることが，適切な心理支援につながる。

(1) 統合失調症

　正確な「アセスメント」ができる，ということは，その後の治療や心理支援が，その人間にとって適切なものになる。正確なアセスメントができなければ，非常に悲惨な状況になる。アセスメントによって治療，支援が施されるからである。

　統合失調症は精神病の中でも多くみられ，その出現率は約1％で，精神科の入院の7割を占め，数多くの人がこの病気で苦しんでいる。人間が社会で多くのことを学び自立していく大切な思春期に発病する人もいる。

統合失調症の症状は，大まかに急性期と慢性期に分けることができる。急性期は初発症状として神経衰弱状態が前駆し，しだいに被害的内容の妄想や幻聴がみられ，他人にあやつられる，考えさせられるなどの，させられ体験，さらには思考や言語が支離滅裂になるなどの異常体験が顕著となり，意味文脈なくいう独語（独り言），空笑（にやにや笑う）なども目立ち，時には興奮と昏迷状態（外部刺激に反応しない）を繰り返し，思わぬ衝動行為に出たりする。これらの急性期症状は陽性症状ともいわれ，多くは数か月で次の慢性期に移行する。慢性期になると表面的には落ち着いているが，感情鈍麻，思考のまとまりがない連合弛緩（思考や言動に一貫性がなくなること），意欲の減退，自発性の欠如，自分の世界に閉じこもる自閉性，一つの対象に愛憎の感情をもつ両価性，情意鈍麻状態（感情の平板化や意識の低下など）が顕著となる。末期には人格変化などを示すなど，いわゆる陰性症状（感情表現が乏しくなったり，意欲が低下するなど）となり，この症状が障害となり，社会復帰を妨げる大きな要因となっている。

　この統合失調症には，慢性期に「自閉性」がみられ，発達障害である自閉スペクトラム症の「自閉性」と混同されやすい。共通点，類似点として「自閉（自らの病的状態にひきこもってしまうこと）」という状態像がある。これは，統合失調症の一症状でもある。これが「アセスメント」の混乱の原因になっている。そのほか，対人接触障害（奇異な交わり方），偏奇的行動（奇声，状況に合わない行動），独言（自閉スペクトラム症の場合は，反響言語），自動的，機械的，固執的，儀式的行動などがあげられる。

　しかし経過の様相をみると，統合失調症の場合，発症以前は健康な発達を示しているのに対し，自閉スペクトラム症は，生後まもない頃から対人的相互反応の未発達性が指摘されている。統合失調症と自閉スペクトラム症の最大の違いは，前者が「精神障害」であるのに対し，後者は「発達障害」であるという点である。近年，成人期の発達障害の精神科受診が増えているが，乳幼児期からの生育歴を丁寧に聴取していくことがアセスメントの鍵となる。

(2) いわゆる神経症と精神病

一般的に「ノイローゼ」という用語がよく使用され，「精神病」であると誤解されている例が多い。ノイローゼ（Neurosis）は，神経症のドイツ語の表現である。たとえば，神経症は病識があるが，精神病は病識に乏しい。妄想様の症状に関しては，神経症は「～のような気がする」といった「念慮」であり，精神病は「～だ！」と断定的表現がみられ，これは「妄想」といわれる。そのための正確なアセスメントがなされないと，その治療も誤ったものになってしまうことになる。

神経症は，精神的原因によって起こる心身の反応であり，さまざまな精神的，身体的症状を呈する。一般に神経症は，本人の自我（脆弱性）のありようと環境との相互関係によって成立し，環境との間に欲求不満が生じ，その欲求不満や葛藤へのコントロールが困難になりやすい。

たとえば神経症には，外界をみても実感がわかない，美しい花をみても感情が動かないという離人神経症（解離性障害），急に不安が起こって今にも心臓が止まって死ぬのではないかという恐怖感におそわれる不安神経症（全般性不安障害），何度も何度も手を洗ったり，鍵やガス栓を閉めたかと確かめたりする強迫神経症（強迫性障害），些細な心身の不調を重大な病気になったのではないかと執拗に訴える心気症（病気不安症）などがある。

また，動物，人間，場所など対象のはっきりしたものに異常なおそれをもつ状態を恐怖症といい，その対象によって赤面恐怖，対人恐怖，高所恐怖，尖端恐怖，閉所恐怖，不潔恐怖などと呼んでいる。思春期・青年期には，醜貌恐怖，自己臭恐怖，自己視線恐怖など身体に関係あるものがみられ，統合失調症に発展していくこともある。

精神病と神経症に共通する点として，人間が本来もつ夢，願望，不安，恐怖（人間のもつ基本的欲求）の極端な形（人間としての純粋さ，透明さ）として症状があらわれているものと了解される。また，天才といわれる人の中に精神病の人々が多くみられる。すぐれた創造性，想像性をもつ人の多くが，豊かな才能，素養をもっていることもよく知られている。

近年，精神病でも神経症でもないような不健康なパーソナリティの問題を

もつ人間が増えている。これは、一見強そうに見え、個性的にみえるが、社会人となったとき、責任を問われるような仕事を任されたときなどにあらわになる。そして、本当の自分の姿を分割して、自分が傷つかないような行動をとるのである（**自我の分裂：ego-splitting** をする若者たちである）。たとえば、試験で不合格になった際、自己の能力不足、努力不足を反省せず、相手を責め、攻撃したり、逃避したりするのである。つまり、自己の弱さや脆さを否定しているともいえるが、自己の挫折や失敗を他者や状況のせいにする。自己像の肥大化、完全なる理想的、万能的な自己像をもつが、現実的には行動上つまずきやすい。これは現実の自己像に対する「きづき」がないことから生じる現象である。

(3) 心身症

心理的葛藤が強くなると、耐性の脆い自我は、身体言語（身体症状への逃げ込み）として円形脱毛症、過呼吸症候群などの心身症（身体疾患の診断が確定していること）を呈することがある。心身症における身体症状は、その人間の「身体言語」であり、SOS 信号である場合が多い。「こころ」と「からだ」は、表裏一体をなしており、人間は、不安や緊張、葛藤を「身体言語」として無言の意味表現をしているのである。

「心身症」は、直接的原因にしろ、間接的原因にしろ、その症状の背景には心理的要因が関与しており、個人にとってのコンフリクト（葛藤）状況が、身体現象として出現したものである。したがって、治療、心理支援的アプローチにおいても、症状のみに視点をあてるのではなく、その人間全体へのかかわりが重要な意味をもつのである。

筆者（久留.2003a）の鹿児島県の子ども（小.中.高校生）を対象にした調査では、「体の病気の心配」をしている子どもは、学年や性別に関係なく「健康に自信がない」「すぐ不安になる」等という感情ときわめて高い相関が認められた。このことは、不定愁訴的に身体の不調を感じている子どもは、心理的に不安定な状態にあることを示している。このような訴えに対して、対症療法的に理解するだけでなく、心理的葛藤やさまざまなストレス状況によ

る身体化現象（身体言語）として受けとめること，さらに人間の身体は「意味器官」としてのメカニズムを有することなど，深く洞察できる臨床的直観も必要になる。さらに，「心の病気の心配」をしている子どもは，「何のために生きているのかわからない」「死んでしまいたい」「悩みや心配ごとがある」という項目ときわめて高い相関を有していることが認められた。また，「動悸や胸苦しさがある」などの感情や心気的感情を中心とした神経症的状態をも反映していた。

　心と体は表裏一体の関係にあり，心身一如の言葉にも表現される通りである。「健全なる精神は，健全なる身体に宿る」だけでなく，「健全なる身体は，健全なる精神に宿る」ともいえよう。

　心身症（psychosomatic disease：PSD）は，身体表現性障害と同一の概念として記述されがちであるが，精神疾患を定義したものではなく身体疾患を定義した概念であることにより，基本的には異なった病態を認識する必要がある（村上ら，2012）。1991 年に日本心身医学会は，心身症を「身体症状の中でその発症や経過に心理社会的因子が密接に関与し器質的ないし機能的障害が認められる病態をいう。ただし神経症，うつ病など他の精神障害に伴う身体症状は除外する」と定義している。心身医学的治療の立場からは，第一に，その発現と経過に「心理的因子」の影響が明らかに認められるものをさしている。第二に，身体的原因によって発病したものでも，クライエントの「性格的な歪み」や，発病後に起こった「精神的問題」が，症状を悪化させたり，必要以上に長引かせたりしており，「心理面からの治療」を加味することによって，症状の好転が期待されるもの，というとらえ方で心身医学的治療の対象を明らかにしている。いずれにしても，身体症状が前面に出ていることで，身体医学的治療はいうまでもないが，心理療法的アプローチが重要な意味をもつことを忘れてはならない。

　大切なことは，クライエントの身体的および心理的苦痛を十分に理解して受けとめようとする心理支援者の積極的態度である。自分は大切にされているというクライエントの自尊心を高め，結果的にクライエント自らは心理的支援に支えられ，治療に専念しようとする態度を形成するようになる。この

ような状況の中で，治療，支援はより効果的に促進される。どのようなクライエントであれ，最初の出会いから別れ（終結）まで，人間的に接する姿勢が備わっていることで，心身両面からの全人的把握が可能になる。特に心身症においては，対象は身体症状ではなく，「身体症状をもった人間」なのである。

　以上のように心身症は，直接的原因にしろ，間接的原因にしろ，その背景には心理的要因が関与しており，個人にとってのコンフリクト（葛藤）状況が，身体現象（身体言語）として出現したものである。幼児期における自我機能は未分化な状態であり，認知的にも未発達であることから，症状への転化は少ないのが当然であろう。児童期，思春期となるにしたがい，自我機能が分化し，認知能力も敏感になり，多くの外界刺激が知覚され，そのために，繊細な自我状況にある個人にとっては，混乱的状況に陥ることになる。ある個人にとっては，非社会的な情緒障害ですむ場合もあれば，別のある個人にとっては，身体症状にまで発展することもあろう。その個人の発達状況，環境的問題，身体状況，心理・社会的背景などが複雑にからみあっているものと思われる。身体症状のみに焦点を合わせたところで，症状の改善がありうるはずがないことは自明である。また，心理支援的アプローチのみでも限界があろう。すなわち，その個人の「生きる意味」全体への統合的アプローチが必要になってくる。症状の意味を臨床的に洞察し，心身医学の各領域，臨床心理学などを中心としたチーム・アプローチが重要となる。さらに，クライエントの外界状況も症状と深い関連を有していることが多いので，家族の病理構造へのアプローチ，所属している社会的集団へのアプローチ，地域社会へのアプローチなど，力動的接近が意味をもつことになる。

　このように，心理支援的接近は，症状という部位のみでなく，症状が象徴している意味への接近を進展させねばならない。心身症における症状は，その個人の「身体言語」であり，その個人のSOS信号である場合が多い。身体症状で表現されることにより，その個人は，何らかの意味状況を語りかけているともいえよう。人間は寡黙であることによって，その個人の自我状況という内面世界を主張しており，また多弁であることによって，内閉しようとすることもある。最も人間らしい問いかけが，「（身体症状という）仮面をか

ぶった」クライエントによって，懸命に語りかけられているのではないだろうか。

　また，大人の側の精神的健康のありようは，子どもの精神的健康のありように，さまざまな影響を与えるといわれる。換言すれば，大人（親や教師など）の自我，自己の確立，「生きる意味」の確立のありようが，子どものパーソナリティ形成に反映してくるものと思われる。

　以下に，ある母親と子どものケースを通して，心理支援のプロセスに存在する親のありようと子どもの変化について紹介してみたいと思う。

事例

・**事例**：父親は会社員で 33 歳，母親は 30 歳，O 君は小学 1 年生（6 歳）の男児であり，4 歳の妹がいる。

・**来談に至る経緯**：幼稚園に入園した年の 6 月頃，右耳の上部に 3cm 程度の円形脱毛が現われ，1 年間で頭部全体に広がり，完全に脱毛している。翌年 9 月になり不登園になった。しかし，かつらをかぶって間もなく登園するようになる。小学校に入学し，登校を続ける一方で，皮膚科専門の開業医に通院し，対症療法的に薬物療法を続けるが変化がなく，1 年生の 5 月に来談した。

・**家族**：父親は几帳面な性格であり，仕事中心の生活である。育児に関してはすべて母親まかせであり，心理療法終結に至るまで父親は一度も来談したことはなかった。一方，母親はやや心配性で，完全主義的性格傾向の強いタイプであった。母親自身，幼少期より厳しくしつけられてきたという。結婚前は，幼稚園の先生を 3 年間経験していた。母親は，熱心に育児書を読み，「理想的な育児」を目指し，自らも「理想的な母親」であることを強く願望していた，妹はおとなしく，人見知りが強く，社会性の発達がやや未熟であった。

・**性格**：O 君は，入園と同時に，母親の育児方針により，別室のベッドで一人で寝るようにいわれる。その頃から夜中によくうなされるようになった。園ではけんかをすることもなく，友人関係はスムーズで，先生に叱られることは一度もなく，「ききわけのよい子」であった。家では，自分の衣類や玩具をきちんと整理し，しつけのゆきとどいた「紳士的な子ども」であった。

・**生育歴**：妊娠，出産時に特に問題はなく発育状況も健康である。第一反抗期（第一自我形成期）は経験することなく，母親によって早期から「大人的態度」をしつけられており，O 君も母親の期待を裏切るような態度は全く見せなかったという。

・**心理支援**：母子関係のあり方，特に母親の心理的状態（教科書的母親像）の変化，および母親の自我（拡散的）状況の反映的態度としての O 君の自我（未

分化的）状況の変化を援助することに，心理支援的意味がみられる。したがって心理支援的接近として，母親への心理療法，O君へのプレイ・セラピーを継続した。

　母親に関しては，育児態度にみられる代理母親的あり方（教科書的で理性的な母親像）が，真の自己を確立した母性的愛情へと変化していくこと，O君に対しては，遊びを通しながら，母親に操作されているロボット的状況から，真の自我の発達へと変化していくことを心理支援的アプローチの中心仮説とした。

　父親に関しては，母親からの情報で間接的にかかわりをもったり，親子関係をアセスメントする心理検査を通して，父親としてのアイデンティティについて理解してもらうよう努めた。きまじめな母親は，心理療法のプロセスできづいたことを，そのつど，父親に報告していたようであった。

〈第1期〉　母親は，「どうしたらよいか」と，育児テクニックや，具体的方法を知りたがった。涙ぐむことが多くなり，自責的，自罰的な感情を示した。しかし，まだ自分の自己像の修正については感じとれていない。O君は来談を喜び，面接室ではかつらをはずすようになる。この頃，全脱毛となったわが子の頭を抱きしめるようにして汗をふき，「ごめんなさい」と涙ぐんでいる母親の姿をしばしばみかけるようになる。育児のあり方についての自己反省期である。

〈第2期〉　教科書的理論やテクニックのみでなく，母親としての「自分のあり方」が重要であることにきづき，心理療法過程においても鋭い自己表明がなされる。O君はかつらをとり，帽子をかぶって来談するようになる。母親は「横柄で，わがままで，悪い子」になったようにみえるという。しかし，理性的レベルでは，わが子のたくましさを認めるものの，感情レベルでは，まだ，真に受容できないことを不安げに訴える。母親の葛藤期である。

〈第3期〉　頭部全体に黒い髪が見られる。母親は，O君の症状の変化を喜び，さらに心理的にたくましくなってきたことの意味を受容できるようになる。母親自身が，安定した感情状態にあることを表明するようになる。母親は，同様の症状をもつ子どもの親たちにアドバイスしたり，積極的に家族同士の訪問をし合った。母親自身の自己受容と，O君に対する受容的で母性的な愛情が深く感じられるようになる。母親の自己受容と心理的解放期といえる。

　以上の治療過程にみられるように，母親自身のあり方，子どもの行動の受けとめ方の変化は，重要な意味を示唆している。1つめは，過去の教科書的母親像（虚像としての母親）から，真の自己像（アイデンティティを確立した母親）へ変化したことである。2つめは，自己一致的態度を確立した母親による真

のかかわりが実現化し，O君の行動の受けとめ方も，真の感情表現，自我表出としてあたたかく受容できたことである。3つめは，その結果として，O君の自我の再体制化が促進され，親子ともども自己実現的変化をもたらしたということができる。

　すなわち，母親の自己の確立を全体的に支援したことが，究極的には家族的状況の変化（父親も協力的な役割行動をとり，O君の妹も活発で社会的な態度へと変化してきたこと）をもたらし，その結果として，脱毛という身体症状の消失を促したものと臨床的には理解することができる。

第2節　体の病気への心理支援

　体の病気，たとえば，ガンに罹患した際，将来のみならず，「死の恐怖」をかかえながら生きていくことになる。「**精神腫瘍学（Psycho-oncology）**」という学問がある。ガンに罹患した人々に対して，心理支援・心理療法を施した結果，薬物療法のみの人々よりも延命し，再発が少なかったという報告がある。

　体の病気の中でも，「**エイズ**」は，以前は死ぬ病気とされていたが，現在では慢性疾患としてとらえられている。しかし，生涯，服薬は続けなければならず，しかも偏見が強く，病名を公表することができにくいという心理的苦痛を伴うものである。本書では，通常の疾患に対する心理支援でなく，「エイズ」という他者に公表できにくい疾患，そして，**LGBT**（女性同性愛者：Lesbian，男性同性愛者：Gay，両性愛者：Bisexuality，トランスジェンダー：Transgenderの人々をまとめて呼称する頭字語）に苦渋する人間の心理とその**心理支援**のありようについて，その「人間哲学」を基本に述べてみたい。

　「エイズ」は，過去（これまで培ってきたこと），未来（よりよく生きていくこと），タテの繋がり（家族），ヨコの繋がり（友人）を一度に失う病いであるという。さまざまな文化的タブーを伴うものであり，特別の偏見や差別を生みやすいことは，現在でも否めない。この偏見や差別がある限り，個々の適応を大きく左右する。

第6章　悩める人間，病める人間，老いる人間　　*133*

1984年にエイズがわが国でも大きな社会的問題になり，1996年以降，**HIV**（human immunodeficiency virus；ヒト免疫不全ウイルス）感染者の増加が続いている。日本国籍男性の増加が顕著で，日本国籍女性も年次推移は穏やかな増加傾向にある。

世界的に蔓延しているエイズは，特にアジアにおける激増が目立つ。わが国では，種々のキャンペーンにもかかわらず，自分とは関係はないものとしかみていないような感さえある。欧米では，同じ人間として，わが身のこととして，エイズとともに生きている人々を社会に包み込もうとしている。わが国では，1980年代後半に「エイズパニック」が起きて以来，感染者に対する社会的な差別，偏見が根強く，診療・看護拒否，就職・就学差別などのケースが各地で頻発していた（池田，1994）。現在でもわが国においては，まだまだ多くの誤解や偏見，差別が残っている。これがHIVに感染している者への心理療法を阻む一要因になっているように思われる。さらに，HIVに感染している人，エイズを発症している人自身がエイズに対する差別意識をもち，新しい出会いを拒否してしまうというケースもある。

(1) エイズとともに生きる人間の心理的状況

HIV抗体検査を受け，感染していることが明らかになった場合，他者への感染を防止したり，ウイルス増進を抑えるためにも，そのことを当人に告知しなければならない。通常，告知前にある程度の予測（陰性の場合，陽性の場合等）をたて，心理療法を実施する。そして結果を報告し，心理療法を通して，その人をとりまく人間関係が壊れないように，さらに未来が開かれるよう配慮している。しかし，実際にはHIV感染の疑いを強くもっている者でも，HIV感染の事実を告げられたときは強い衝撃を受け，混乱やとまどい，心理的麻痺感覚をもつ。トラウマを経験した人と同じように，自分と周囲の世界との間に離断感や疎外感をもちやすく，その反応はPTSDと類似しているともいわれる（Herman, 1992）。

一方，まったく感染の疑いをもたないときに感染を知らされた場合（献血，妊婦検査，術前検査など），本人の衝撃や混乱はさらに危機的状態になる。また，

このような心理的反応は，検査結果をどのように告げられたかによっても大きく左右されるという（McCann & Wadsworth, 1991）。自責的になると，自室に閉じこもり，周囲との関係を絶つ傾向がある。そして，孤立感を深めてゆくのである。エイズに関する情報もいっさい拒否するようになる。自殺念慮なども幾度となく襲ってくる。他罰的になると，自暴自棄になり，他者への感染の機会を増大させてしまう危険性が伴う。

　このような状態は，将来への不安や恐怖，エイズの発症，自分の死後に遺る家族への心配が渦巻いており，恐怖，怒り，後悔，焦り，愛情などが混合し，不安，興奮状態となって意識されてくる結果から生じるものである。怒りは，感染させた者や社会に向けられたり，場合によっては自殺など，自分自身に向けられる。告知後，6〜9か月後の自殺が多いという結果もある（野口，1994）。焦りの背景には，これからの人生をどう生きるかという感情がうごめいている。

　また，HIV 感染が判明した場合，そのパートナーも感染している可能性がある。告知を受けたショックのみならず，パートナーからの拒絶を恐れながらも相手にそれを伝え，そして，抗体検査を勧めるという「**パートナー告知**」の作業を行う必要がある。この作業は，多大なストレスになる（野島・矢永，2002）。

　告知後のショック期を乗り越えた後には，経済的な悩み，服薬による強い副作用による身体的な悩み，複雑な服薬方法による生活習慣の悩み，長期生存への期待から生じる悩みなど，さまざまな悩みがつきまとってくる（現在のところ，身体障害者手帳を取得することで，医療費を軽減することができたり，保険加入，海外旅行も可能である。職業選択に制限もない）。

　そしてエイズ発症という，本人が HIV 感染をはっきりと実感するときがくるのである。あるいは，エイズ発症後に HIV 感染が判明することもあり，その場合，感染と発症の二重の苦しみを同時に経験することになる。症状が進行するにつれ，認知障害が出現し，認知症症状へと移行することもある。介護する側（家族等）の負担もさることながら，自身の死への悲哀の感情を経験するのである。

第 6 章　悩める人間，病める人間，老いる人間　　*135*

(2) 心理支援（エイズ・カウンセリング）

　エイズに対する根治薬がない現在，教育と心理療法がワクチンであるといわれている（野口，1994）。教育によって人間愛を含めた予防の方法を知り，誤解や偏見をなくし，エイズについての正しい知識を身につけ，心理療法によって，HIV感染者に対しては，安定した服薬の習慣を身につけ，社会からの偏見による不安などを軽減していくことができる。

　1996年後半から，厚生省（現在の厚生労働省）の「エイズ治療拠点病院カウンセラー設置事業」がスタートし，47都道府県すべてに整備されたエイズ治療拠点病院に，心理支援者（臨床心理士など），心理支援（心理療法）の専門家が派遣されることになり，担当者の実務経験が重ねられている。これまで，「告知直後」「無症候期の発症不安」「エイズ発症直後」「終末期」「死別後」といった局面で感染した者や家族を，心理支援者としていかに援助するか，さまざまな観点から考察されてきた（野口・小島，1993；松本，1995；児玉，1996；野島・矢永，2002）。

　心理支援は，その機能において，本来，通常の心理療法だけでなく，専門的な情報や心理教育的なサービスを提供するコンサルテーション，感染した人を囲む医療保健福祉従事者，家族，ボランティアなどとの連携をはかる，ケース・マネジメントなどを包含した，統合型の心理支援活動である（Winiarsky, 1991）。

　心理支援においては，クライエントをとりまく環境などが深くかかわっていることが多い。たとえば，感染に対する不安，HIV陽性の告知後の自暴自棄，会社や家族などだれにも話せないなどの問題がある。

　感染している者の基盤にある感情は，どんな未来を迎えるかということに対する恐怖であり，そこから派生する抑うつ感情である。不安や絶望も入り交じっている。社会からの偏見，差別，疎外などにどのように対峙するか，支え続けることも大切である。HIVに感染した後，さまざまな医療機関（皮膚科，眼科，整形外科，歯科など）を受診することも多く，そのたびに感染の有無を伝えなければならないのか（HIV，エイズ治療の主治医の紹介があれば，スムーズに受診できる）など，多くの苦悩と向き合わなければならない。

重要なことは，最も初期に行われる告知のタイミングである。少しでもショックをやわらげるためには，告知前の心理支援は欠かせない。できるだけ冷静な精神状態で告知を受けるよう配慮することである。告知後の心理支援（心理療法）は，感染，発病以降，どのような充実した生活を送らせるかを，家族も含めて考えていかなければならないであろう。

　特に，わが国でのパートナー告知は，本人による告知のみが行われている（児玉・一円，1997）。したがって，最初の心理支援においては，パートナー告知を促すことも考慮しなければならない。これは，パートナーへの二次感染の予防や早期発見のためのみならず，パートナーとの絆を確固としたものにし，クライエント自身が最後まで支えられるためでもある。クライエントにとって，パートナーや家族を喪失することへの不安は深刻である。しかし，パートナー告知を達成した感染者の多くは，パートナーに再受容され，道義的責任を果たしたという安堵感や自尊心の回復，さらにはパートナーとの関係の再構築が得られている（児玉・一円，1997）。そのことを信じて，支え続けることが大切になる。また，パートナーがおらず，未婚である場合，結婚して子どもを産みたいという願望も消すことはできない。人を愛することは，もうできないのだろうか，という苦渋にさいなまれる。現在では，出産時に，感染を防ぐ手立てがなされており，子どもへの感染は減少している。

　出産については，これまでさまざまな実験研究が重ねられてきた。その結果，2001年には荻窪病院（東京都）と慶應義塾大学医学部などが共同開発した，ウイルス除去方法を用いた体外受精が，国内で初めて報告された。また，2003年には，わが国で初めてHIVに感染した母親2名が出産し，2児ともに感染はないとの報告があった。国立国際医療センターによると，HIVに感染しても発症を抑えて健康な状態に近い生活を送ることが可能になり，子どもを希望する夫婦が増えているという。

　したがって，HIVに感染した者，エイズを発症した者自身が，その病い，場合によっては，LGBTという自分を受容し，これからの未来をいかに生き，いかに「生きる意味」を確立するかが重要であるように思われる。自己を受容し，自分自身が輝くとき，魅力ある人間となり，愛される存在へと変化し

ていくのである。死，別れはつらいが，「よりよい死」を迎えるためには，「よりよく生きる」ことが重要な意味をもつ。

　次に，エイズとともに生きるということはどういうことなのか，筆者（餅原）の私見を述べてみたいと思う。心理支援（心理療法）は，この「病い」を当人が受容し，自らの「生きる意味」を確立すること，その人間の自己実現を援助することである。これは，どんな病いでも，障害でも，同じ「人間」へのアプローチとしては何ら変わりはないことなのである。

(3) 人間にとって「病い」の意味—エイズとともに生きるということ

　苦悩体験は，「艱難汝を玉にす」という諺のうちに端的に射抜かれている。それは，「闇を知る人に光がはじめて意味をもつ」のと同じである（早坂・上野，1968）。すべての人間は「死への存在」（ハイデッガー，1963）に直面する。そのとき根底から湧き起こる孤独，不安，苦悩をないものにすることはだれもできない。人生の意味とは，その脅威にどのように対峙するかによって決まってくるのである。しかし，日常では，知性化され，社会化されたありようの中で，そのことを忘れようとして「気ばらし」（パスカル，1973）に走ることが多い。しかし，苦悩と対峙し，「生きる勇気」（ティリッヒ，1995）を体験すれば，そこに新しい意味が開かれてくる。病いという苦悩から逃れられない自己の弱さや傷つきやすさ，そして生の限界を実感したときの絶望への沈潜の中で，われわれが背負う病いの苦悩を，自分自身の本質的属性として承認し，受容したとき，いいかえれば，病いとともにある自分のアイデンティティを確立したときに，今まできづくことのなかった全く新しい病いという苦悩がもつ，意味深さと人生の無限の広がりと充実を告げる体験世界が開けてくるのである（早坂・上野，1968）。

　美しい草花，名馬は，その成長に最もふさわしい条件ですくすくと育ち，その存在可能性を豊かに実現していく。しかし人間は，しばしば悪条件の苦悩を通して，その独自の価値観に目覚め，自己を実現していく。「エイズ」という病いをあるがままに受容し，病いとともに生きる中に，精神的な豊かさと自由を実現する人間の可能性がある。人間にとって，真の精神的健康を

実現していくということは，直面した苦悩を解消することにあるのではなく，その苦悩とともに歩むことのように思われる。感じている病いは，考えられた病いとは異なる。病いの身にあるからこそ，人は人間としての本来のありようや人生の真実にきづくことができるように思われる（餅原，2001）。

（4）エイズ教育のありよう

心理支援を阻む要因の一つに，HIV，エイズに対する認識の不十分さ，誤解や偏見のありようが示唆される。それを克服できれば，HIV に感染した人，エイズを発症した人自身，そして彼らをとりまく人々が，こだわりなく，自然に病いを受け容れ，人を受け容れていけるように思われる。

そこで，告知の際に少しでもショックを和らげるために，心理支援が少しでもスムーズにすすめられるよう，そして，自らの「生きる意味」を見出せるようなエイズ教育のありようについて述べてみたい。

HIV 感染の爆発的拡大が懸念される中，厚生労働省は，1 万人近くに上るとの見方もある未報告感染者数を推計する方法を確立し，感染の広がりを明らかにしたうえで対策を進めている。

このような状況の中，これからのエイズ教育においては，幼少期からの人間教育（自分自身を大切にすること，他者を真に愛するということの重要性を伝えること）は必要不可欠である。人間の「生（命）」を含めた尊厳性を幼い頃から育むことは，重要なことである。他者の信念を察する能力（心の理論）が発達するのは 4〜6 歳だといわれる。その頃から「思いやりの心」を育てることは重要であり，また可能なことであると思われる。相手の立場になって感じることのできる感性（やさしさ），自分の気持ちをコントロールする力（つよさ）を育てる責務を，エイズという病いを通してわれわれは問われていると感じる。そのうえで，思春期を迎える頃に，その発達課題に応じて感染予防方法等に関する知識を伝えることが意味をもつ。

人間としての「尊厳性」を幼い頃から育み，一人ひとりがそのことを大切にできたとき，エイズに限らずどのような「病い」も「障害」も，そして「偏見」や「差別」も自然になくなっていくのである。

第3節　現代社会と高齢化現象

(1) 高齢期の現在と未来

　個人により成人期までの生活条件に違いがあるため，高齢期でも実質的には，高齢者といえるかどうかは個人差が大きい。また，急速な科学，技術文明，特に医療や健康科学の発展に伴い，高齢者人口はますます増加しつつあることから，生涯発達的観点に立った高齢期の生き方を模索することが，現代日本の国家的施策として問われている。

(2) 高齢期の自己概念のありよう

　高齢期にある人間は，高齢期であるためのさまざまな問題，たとえば，配偶者の死，社会的孤立感，社会的役割の喪失，疾病など「生きる意味」の喪失に遭遇する。個人差はあるものの，心身機能の衰退という状況を余儀なくされている高齢者は，このような事象や状況に対して対峙することが困難になり，高齢期特有の認知的態度が存在するものと思われる。また高齢者の自我や自己のありようも当然，変化してくるものである。

　高齢になるにつれ，いったん役割を失うと別の役割をみつけることはむずかしくなり，高齢期は特に，その傾向が極端にあらわれ，非常にあいまいで不安定な状況におかれてしまう。これは，今のわれわれの社会が，高齢期の人々に対して新しい役割を明確に期待していないことに起因しているものと思われる。このような高齢期における社会的状況の不安定さは，高齢者の自己概念に対する自己防衛機制を促進させるであろうと考えられる。一般に社会的自我としての自己概念は，壮年期においては好意的で，高齢期は低い評価の方へ向かっていく。それは収入の有無，生きがいとしての仕事上の役割をもっているか，いないかによるものであるという。

　社会的状況としての自己概念の自己評価に与えるもう一つの大きな影響は，他者からの評価である。さらに，高齢期における未来の重要なテーマの一つは「死」ということであり，高齢期になるにしたがって，友人や同年齢の人

の死に直面し，自らの高齢化をみつめざるを得なくなり，「死」が身近なこととなってくる。このとき，死に対する態度（死生観）が高齢者の自己概念に深くかかわってくるといわれる。

　高齢期の時間的様相は，おもに過去の回想に影響を受ける部分が大きいが，さらに現実に対しては，自らの高齢化によるさまざまな障害に対していかに対峙し得るかということ（自己受容的変化）にかかわってくるものと思われる。

(3) 高齢の意味—独自の存在

　高齢期における最初の喪失体験は，壮年期の自己像を捨て，高齢者としての自己像を受け容れなければならないときであろう。男性の場合，この体験は定年退職の時期に経験しやすい。壮年期の生活環境やその頃の自己像と高齢期の現在の自己像とのギャップが大きく，失われた活動や自己の価値にかかわる新しい自己像を再統合できない場合，焦燥感やフラストレーション（欲求不満）が強くなったり，憂うつな心境に陥ったりしがちである。定年退職後，人柄が変わってしまったり，急に老けこんでもの忘れなどがひどくなっていった例はその典型である。

　また女性の場合，危機的な喪失体験として，特に配偶者との死別があげられる。配偶者に先立たれ一人きりになったとき，依存の欲求が阻止されたり，将来の経済的不安や一人暮らしの不安（孤独，病気）がつのりやすい。また，たとえば息子や嫁たちに邪魔者扱いされたり，そのために毎日気がねしながら暮らすといった，精神的に不安定な状況に追いこまれることもある。このような心理的孤立状況に直面して，精神的に夫から自立していなかった女性は，自分が依ってすがる支柱を失ってしまうことになる。

　身体的健康の喪失も危機状況をつくりやすい。高齢期では，加齢とともに心身の老化が目立ってくる。高齢者の約5割が何らかの慢性疾患にかかっているといわれている。病気自体の不快や苦痛に耐えることも並大抵のことではないが，身辺処理が自分で十分にできない場合，家族に迷惑をかけるという心理的負担感が高齢者の心に自責の念としてのしかかってきやすい。高齢者の自殺の最大の原因は身体的疾患を苦にしてのものであり，「諦めの自殺」

第6章　悩める人間，病める人間，老いる人間　　*141*

といわれている。

　また，高齢者が主体的に行動したり発言したりすることは疎んじられやすく，厄介者扱いにされるケースも増えてきている。また逆に高齢者，病弱者ということでいたわるあまり過保護となり，結果的には高齢者の自由を束縛していることもある。このように自己実現が阻止された場合，それに対処する防衛機制として自我が退行し，一過性的に認知症のような状態を呈することともある。

　個々の高齢者は独自の存在である。人間には一人ひとり，その人だけのかけがえのない価値が備わっている。「高齢者一般」ではなく，個人個人を理解することが真の人間理解につながるのであり，統計的な一般的高齢者というものは存在しない。

　一方，人間は社会的な存在であり，他者との交わりの中にいることで，人間らしく生きることができる。人間関係の中で自分が必要とされていると実感するとき，生きがいを覚えるのであり，逆に疎外や孤独は，たいへんな苦痛（実存的空虚）をもたらす。孤独の最大の苦痛は，文字通り一人で過ごすことよりも，人々の中にあってコミュニケートできないことにある。実際，高齢者の自殺は，一人暮らしよりも家族と同居している人に多いことが知られている。

　自分の生きる時間があとわずかしか残されていないと知るとき，限りある人生を有意義な密度の高いものにしようと努力する。もし，死が存在しなければ，人生の喜びも色あせてしまうだろう。生の意味が長さ（量）よりも深さ（質）によって測られることにきづけば，晩年はさらに充実するのではないだろうか。ある意味では，高齢者が現代科学の恩恵をいかなる形で受けているのかをみれば，人間に対する尊厳性のありようがみえてくるように思われる。

(4) 高齢者の尊厳

　高齢期の潜在的可能性（ポテンシャリティ）はまだまだ未開拓であり，多くの可能性を秘めている。「高齢期をいかに切りひらき，実りある高齢社会を

築いていくのか」，今，高齢期を迎えている世代は，新しい世界の開拓者として，自分たちのためにはもちろんのこと，次に続く世代のためにも生きることが期待されている。

フランクル（Frankl, 1954）は，ユダヤ人であったために，第二次世界大戦中にナチス・ドイツの迫害をうけ，アウシュヴィッツ強制絶滅収容所に入れられた。飢え，寒さ，強制労働，いつ殺されるかわからない極限状況の中で，多くの人々は「生きる意味」を失って死んでいったのである。そのような状況で耐えて生き抜いていった人々は，「生きる意味」，生きること自体に目的をもち，生きがいを求め続けたのであった。そして生きていることは，繰返しのない一回きりのものであり，かつ他の何人（なにびと）によっても代わることのできない独自のものであることを悟ったのである。生きることの一回性と独自性を，われわれはこの身に負っているのである。それぞれの人間は，一回的，独自的であるがゆえに，それぞれの状況の中で具体的使命をもつことを期待される

心の問題への対応を考える際の前提として，高齢期の生活の基盤となる社会保障や福祉，医療等を充実し，身体面の健康や社会・経済面を健全な状態に保つことをおろそかにしてはならない。また，高齢期の精神生活，心の問題への対応は，原則として，あくまでも個人を対象に考えなければならない。それは高齢者一人ひとりに生活史があり，人生観が異なっており，生きがい，幸福感，孤立感，孤独感などは，あくまでも主観的なものであることを最大限に尊重すべきであると考えるからである。

高齢期の生活を充実したものにするためには，家族全体が成熟すること，さらには社会全体が成熟すること，すなわち，社会を構成する一人ひとりが人間的に成熟することが必要であろう。そのためには，家庭教育，社会教育においてはもちろんのこと，学校教育の場においても，高齢期の生き方を大切に考える教育を積極的に盛り込んでいく必要があると思われる。そして，高齢期とは何か，高齢期をどう生きるか，ということについて，さらに個人的にも社会的にも，どのような対応が必要かについて考え，実践できる機会を設定する試みも必要であろう。

第6章　悩める人間，病める人間，老いる人間　　*143*

心身の機能が衰え，社会生活の縮小が起こりがちな高齢者に対して，各種の相談に対応できるような専門技術の開発と専門家の養成，および相談機関の充実等が是非とも必要である。さらに大切なことは，悩みや心配ごとだけではなく，高齢者の生活全般の相談に対応できるよう配慮すると同時に，疾病に関する相談なども含めたインフォメーション・センターのような機能も備えるべきであろう。そして，電話による相談や出張相談，あるいは訪問相談などにも対応できることが望ましいと考える。

　心の問題への対応には，一つの学問分野だけではなく，多くの学問分野の知見と相互の協力体制がはかられなければ，その効果も期待できないであろう。まさに，心理支援的接近が意味をもつものと思われる。

　高齢者の一回きりの人生の尊厳と，「したたか」に生きる彼らの威厳とを十分に受けとめることが重要である。ディグニティ（dignity：尊厳と威厳との両方の意味）に裏打ちされた高齢者のユーモアは，高齢者自身の悲哀を慰めるものでもあり，同時に，人間の「強さ」を次代の者に伝える，という継承の側面も有しているのである。

　長寿の時代を迎え，高齢者や高齢化の主題が社会的関心事となってきた。折りしも社会は高度経済成長期を経て，国内外情勢の要請から，「ゆとり」の時代を迎えている。われわれは生産性のみを徳とする態度から抜け出し，存在の意味や魂について考える機会を与えられている。人間哲学に立脚していない科学や技術は，人間蔑視の人間観，治療観，教育観であり，その弊害は弱者といわれる人間に最もあらわれやすい。すなわち高齢者や障害者がその時代において，いかなる処遇を受けてきたかを把握することによって，その時代の人間に対する尊厳性が浮き彫りにされる。

(5) 病気や障害のある高齢者の存在

　一般的に「障害」については，3つの側面からその状態像が述べられている。

①**器質的あるいは病理的な障害**（impairment）であり，医学的見地からみて，身体の諸器官に器質的な異常がある状態についていう。

②**諸器官の機能上の劣弱性**（disability）であり，たとえば，視力，聴力，

運動能力，知能などが平均的水準以下にある状態をさしていう。

③**社会生活をなす上の不自由さ**（handicap）であり，人並の社会的役割を
もって，社会生活をすることに困難性がある状態をさしていう。

この「障害」の定義によれば，高齢者においては，ほとんど共通的な現象
として認められることになる。高齢者は何らかの意味で障害性をもつという
ことになり，みな，自分のこととして理解しておくことが大切である。その
意味では，エイジングという現象は，健常な成人の心身の機能レベルと比べ
れば，「障害の状態」と重複する部分が多い。

端的に述べると，障害観は，ヒューマニズムの変遷と同様の流れを有して
いるといってもよいであろう。ヨーロッパにおいては，ギリシャ・ローマ時
代，中世の暗黒時代，ルネッサンスなどの歴史的流れの中で，人間観（障害
観）はめまぐるしく変化している。すなわち，障害のある人々は苛酷な取り
扱いを受けたり，慈善事業の対象になったり，絶えずヒューマニズムとのか
かわりでとらえられていたということができる。ある時代，ある国における，
真の意味でのヒューマニズムの確立は，障害のある人々の支援を促進させ，
反対に障害のある人々への支援が貧困なところでは，ヒューマニズムの精神
がきわめて低調であったといえよう。すなわち，制度化された内容が形式的
で，非人間的であった場合，障害のある人々への処遇の歴史はまた，過去の
時代に舞い戻らないとも限らないのである。

人生80年といわれる時代，長寿になった生活の質（QOL）が問われている。
高齢期の人間の特徴は，個人差の著しいことや，社会的要因が生物学的要因
とともに重要なことなどがあげられる。高齢者のイメージは否定的な暗さを
もつことが多いが，肯定的な明るさがあることも事実である。高齢に達して
も創造性を失わない人や社会活動に対して活発な高齢者の存在は，われわれ
を勇気づけてくれる。その人らしい精神世界をもつことによって，人間は自
らの高齢期の人生を豊かに生きる可能性をもっている。

高齢者の障害問題は学校教育のあり方とけっして無関係ではない。障害の
ある高齢者とともにどう生きていくかという問題は，幼少期，児童期，青年
期を通して，身にしみて感得していく自然な人間哲学ともいえる。高齢者の

第6章　悩める人間，病める人間，老いる人間　　145

問題は若者の問題であるという言葉にそれが込められている。このようなライフ・サイクルという時間的観点に立つとき，過去，現在，未来を通して，生から死に至るまでの一貫した人間観，教育観，治療観に立脚しない限り，根本的な問題は解決できないことが理解できよう。

(6) 認知症への心理支援

1) 認知症とは

認知症の原因には，脳の器質的変化や疾患による一次要因と，身体や精神，環境変化による二次要因の２つがある。また，体の病気，骨折，栄養不良，寝たきりなどの身体的条件や，欲求不満，家庭内トラブル，心労，不安，性格などの精神的条件，環境の急激な変化，退職，家族との別離や死別，介護者の無理解などの環境的条件は，認知症の経過や症状の変化に大きな影響を及ぼしている。

認知症のある人々は，「頭がすっかりだめになって役に立たない，手のかかる人間である」と思われがちであるが，やはりわれわれと同じ人間であり，「おいしいものを食べたい」「人に愛されたい」「遊びに行きたい」といった欲求をもった人間である。感情的な面ではかえって普通の人より鋭い感覚をもっており，「敵か味方か」という人を判断する能力にすぐれ，人の心を読みとる名人の感さえある。認知症というハンディキャップを背負いながら，周囲に適応しようと懸命に努力しているその気持ちを汲み，一人の人間として支えていくことが大切である。

2) 認知症高齢者へのかかわり

あるがままの姿を受け容れる　まわりからみて，理解困難な言動であっても，認知症という病気によって起こったものと受け止め，愛情と寛容をもって接することである。受け容れられたことが，認知症高齢者の感情をやわらげ，その後の対応を容易にしていく。

傾聴し，信頼関係をつくる　理解力，判断力の低下した認知症の高齢者に理論や説得は通じず，叱責や注意は相手をますます混乱させるだけである。相手の気持ちにそって話を進めていくことが大切である。高齢者の話はくど

く，まとまりがないようにみえるが，話の腰を折らずに，耳を傾けて聴くことが，相手の信頼を得ることにもなる。

自尊心を尊重する　社会や家庭を長年にわたって支えてきた高齢者の自尊心は，その当人にとっては大きな誇りである。誇りが認められることは，満足と情緒的安定をもたらすことになる。

残存能力を活用する　残された能力に働きかけ，少しでも高齢者の生活を豊かにする。日常生活における起床から就寝までの基本的動作を日課として繰り返し，習慣化することが認知症予防のためにも必要である。

安心感のもてる環境　周囲から大切にされているという実感がもてるような，あたたかな人間関係や雰囲気が高齢者の心を安定させる。保護的で安心感のある環境づくりに日頃から努めていく。

高齢者の生活史を知る　高齢者理解の一方法として，その人の生活史を知っておくことは，非常に重要であり，また問題が起こったときの解決の鍵となることがある。

問題行動の意味を了解する　問題だとかたづける前に，なぜそのような問題が起きたのか，その背景と意味を考える必要がある。認知症高齢者のさまざまな行動にはそれなりの理由があるのだと考え，援助する側のかかわりのありようを省りみることが大切である。

その他　高齢者のペースに合わせる。孤独にさせない。スキンシップを大切にする。高齢者の親しんだ言葉（方言など）を使用するとよい。

高齢者の問題は高齢者だけのものではなく，人間存在そのものの問題である。現在の若者も必ず加齢していく存在であり，自分のこと，身内のこととして高齢者の生き方を受容し，共感しつつ心理支援をしていくことが重要である。かかわりに際しては，高齢者のアイデンティティを理解し，社会的構造において高齢者の生きる意味が確立しやすい心理社会的状況へ，変化・変容していくことが重要である。

第7章

産業保健（メンタルヘルス）と人間理解

第1節　感情労働とメンタルヘルス

　アメリカの社会学者であるホックシールド（Hochschild, 1983）は，対人サービス・援助職における職務の共通的特徴として「**感情労働**」という概念を提唱した。

　「感情労働」は，感情労働職者（サービス提供者）側の感情を「商品」とみなし，職務上望ましい感情や心理状態に相手・顧客を変化させることを意図し，そのために自分の感情をコントロールすること（感情管理）が，職務の中で課せられている労働をさす。その「感情労働」により，対人援助職の労働者は，「感情規則」が課せられることで重篤なストレスにさらされ，感情の麻痺や自己の喪失に至る危険にさらされることがある。すなわち，ホックシールド（Hochschild, 1983）によれば，感情労働の条件として，相手との「直接的な接触又は対話」があること，さらに相手に「職務上望ましい感情を引き起こすこと」が求められるという。

　ホックシールドによると，感情労働が求められる職業には共通する次の3つの構成特徴があるという。

　第1に，**対面あるいは声による顧客との接触が不可欠**である。第2に，**それらの従事者は，他人の中に何らかの感情変化—感謝の念や恐怖心等—を起こさせなければならない**。第3に，**雇用者は，研修や管理体制を通じて，労働者の感情活動をある程度支配することが必要**である。つまり，感情労働における労働者とは，この3つの構成特徴を備えていることが条件だと考えられる。

149

図7-1 感情労働における3極関係

　感情労働とは，管理する者と管理される者の関係性の存在が不可欠な労働だと示唆される。すなわち，感情労働職であるかどうかは，第1点として，管理者-顧客間，労働者-顧客間，管理者-労働者の3極関係があること。第2点として，厳密には職種による区別ではなく，その具体的な職務内容を把握することでしか，感情労働者であるかどうかの判別はできない，ということである。つまり，同じ職場の対人サービス・援助職者同士であっても，感情労働者とみなせる労働者もいれば，そうでない労働者も存在するのである。

　これまで感情労働研究は，客室乗務員をはじめとして，さまざまな職種に対して行われており，中でも，特に看護師を対象にした研究が多くなされてきた。この背景には，看護師がクライエント（患者）との間で（「白衣の天使」のイメージなどの）よい感情労働を行おうとするあまり，**バーン・アウト**したり（燃え尽き症候群），本当の自分の感情がわからなくなってしまうなどの心理的反応があらわれるという経緯がある。

　航空機の客室乗務員や医療現場の看護師，介護士と同じように，教育現場の教師なども，対人サービス・援助職者として相手の満足感を高めるための「感情規則」に支配され，心理的には辛いストレス状況に陥る。また，昨今の学校における不祥事などの背景には，このようなストレスが介在している危険性もあるように思われる。

　特に企業のメンタルヘルス担当者や医師，心理支援者（臨床心理士・公認心理師）などの仕事は，安定した感情管理が求められている。その職務は，クライエントとの直接的な接触や対話が欠かせないものであり，クライエントという人間を深く理解する人間性，また，クライエントという人間の内面世界へ寄り添い，正確な共感を伝えることのできる人間性が求められている。

　心理支援者（臨床心理士・公認心理師）などの場合，「スーパーヴィジョン」

という場が提供されている。熟練した心理支援者が若手の心理支援者を「スーパーヴァイズ」したり，心理支援者同士で「スーパーヴァイズ」をする場が提供されている。「スーパーヴィジョン」を受けることで，「自分一人で感情労働のストレスを抱え込むことなく」，「自分の葛藤状況に気付き，克服すること」で安定した健全な感情管理が促進される。

　感情労働者であるメンタルヘルス担当者のメンタルヘルスのためには，今後，「スーパーヴィジョン」のような「感情管理」の場が提供される必要がある。

第2節　発達障害とメンタルヘルス

　発達障害者の就労に関して，さまざまな問題がメディアに取りあげられることが多くなってきた。その内容をみると，職場内の人間関係がもちにくい，自分勝手な行動が多い，他人の気持ちを察することができない，など「空気が読めない人間」が増えているという。

　「発達障害」では，知的にも優れ，高度な専門性を有する者や，高い学歴を持つ者もみられる。この状態を有する人間について，人事関係者の相談が増えているように思われる。

　大学や大学院においても同様な相談が増えており，大学では「学習支援」という形で彼らのメンタルヘルスを支援している。「発達障害」というイメージから，特別支援学校や特別支援学級で特別な専門の教育を受けてきた人間と思い込みがちだが，知的に低くない場合は，その対象にならない人間も出てくる。このような場合，特別な発達支援を受けることなく，社会適応のための教育的訓練を「パス」させられ，大学，大学院にも進学してくる。

　そして，大学などの研究領域では高度な専門的能力を発揮し，困難な就職試験にも合格して，就労する青年も増えている。

　ところが，職場に入ってから対人関係などでの悩みが増え，職務上のトラブルが増えるという，「空気が読めない」人間のケースの相談が増えており，今，この人たちのメンタルヘルス・サポートが問われている。「休み時間の

過ごし方がわからない」「自分のルールへのこだわりが強く，会社のルールを無視する」「他人との関係や他人の気持ちを共感できない」など，知的な高さと裏腹に，社会的スキルの低さがみられ，きわめてアンバランスな言動がみられるという相談が多い。

　幼児期，児童期，青年期において「ちょっと変わっている」「気になる」存在だったが，今までに専門的な診断を受けていない「重ね着症候群」といわれる人間の中には，発達障害（学習症，注意欠如多動症）といわれる人たちが含まれている。就労してから彼らの対人関係を中心とした問題が浮き彫りになり，相談にたずねてくるケースが多くみられるようになってきた。学校時代は「学校のプログラム」の中で過ごしてきたが，社会人になり「プログラムのない時間・空間（休憩時間）」が増えてくると，彼らの中にはその時間の過ごし方が苦痛になり，その時空間を回避したくなる。

　筆者（久留）の見解では，彼らは被害者になる危険性をはらんでいるように思われる。発達障害者の中には周りの空気が読めないため，疎外され，就労のいろいろな場面においてハラスメントを被る，いわゆる「隠れた被害者」になる危換性があるのではと憂慮する。

　一方で，「**カサンドラ症候群**」に苦渋する人々も多い。カサンドラ症候群とは，家族，職場の同僚（上司部下）など日常的に接する関係にある人が自閉スペクトラム症であることが原因で，その人と情緒的な相互関係を築くことが難しく，そのことをだれにも理解されず，苦しみを抱えたまま孤立した状態に置かれてしまい，不安や抑うつ状態に陥ってしまうことをいう。

　「**インクルージョン**（多様性への対応と共生）」という人間観，教育観が叫ばれる中，彼らと接する側のわれわれが，彼らに寄り添えるようなメンタルヘルスのあり方を確立する必要があると感じている。この純粋でかたくなな人間と連携・協働していくようなシステムを構築する時代になっているものと思われる。

　現在のところ，発達障害と診断されれば，申請することにより，「精神障害者保健福祉手帳」が交付され，障害者雇用枠で採用されることができる。就職の際は，ジョブコーチ（障害のある人が一般の職場に適応し定着できるように，

障害者・事業主および障害者の家族に対して人的支援を行う専門職）をつけることもできる。また，発達障害を雇用する場合，ハローワーク等の職業紹介により継続して雇用する労働者として雇い入れ，雇用管理に関する事項を把握・報告する事業主に対しては助成が行われている。一方で，診断名を公表しないで就職することもできる。精神障害者保健福祉手帳を利用しないで就職することも可能であるが，現在のところ定着率は高くはない。

　ところで，発達障害を抱えつつも優れた研究者や芸術家となる者もよく知られている。著名な学者ではアインシュタイン（自閉スペクトラム症）やエジソン（学習症）が，芸術家としてはピカソやダリ（注意欠如多動症）が知られている。そのほか，トム・クルーズやウォルト・ディズニー（学習症）などみな素晴らしい独創性や創造性をもった人間である。個人の有する特異的な発達障害もけっしてマイナスではなく，その特異性が学術や芸術や職業のもつ特異性，専門性と折り合えば，むしろプラスに転じていくよい例である。そのような就学支援や就労支援のありかたが，今，問われているものと思われる。

第3節　トラウマとメンタルヘルス

　「死の恐怖」を感じる事件・事故，災害といった「異常な体験」を被った場合，だれもが「正常（自然）な反応」として「トラウマ」反応が生じる。虐待やDV（ドメスティック・バイオレンス），パワー・ハラスメントやセクシャル・ハラスメントなども「異常な体験」であり，「避けがたく，逃れようのない」場合，トラウマを被ることになる。

　トラウマを被った人間は，しばしば過去の自分の「トラウマ体験を再現する」ことがある。他者との人間関係の中で再現する場合や，自分自身に向けて自傷行為などの形で再現する場合などがそうである。

　トラウマ体験のプロセスにおいて，「侵入反応」と「麻痺反応」という二相性があることが知られている。「侵入反応」は活動性の亢進，怒りの爆発，悪夢などの様式で出現し，外傷場面を想起させるような「再現」をする。「麻痺反応」は感情の収縮，社会的孤立，失感情，疎外感，解離現象などの様式

で出現し，反復する外傷場面の侵入的想起からの「防御」の機制と考えられる。

　トラウマ体験のプロセスにおいて，フラッシュバック現象を伴うことが知られている。フラッシュバックとは，過去の忌まわしい出来事や体験があたかも現実のようによみがえってくる現象である。「あのとき，あそこで，体験したこと」が，視覚的なイメージ，悲鳴やさまざまな音，臭い，身体が受けた体感，そして強い恐怖心や無力感などを伴い，よみがえってくる現象をいう。トラウマの「消化吸収」の機制と考えられる。つまり，トラウマを癒すということは，瞬間冷凍された体験を解凍し，従来の認知的枠組みの中に消化吸収してゆくことである。

　トラウマ性症状は，トラウマとなる出来事の大きさや強さ（例：地震における震度や台風における風速）などの客観的な状況だけでなく，「いかなる状況でその出来事を体験したか」という出来事に対する「個人の主観的体験（意味づけ）」が大きく影響するといわれる。個人のパーソナリティの「脆弱性」との関係は薄いことが知られている。

　自然災害（地震や津波，火山の爆発）だけでなく，職場におけるハラスメント，学校におけるいじめや体罰，家庭における虐待やDV（ドメスティック・バイオレンス）など，自分の生命（精神や身体）の安心・安全が脅威にさらされるとトラウマ性症状を被り，PTSDのトリガー（引きがね）になりやすいといわれる。

　特に体罰問題は，身体的損傷のみでなく精神的損傷も被ることを，メンタルヘルス・カウンセリングの立場から強く主張しておきたい。心の傷は表面にはあらわれないのでわかりにくく，無視されがちである。セクハラや性犯罪はその典型である。

　トラウマにはさまざまな性質，特性がみられる。そのことを理解しておくことは，メンタルヘルスや被害者の支援において重要な意味をもたらす。

　その一つにフラッシュバックがあるが，根掘り葉掘り聞き出すことは当人にとってトラウマ性症状を煽る結果になり，メンタルヘルス・カウンセリングにおいて慎重に配慮すべき点である。

154

トラウマのメンタルヘルスにおいては，トラウマを被った人間はフラッシュバックを「異常な反応」として受けとり，二重に苦悩することが多い。そのため，支援する側は「正常な反応」であることを被害者に伝え，理解してもらうこと（ノーマライゼーション）がきわめて重要である。

　2013年9月に日本トラウマティック・ストレス学会により，PTSDの治療や初期対応のマニュアルが発刊された，との報道があった。

(1) 救援者のメンタルヘルスと心理教育

　心理教育とは，一般には被害者やその家族が，たとえばトラウマについての教育を受け，その知識をもつことにより，トラウマの対処の仕方が明らかになり，混乱を防ぎ，問題を重篤化させないという予防的，対処的方法である。救援者も心理教育を受けることにより，「正常な反応」として自分の症状を理解することで，心理的なストレスから解放される。すなわち，**トラウマや惨事ストレス**（Critical Insident Stress：CIS）は「弱音」ではなく，人間の「当たり前の自然な反応」として受けとめ，理解を深めることが大切である。そして，自衛隊員など救援者同士で活動の場で体験したこと，感じたことなどを信頼できる人に自己表明することは，PTSDやCISの予防的方法になるといわれる。救援する側のメンタルヘルスのありようは，今後，重要な問題になるものと思われる。救援する側の精神的健全性が，被災者や被害者の確かな救援につながるからである。

　これまでわが国では，救援者の精神保健はあまり配慮されず，もっぱら救援者個人の資質や「がんばり」，時には彼らの「特攻」的自己犠牲が無意識裡に期待されていた。しかし，それでは受傷から長期的に安定した被災者救助活動を期待することはできない。救援者が被災者救助活動の中で二次的被害を被って燃え尽きを起こしたり，PTSDを発症したりすることが現実にあるからである。逆に救援者に起こってくるPTSDをはじめとするさまざまな状態像に予防的に対処することができれば，被災者救援機能は必ずや増大し，安定化するはずである。したがって，救援者にはできるだけ平時から必要最低限のメンタルヘルス教育を施しておく必要がある。救援者は，精神保

健の知識に基づいてセルフケアをするとともに，被災者救助業務においても
その知識を生かすことができるようになれば，まさに一石二鳥である（岩井ら，
2002）。

　総務省消防庁（2003）によると，すべての消防本部は，CIS の背景を十分
認識し，消防職員といえども CIS を被るものであるという組織風土の醸成が，
何よりも必要であると述べている。そのうえで，消防職員が常に万全な状態
で任務を遂行できるよう，CIS 対策を講じて，その影響の防止あるいは軽減
に努めなければならない。このことは，消防職員の精神衛生面の対策という
ことにとどまらず，防災体制の確保という観点からも必要なことである。ま
た，消防職員のみならず，海上保安官，警察官，救命救急士，そのほか，多
くの救援者に対するメンタルヘルス対策を早急に実施することが求められて
いる。総務省消防庁（2003）の例を以下にあげてみたい。

・CIS に関する事項　　CIS 教育は全消防職員を対象に，あらゆる CIS 対策
が優先されるべきである。特に組織風土の醸成といった観点から，幹部職員
の受講を優先すべきである。

・疲労管理や執務環境で配慮すべき事項　　疲労の回復や緊張の緩和を図る
観点から，休憩時間の適正付与，休憩時間の質の向上，仮眠時間への配慮，
自由に談話できる場所の整備に配慮するべきである。

・災害現場活動で配慮すべき事項　　安全管理対策の徹底を図るほか，特に
災害現場活動では，現場指揮体制の充実強化，長時間活動時の交替の徹底，
照度や活動スペースの確保等が必要である。また，大規模・特殊災害発生時
には，特に休憩付与を徹底するほか，消防庁による緊急時のメンタルサポー
ト体制整備に合わせて，その積極的な活動が望まれる。

　惨事に遭うと，そのことばかりにとらわれ，無力感，無能感に陥ることが
多い。心理支援者（臨床心理士・公認心理師）をはじめ周囲の者は，傷ついた面
以外の残された健康な面（やさしさ，正義感，意味への意志など）にも目を向け，
重点をおくことが大切である（餅原，2003）。

　ストレスの受け止め方，対峙のありようは個別的であり，一方的で画一化
されたシステムは逆効果になることがある。むしろ，虚心に自分の語りに聴

き入ってくれる人への出会いが，人が自分自身や世界へ開かれていくための
はじめの扉となり（村瀬，2001），「生きる意味」の確立へとつながっていくも
のと思われる。

　救援者の仕事は過酷だが，一方ではやりがいのあるものである。ある海上
保安官は，どんなご遺体でも遺族にとってはかけがえのない存在であり，必
死の捜索でご遺体を発見し，引き渡したときのご遺族の安堵した表情をみる
と，どんな無残な状態のご遺体でも，発見することができてよかったと思え
るという。そして次も頑張ろうという気持ちになるとのことだった。

　真に「つよい」人間は，己の限界を知り，それを受け容れている人間であ
る。被災者のために傷つきつつも豊かに生きようとし，だれよりも人間の「尊
厳」を知っている彼らから，真の人間の生き方を学ぶことが大いにある。

　人間が苦悩することとは，実行することであり，また，成長する機会でも
ある。そして，今よりも，より豊かになることを意味している。苦悩するこ
との中に，意味があり，そして自己充足の最後の，しかも最大のチャンスが
人間に開かれる。苦悩する人間は，ひどい失敗や挫折にあってもなお，自己
を成就することができる。真の運命を正しく耐え，率直に苦悩することは，
それ自身が人としての最高の業績である。

　人間は悪条件の苦悩を通して，その独自の価値に目覚め，自己を実現して
いく。自分のおかれている状況に率直に向き合い，建設的に，できるだけの
ことを精一杯やろうとする誠実な謙虚さが，救援者自身の「生きる意味」を
確立していくものと思われる。心理支援者は，適切なスーパーヴァイズを受
けながら，救援者，復興支援者や，彼らを支えるすべての人々の可能性を信
じつつ，「人間哲学（人のための支援）」に立った連携をはかり，よりよい生き
方を支援していくことが望まれよう（餅原，2011a）。

自然災害とメンタルヘルス―鹿児島県北西部地震から熊本地震をみる

　1995年1月17日，「阪神・淡路大震災」以降，「PTSD」という呼称名がコ
ンセンサスを得，自然災害・人的災害後のメンタルヘルスが注目されるように
なり，トラウマ・ケアが知られるようになった。当時，PTSDやトラウマに
関する研究者は少なく，筆者（久留）も関連学会での発表や被災・被害地区の

被害者支援研修会で講演した。

そして 1997 年 3 月 26 日，鹿児島県北西部地震が発生した。3 月 26 日：震度 6 弱，4 月 3 日，9 日，5 月 13 日：震度 5 強など，3 月下旬から 7 月下旬にかけて，断続的にかなり強い余震が続いた。住民はいつ止むともわからない不安な生活を余儀なくされていた。筆者らも鹿児島大学北西部地震震災調査団として「災害ストレス」領域を担当し，PTSD 予防の講演，トラウマ・カウンセリング等の支援活動を 3 年半，継続した。

さらに 2016 年 4 月，「熊本地震」が発生した。1990 年代の報道と比べるときわめて大きな違いがみられる。それはインフラの修復や水や食べ物，衣類だけの問題だけでなく，「心の傷（トラウマ）」をいかに癒すかというメンタルヘルス的視点であった。「熊本地震」は，その経過が「鹿児島県北西部地震」とよく類似しているので，当時の筆者らの調査と研究成果の一部を報告してみたい。

「類似している点」は，余震が長期にわたり断続的に長引いていることである。その地域に住む人たちは，予測のつかない余震（震度 4〜6）が起きることで安心できる居場所がみつからず，毎日，不安と恐怖におびえた生活を余儀なくされ，トラウマティックな反応が出現しやすい状況をかもし出していた（当時，畑のビニールハウスの中が最も安心・安全ですよと，その土地の高齢者から教えてもらったことがある。現在は自家用車の中になるのか……）。

「熊本地震」の場合，中・長期にわたるメンタルヘルスが求められているが，地域の中でいかにして隅々まで「適切，的確な支援」のあり方を浸透させるかが鍵になるものと思われる。被害者のメンタルヘルスの立場に立つと，華々しい支援ではなく，「長く，そっと寄り添える関係」「被害者に求められる支援」を被災者が求めていることを，これまでの経験を通して強く感じている。

(2) 裁判員のメンタルヘルス

2009 年 5 月 21 日，刑事裁判における**裁判員制度**がスタートした。報道機関は，裁判員に選ばれた場合，その責任や義務などへの不安やためらい，とまどいはきわめて高いという調査結果を取りあげている。裁判員に選ばれた人間の心理的状況，特に，**二次受傷**など，筆者らにはいささか気になるところや腑に落ちないところがある。

裁判員の責任，特に守秘義務のありようについては不安を感じるところである。「裁判官」というプロと違い，「裁判員」は自己の意志による選択でなく，偶然選ばれたというアマチュアの存在である。刑事事件の内容によって

はきわめて凄惨な事件や事故の状況を見聞することになり，裁判員の中には間接的なトラウマを被り（二次受傷），心のケアが必要な場合も出てくる危険性が予期される。

たとえば，裁判員自身やその家族，身内が刑事裁判の内容とよく似た経験（事件や事故の被害者の経験）などがあると，フラッシュバックが生じることもある。あらかじめ裁判員の「再体験」を煽らないような方策や，「回避」しておきたいことなどを聴取し，フラッシュバックを予防することが必要になる。この点に関しては候捕者の「裁判員等選任手続き」の段階で配慮できるというが，裁判員のきわめて個人的な内面に触れることなので，慎重な，配慮のある裁判官の支援が求められる。特に，性犯罪被害の裁判員選任過程においては個人情報保護など，きわめて微妙な問題がある。

わが国では，2013年5月に福島地方裁判所で強盗殺人事件の現場のカラー写真を見た裁判員の女性が，ストレス障害と診断されたとして国を提訴した。同年7月には，東京地方裁判所が「申し合わせ」として，裁判所が検察側，弁護側と協議して争点や証拠を決める公判前整理手続きで，遺体写真などの証拠を必要不可欠なものだけに絞り込み，写真の代わりにイラストなどの使用を検討することを決めた。最高裁判所は，同年8月1日までに全国の裁判所に，東京地方裁判所の取り組みを紹介し，運用の参考にするように通知している。裁判員のメンタルヘルス対策が具体化しつつある。

米国の陪審員制度では，すでに，二次的外傷性ストレス症状を経験することを予防するため，陪審員の心のケアについて全国調査を行い，裁判官，裁判所職員向けにマニュアルを作成している。英国では，犯罪の目撃者への支援も充実しているという。

また凄惨な場面に直面する「惨事の目撃者」は，ストレスをかかえつつも，労働をしなければならない状況にある。自殺者の中には，トラウマ体験者も多いという報告もある。

たとえば，きわめてむごい犯罪被害者の支援を担当した心理支援者でさえも二次受傷を予防するため，その心理支援者のスーパーヴィジョンは不可欠なのである。いわば「二重構造」の心理療法ともいえる。これも支援する側

がストレスにさいなまれ，トラウマを被らないための予防的方法である。

　裁判員の場合，守秘義務の責任だけを強調されすぎると，抑圧された感情を解放することも不可能に思われる。そこで，そのような事態を危惧して，最高裁判所では，裁判員のための心理支援ネットワークを提案しており，必要に応じて外部の専門機関に委託するという。

　筆者（餅原）は，ある地方裁判所の裁判官を対象に，裁判員のトラウマ，メンタルヘルスに関する講演を依頼された。特にむごい証拠写真，証拠品を目の当たりにすることのショックを少しでも和らげる工夫を提案した（筆者〔餅原〕の研究では，カラー写真はショックが大きいが，白黒写真はインパクトが少なく，しかも，詳細にわたって，映像を精査することができた。しかし，個人の知覚様式にもよるため，カラー写真がよいか白黒写真がよいか，選択できるようにしておくとよい，などを提案した）。その後，その地方裁判所では，証拠写真の工夫をしたり，裁判員裁判の際は，裁判官と裁判員との信頼関係を深め，その日の裁判終了ごとに，自由に談話（ディブリーフィングの機能）をすることで，トラウマの軽減をはかっているという。

　「開かれた」裁判員の制度が発展していくには，裁判員のメンタルヘルスについての明確な説明責任が問われているように思われる。個人の意志とは全く無関係に選ばれ，罰則つきの守秘義務を背負わされる裁判員の人権を保護するシステムを構築する必要がある。裁判員にとって，「安定した心理的状況」で裁判に臨むことのできる制度が望まれる。

　裁判員に選ばれた人間にとって，メンタルヘルス・システムがきちんと構築され，安心・安全の世界が満たされるとき，初めて，公正な，自己決定的「評議」がなされる。不安と懐疑の心理的状況では，決定することへのためらいや戸惑いを煽り，逆に，裁判員自身が「隠れた被害者」となる危険性がある。

第4節　メンタルヘルスと「生きる意味」

　フランクル（Frankl, 1954）は，人間の「身体器官」は，その人の生きる意

味を表す「意味器官」であるという臨床的視座を展開し、「精神と身体の表裏一体性」を主張した。現代に生きる人のストレス状況をみるとき、メンタルヘルスの根底にフランクルの視座は多くの示唆を与えている。

近年増加している自殺現象の背景にも、フランクルのいう「**生きる意味の喪失**」が重要な意味をあらわしている。フランクルは、人間は「**生きる意味**」を喪失したとき「**実存的空虚**」となり、生きることへの意志を喪失するという視座を提唱した。

アウシュヴィッツ・ビルケナウ強制絶滅収容所での体験を通してフランクルは、50年も前から現代人のメンタルヘルスのありようについて、「意味器官」と「生きる意味の確立」への視座（全人的医療）を求めていたように思われる。

過剰適応といわれる会社人間は、バーン・アウト（燃え尽き症候群）に陥りやすいという。会社という枠組みの中で行動しているときは、厳しいノルマに忠実であり、過激な競争社会に打ち勝つために生きている。ところが、心身ともにエネルギーを消耗し、疲弊すると、彼らの「生きる意味」は喪失的になり、神経症的、心身症的人間に変容することがある。「私でない私」として会社に忠誠をつくしていたとき、それは「会社依存症の人間」であり、「自己を見失った人間」であったと説明することもできる。「生きる意味を失った人間」は、「自己を見失った人間」であり、「会社依存症の人間」が会社での役割を喪失したとき、「自分らしく生きる」ことができにくくなる。

「私でない私」「自己を見失った人間」たちの中には、何か核となるもの（生きる意味、意志、責任）を拠り所に「生きていこう」と光を求めて、暗闇の中でもがいている人がいる。実は、そのような彼らこそ、だれよりも「よりよく生きたい」という人間であり、苦悩と対峙している自己実現的人間であると思うのである。

レジリエンスは「（物理学における）元に戻ろうとする反発力」という語源から、「トラウマからの回復力、健康な状態に戻ろうとする生命力」などとして医学や心理学の分野で専門用語として使用されている。

「原動力」として考えられている一つに、「**自尊感情（Self esteem）**」の存在

第7章　産業保健（メンタルヘルス）と人間理解　　*161*

が仮説としてあげられる。ある研究調査によれば自尊感情の低い人間に比較して，より高い自尊感情を持つ人間の方がたくましく生きる力がみられたという。

また，人間には「**自己実現傾向（よりよく生きたい）**」という欲求が根元的に備わっており，その発現を促進することで回復する力が湧いてくるといわれる。最近よく使われる「**PTG（Posttraumatic Growth）：トラウマを被った後，さらに精神的成長的変化を遂げること**」という用語もそれをあらわしているように思われる（人間学派の心理療法）。

さらに，フランクルは，過酷で凄惨な生活を強制されたアウシュヴィッツ・ビルケナウ強制絶滅収容所での生存者から得られた観察的データから，「生きる意味の確立，生きることへの意志と責任」を強く意識している人間は，トラウマティックな体験を克服していくということを述べている（実存分析学派の精神療法）。「人間であれば根元的に誰もが有している生命エネルギー」である。その生命エネルギーを促進してくれる治療者や支援者という人間との関係のありようや，社会的には行政の支援策も生きる力との関係が深い意味をもつと思われる。

アウシュヴィッツ強制絶滅収容所からの生還

2017年にウィーン医科大学精神医学・心理療法科での学術講演の中で，フランクルと妻エリーについての興味深いエピソードが語られたので紹介してみたい。

1993年6月，フランクルは，日本心身医学会の特別講演（ロゴテラピー：全人的医療のコア・アプローチ）に招聘され，筆者（久留）もその講演を聴くことができた。**ロゴテラピー（実存分析）**についての話は大変興味深く，心身医学会にぴったりの内容であった。特に「心と体」は表裏一体の関係にあり，身体（からだ）はその人の生きる意味（精神）をあらわし，「身体言語」として「身体症状」が出現するということを主張していた。現代人は「生きる意味」を喪失しており，若者や労働者の自殺が増えるのも「生きる意味の喪失」であるという。

まさに現代人の「集合神経症（過重労働など）」は「生きる意味の喪失」であり，「実存的喪失」に陥っているとロゴテラピー（実存分析）の臨床哲学を論じていた。

フランクルは，「メンタルヘルス」の先駆者といえる。1945年，強制絶滅収

容所から解放され，1946 年にウィーンの自宅に帰って来たとき，彼の「生きる意味」は無残に打ち砕かれた。彼を待っていたのは妻や家族でなく，書斎の机と椅子のみであった。ウィーン大学医学部に呼び戻されたものの，彼の生きる意味の中核であった最愛の家族を失い，絶望の淵にあった（深い「心的外傷」を被っていたと思われる）。

　同じ大学病院にエリーは看護師として勤めていた。フランクルは 20 歳年下のエリーと「運命的出会い」を体験し，1947 年に再婚。1997 年に亡くなるまで半世紀にわたり，「生きる意味」についての実体験（ロゴテラピー）をエリーによって受けてきたという。今，そのエリーに会うことは大変難しく，面会を希望しても会えるのは 100 回に 1 回くらいの確率だという。ウィーン医科大学での学術交流を終え，翌日，フランクルの住んでいた住居（フランクル博物館）へ向かった。その建物の入口のところにたどり着いたとき，一人の老婦人に「日本人ですか」「フランクルを訪ねて来られたのですか」と声をかけられた。筆者（餅原）が「イエス」というと「私はエリーです」と名乗られたのである。エリーがそこに住んでいることも知らずそこに佇んでいたわれわれに，買い物帰りのような恰好で親しそうに声をかけてこられたのである。

　「1993 年，日本でフランクル先生の講演を聞いたことがありますよ」と筆者（久留）がいうと，「日本は素晴らしかったわ……，私はもう 93 歳です」とくり返し，遠くをみつめるような眼差しで何度もうなずいていた（先に述べたように，心身医学会が開催されたとき，フランクルとエリーは来日していた）。

　そのあと，「上の階に行こう」と誘われ，エレベーターに乗り，エリーの自宅の前までご一緒できた。わずか数分間であったが，偶然の出会いというのか，奇跡的な体験をしたような非日常的な気持ちになった。これを「共時性（シンクロニシティ）」というのか……。

　「生きる意味の確立」「トラウマからの回復（レジリエンス）」について，フランクルの話は聞けなかったが，「フランクルの治療者」であったエリーに「奇跡的に会うことができたのも，「どんな時も人生には意味がある」という言葉を感得したような，スピリチュアルな一日だった。

第8章

心の傷を受けた人間の理解

第1節　心の傷のアセスメント

(1) 心の傷

　人は，「我（かけがえのない私）と汝（かけがえのないあなた）」との関係の中で，自分らしく生きていく。一方，人をモノとみなし，「我とそれ（モノ）」の関係になったとき，人の心には傷が遺ってしまう。いじめ，ハラスメント，虐待，DV，犯罪など，人によって心を傷つけられるのである。また，人の力では到底太刀打ちできない自然によっても，人は災害を被り，心に傷を遺していく。

　人によって受けた心の傷は，自然によるそれよりも，より深刻で，長引くものである。また，子どもの場合，人格形成の途中で心に傷を受けてしまうと，その後の発達に，甚大な影響を与えるといわれる。

　ただ，人は，たとえ傷つけられ，侮辱され，損害を与えられても，自分らしく生きている過程そのものが過去の傷を忘れさせることもある。青天の霹靂（死の恐怖）で打ちのめされた人々の心理療法に携わりながら，筆者（餅原）自身も無力感にさいなまれ苦悩することも多々あったが，それ以上に，人間の生きる力（回復，克服する力。PTGなど）を目のあたりにしてきた。未来を閉ざされ，関係を閉ざされつつも，「よりよく生きたい」と思う気持ちは，苦境を乗り越える強さになることもある。

(2) 心の傷をアセスメントする側の心

　心に傷を受けた人は，無表情，集中力の低下，攻撃性など，心の微妙な動

165

きをさまざまな仕草や表情であらわしている。ただ，辛い出来事に触れられると，かえって傷を深めてしまうことがあるため，注意が必要である。また，かかわる側が，評価的にモノをみるような権威的態度では，相手との関係は崩れ，相手は防衛的態度を示すこともある。相手をあるがままに受けとめる心が求められる。その人の心を理解するためには，こちら側の考えを十分に柔らかくし，相手の心の文脈にそって，聴くことが大切である。一見ありふれた現象こそ，その原因は錯綜している場合が多く，複眼の視野で観察し，考えることが求められる。また，問題指摘にとどまらず，潜在的な治癒ないしは成長可能性を見出す努力が求められている（村瀬，1995）。

音として聞こえる「言葉」以外に，「沈黙の言葉」がある。これは，ただ，黙っているのではなく，自らの意思で拒否，反抗，攻撃といった気持ちを伝えているのである。また，ためらいやとまどいの「間」であることも多い。沈黙の意味を洞察する眼が，聴く側に求められる。「沈黙」や「間」の意味がわからず，不安になると，ついつい，声や手を出してしまい，大切な沈黙の言葉を見失ってしまう。

うわべの言葉，表面的な行動にとらわれることなく，相手の真の気持ちを「わかろうとする心」が，われわれに求められているように思われる。

以下に，心のアセスメントをするうえで，大切なポイントを述べてみたい。

相手（クライエント）を尊重する　　心をアセスメントするうえで大切なことは，クライエントがあるがままの自由な気持ちでいられるということである。そのためにはクライエントに信頼される関係が必要不可欠になる。

「今，ここで」の一瞬を大切にする　　心に傷を負うと，気分の波も大きく，混乱しやすくなる。したがって，「今，ここで」生じた現象を確実にとらえ，記録しておくことが重要である。全体の流れ，文脈を俯瞰する視座と，目の前にいるクライエントの一瞬，一瞬の心のうごきを正確に，確実に認知するという透明な眼が求められる。

感じたことを大切にする　　目の前にいるクライエントとの出会い的関係の中で，相互に，そのときに感じたこと（たとえば，「えもいわれぬ辛さを感じる……」など）が大切になる。

「枠」にとらわれないこと　　先入観やわだかまりもなく，素直にクライエントを受けとめ，意味了解していくことが重要である。特にクライエントのある特質についての印象が，その人間の全体的評定に影響を与えるというハロー効果（光背効果）には留意する必要がある。一人ひとりとの出会い的体験を積み重ねていき，その中で専門性を育むことが重要になるのである。

目にみえるものと，みえないものを観る　　目にみえるものだけでなく，みえなかったことにも重要な意味がある。なぜクライエントは反応しなかったのか，触れようとしなかったのか，そのような行動をしなかったのか，というみえなかったことに実は意味が含まれている。特に，心の傷が深くなると，そのことに関することについては，触れようとしないことが多い。

心のアセスメントにおいては，相手との体験時間を共有し，深く体験し鋭く解明しつつ，如実に論述する鋭い洞察の眼が問われている。

(3) 心理支援者としての「きづき」

心の傷に苦渋する人々の表情は，生気を欠き，凍てつき，能面のようにみえることがある。これはこれ以上の恐怖を感じなくてすむように感覚を麻痺（解離）させ，防衛的手段として感情を消しているのである。したがって，アセスメントに際しては，原因追及的にならないように慎重にすすめていくことが大切である。忌まわしい出来事について聞かれることは，傷ついた心に，さらなる苦痛を与えることになるからである。どんな状況にあったのか，心の傷に苦しむ人間をとりまく周囲（家族や友人など）から，あらかじめ情報を得ておく必要がある。また，フラッシュバックを煽らないよう，心理療法，アセスメントをする場所やその周囲の雰囲気，支援する側の性別，年齢，服装などに配慮することが大切である。

心の傷が深くなればなるほど，他者に対して，「敵か，味方か？」という二者択一的態度をとりやすくなる。特に，多くのクライエントは，出来事に触れられないよう他者を避ける傾向にある。他者からどのように思われているのだろうか，この人は信頼してよいのだろうかという気持ちになる。したがって，よき理解者であるということが，クライエント自身に感じられるよ

うな雰囲気をかもし出す必要がある。安心感，信頼感が得られたときに初めて，クライエントは，自由になれるのである。

また，アンケートなどを実施する場合，質問項目は，画一的に決められたものであるため，内容によっては，あの忌まわしい出来事を思い出す引き金になりかねない。実施する側との信頼関係の中で，慎重にすすめることが大切である。

深い心の傷に苦渋する人間を真に理解するためには，悲痛な出来事を自ら吐露できるよう，より一層の受容的で共感的な（さりげなく，そっと寄り添うような）姿勢がアセスメントのうえで重要になる。

忌まわしい出来事を自分の心の中に過去のものとして納め，そして潜在的可能性が芽吹き，生きていてよかったと思える，人と人との「絆」が実感として感じられたとき，みずみずしい感情がよみがえり，感動する心が芽生え，生き生きとした感性をとりもどしていくように思われる。

第2節　心的外傷後ストレス障害（PTSD）

2018年6月，世界保健機関（WHO）が国際疾病分類の第11回改訂版（ICD-11）を公表したものには，**PTSD**はストレス関連症群（Disorders specifically associated with stress）の中に位置づけられ，PTSDのほかに，新しく，複雑性心的外傷後ストレス障害（Complex post-traumatic stress disorder），遅延性悲嘆症（Prolonged grief disorder）などが創設された。

DSM-5（APA, 2013）には，トラウマとなる出来事について，以下のように記述されている。

実際にまたは危うく死ぬ，重症を負う，性的暴力を受ける出来事への，以下のいずれか1つ（またはそれ以上）の形による曝露：

・心的外傷的出来事を直接体験する。

・他人に起こった出来事を直に目撃する。

・近親者または親しい友人に起こった心的外傷的出来事を耳にする。家族または友人が実際に死んだ出来事または危うく死にそうになった出来事

の場合，それは暴力的なものまたは偶発的なものでなくてはならない。

・心的外傷的出来事の強い不快感をいだく細部に，繰り返しまたは極端に曝露される経験をする（例：遺体を収集する緊急対応要員，児童虐待の詳細に繰り返し曝露される警官）。

すなわち，予告なく突然に襲う，死ぬほどの恐怖体験（地震，土石流，殺人事件，極度のいじめ，性的虐待，ハイジャック，船の沈没など）は，人の心に傷や歪みを抱かせる。そのうえ，「異常な状況における正常な反応」として，だれもが PTSD を心に遺す可能性がある。

しかも PTSD という心的状態は，当人の主訴と症状に隔たりがみられたり，トラウマを体験した後の発症が遅れるため，その診断，アセスメントは非常に困難になる。また，適切な治療や心理支援がなされなければ，症状の慢性化や重篤化の危険性が十分に予測される。

人間の「生きる力」

筆者らは 1990 年以来，トラウマ（PTSD）の研究，臨床を試みてきた。トラウマ，特に PTSD は，青天の霹靂（死の恐怖）によって，いわば，その個人の人生を圧倒的な力で破壊するような状況において，心に遺る傷のことである。出来事によっては，他者に話せないことが多く，また，将来を考えることすらできなくなってしまう。今でも，静かに心の奥にしまっている人も多くいる。

しかし，人間の「自己実現傾向（今よりも，もっとよりよく生きたいという人間の基本的欲求）」は，だれもがもっており，心の傷が癒える過程の中で，「やっぱりだれかに相談したい。なんとか，乗り越えたい」という気持ちが湧き，心理療法を求めて来談することがある。筆者らなりに，その「乗り越えたい」という気持ちを精一杯，支えることに徹している。そうすると，来談当初は，タオルがびっしょり濡れるくらいの涙が，次第にハンカチで拭けるような涙になり，心理療法終結時には，涙でなく笑顔に変わっていくのである。想像を絶するような過酷な体験をしながらも，次第に友人が増え，仕事に充実感をもち，家族をもち，未来を自由に生きていく姿を，これまで何人もみてきた。このような人々の姿を目の当たりにし，人間の潜在的可能性，自己実現傾向，**エンパワーメント**，レジリエンス，PTG といった，人間の「生きる力」のすばらしさを実感している。

さらに，われわれを死の淵から助ける救援者の人々も，PTSD に近い状態（CIS，二次受傷など）を呈しながら，苦境と闘いつつ，それを乗り越えてい

っている。生死をさまよう人々の「生きる力」を最大限に尊重し，その可能性を信じ，凄惨な現場に向かい，活躍する人々自身の「生きる力」に，筆者ら自身も支えられ，それが日々の臨床に生かされている。

(1) PTSD の症状

忌まわしい出来事からしばらく経過した後に，いくつかの症状がみられる。「しばらく経過した後」に症状がみられるので，その因果関係が難しい。

まず，持続的に忌まわしい出来事がよみがえり，「**再体験**」する症状である。思い出したくないのに繰り返し思い出される苦痛を意味する。あの時の忌まわしい出来事に関連した夢をみたり，ささいなことで怖かった出来事がよみがえり（フラッシュバック），強い恐怖感にさいなまれる。

また，忌まわしい出来事を，意識的，無意識的に「**回避**」する症状である。これ以上辛い気持ちを感じたくないことから，楽しい気持ちや嬉しい気持ちまでも消失させてしまう。孤立しがちで意欲も低下し，将来への希望ももてなくなる。

さらに，「**覚醒亢進（神経過敏）**」の症状である。用心深くなり，ささいなことに敏感に反応してしまう。眠れなかったり，集中力も低下し，イライラして人や物に攻撃の矛先が向くこともある。まわりの人は，当人の人格がすっかり変わり，別人のような印象を受けることがあるが，PTSD の人間は，死よりも辛い状況（worse than death）の中で，もがき苦しんでいることを周囲は理解しておく必要がある。

(2) 幼い子どもたちへの影響

幼児や，就学前の子どもについては，小学生以上の子どもや大人たちに比べ，系統的に研究がなされていない。その一つの原因として，大人側が，子どもたちがあまりにも幼いために，自分に起こったことを十分に正しく認識できないと考え，出来事について子どもたちと話すことを避けてきたということが考えられる。非常に幼い子どもでさえ，親の苦しみを敏感に感じ取り，直感的に，そのひどい体験について話してはいけないということを習得して

いる。実際，4歳から6歳ぐらいの幼い子どもは，経験したことをありあり
と話すことが可能である（虐待などの臨床的事例においても十分，説明ができる）。

　乳幼児（非常に幼い子ども）は，あらゆる種類の退行や反社会的行動をみせ
るかもしれない。おねしょをしなかった子どもが，再びおねしょをするよう
になったり，一人で寝ていた子どもが，しばらく親と一緒に寝たがることが
ある。何事にもうまく適応し，幸福だった子どもたちが，くじけやすくなっ
たり，イライラしたり，破壊的（攻撃的）になることがある。

エンタープライズ号沈没事故の事例

　1987年，死者193名を出した英国船籍のフェリー「エンタープライズ号」
の沈没で生き残った就学前の子どもたちは，取りつかれたように反復的に，船
に関するテーマを含む遊びや絵を描くようになったということを，幼稚園教師
（保育士）や親が報告している。ある4歳の女児は，友達と一緒に，けが人を
手当てする看護師さんごっこを延々と数か月にわたって続けた。ある6歳の男
児は，多くの「壊れた船」の絵を描き，彼のことをよく理解している幼稚園教
諭と教室でその話をしていた。ところが，園長がやってきて，教室で，二度と
そのことについて話してはいけないと注意した。その夜から，彼は悪夢をみる
ようになり，数か月後，電気ソケットの中に金属の棒を突っ込み，自殺しよう
とした。彼は，自分の頭の中で「壊れた船」を描きつづけることをやめるため
に，死のうとしたんだといった。

　別の就学前の子どもたちは，家でも幼稚園でも攻撃的で反社会的になった。
子どもたちの状態が悪化したとき，漆喰の一部を削り取ったり，おもちゃを壊
したり，他の子どもにけんかをふっかけたりした。彼らの親は，子どもたちが
フェリーについて触れると，いまだに混乱することはわかっていたが，そのこ
とをだれにも話せずにいた。

　乳幼児は，生命を脅かす自然災害への理解には限界がある。しかし，たと
えそうでも，就学前の子どもの中には，大人と変わらないような，死や死ぬ
ことについての概念をもっている子どももいるというのは周知の通りである。
子どもと災害の影響について話し合う（または，話し合わない）とき，この理
解力という点で，個人差があるということを覚えておく必要がある。幼い子
どもたちの理解力は発達していくので，その上達した理解に応じて，外傷的
出来事について，さらによく理解するために，問題となる事柄へと遡って考

えることが必要となる。

　子どもがPTSDを発症したとき，それが直ちにわかることがあるが，ある一定の症状が表面化するまで時間がかかる場合もある。したがって，親や教師にとっては，支援が必要になりそうな子どもに適切な配慮をするためには，どのような子どもが最も影響を受けやすいのか，ということを理解しておくことが非常に重要なことになる。

　①生命が危機的状況にさらされた子ども　　このことについては，米国カリフォルニア州クリーブランド小学校で，1989年に発生した銃乱射事件（子ども5人を射殺し，32人にけがを負わせた末に犯人は自殺した）によって説明される。個別的なアセスメントの結果によると，運動場で一斉射撃に巻き込まれた子どもたちが，最も影響を受けたという。次に，校舎内にいて，直接危険な目に遭わなかった子どもが中程度の影響を受け，その日学校に出席していなかった子どもたち（3分の1の子どもが，学校の計画的ローテーションにより登校していなかった）は，わずかな影響ですんだ。しかし，これには例外があった。妹を運動場に残して，別の場所にサッカーをしに行った男の子は，その後，ひどい罪の意識に苦しんだ。

　英国の客船「ジュピター（Jupiter）号」の沈没（1988年，約400名の子どもが被災し，51.5%がPTSD発症）で，生き残った25人の少女が在籍するある学校でも，同じような症状の段階的変化がみられた。船での旅行を希望したにもかかわらず，その希望が受け容れられなかった少女たちは，全く船の旅に関心を示さなかった少女たちよりも影響を受けていた。それから，不安や抑うつ感情の程度に関して，危機にさらされたことと，その後の影響に関連性が見出された。しかし，沈没事故に巻き込まれた少女たちだけは，船や溺れている人，そしてそれに関連したことに対して恐怖感を増大させていた。

　②人間の死，大虐殺の目撃者　　たとえば，大惨事の生存者は，自然災害による被害よりも，人為的な，あるいは意図的な被害の方が，不運にも，より大きな影響を受ける。どちらにせよ，重傷を負った人，あるいは殺された人を目撃した子どもは，重い苦痛を背負い込むことになる（註：2001年の大阪府の小学生大量殺傷事件にもみられるように，重傷を負った子ども，目撃していた子ども，

そして亡くなった8名の遺族らには，それぞれに深く重い悲しみが襲った)。

③不安定な家庭環境で育った子ども　実験的な研究で実証されたわけではないが，情緒不安定，あるいは不安定な家庭で育った子どもは，家庭が安定し，支えのある子どもよりも，より苦痛を感じ，またそれが長く続くようである。

④知的に遅れている子ども　知的に高い子どもは，起こった出来事に対してすぐれた理解力を有しているので，影響をより受けやすいと思われるかもしれないが，最近は，知的に遅れている子どもの方が，逆に影響を受けやすいということが示唆されている。

⑤性差　とりわけ男児よりも，女児の方の割合が高い。

これらの影響を受けやすい子どもに対して，万が一災害が襲ったとき，これらの因子は，特別な配慮が必要な子どもを見分けるのに役立つものと思われる。

（3）症状の重症度と予後

ラファエル（Raphael, 1986）によれば，被災して1年以内は，被災者のおよそ30〜40％が何らかの心理的障害をかかえており，2年目でもその症状が続く人もいるという。人的災害によって強いショックを受けた被災者では，その30％以上に重度の病的レベルが持続しているともいわれる。

ホロヴィッツら（Horowitz et. al., 1980）は，圧倒的なストレスにさらされた後に，PTSDに陥った人々の症状の測定基準を詳細に作成した。彼らは，パーソナリティ障害の症状を有している人が，より重度な症状をあらわしていたことを報告している。彼らは過去にトラウマ体験を有していることが多い。

心的外傷に対して，不健康な心理的反応が早期に出現した場合，これはPTSDの予測因子となりうる。したがって，災害直後の精神状態を評価するスクリーニング検査をすれば，リスクの高いケースを同定することは可能である。これに加えて，以前の精神的機能障害の有無などの個人的リスク・ファクターや，災害によるストレッサーの強度などを組み合わせると，さらに確率の高い予測が可能となってくるといわれる（WHO, 1992）。

PTSD の重症度に関しては，外傷のタイプ，その強さと期間，個人の病前性格，外傷時およびその後の社会環境に影響される。たとえば，人的被害の方が，自然災害より重症になりがちであり，事件・事故後の社会的支援の存在が症状を緩和するという（宮地，1995）。

ある PTSD のエピソードを経験した者は，別の PTSD のエピソードに陥る危険性は明らかに高い。外傷にさらされるということは，非常に長い期間の結果，症状をうみ，その症状は固定的で長引くといわれる（Solomon，1990）。早期の治療的介入は，しばしばクライエントの PTSD 症状の悪化を防ぐことになる。

(4) ストレス要因

災害体験などのさまざまなストレス要因を，被災後の病的状態と並行して調べると，これらの要因が病態の発生やその程度にどのように関与しているかがわかる。「脅威や喪失などストレスの要因の強さと，その結果生じた病的反応の強さとの間に歴然たる相関関係がある」ことを，まず留意すべきである。

個人的な災難でも集団災害でも，支えとなるような継続的な人間関係と，その災害体験についての気持ちを分かち合える機会の存在が，病的な作用を緩和することになる。子どもの場合，家庭が機能していることと，親側の適応と感情面での支えが，心的外傷の体験とそれに伴う生活の変化への適応を促進するうえで重要であるといわれる（Raphael，1983）。

(5) 症状に影響を及ぼす心理的因子

ローファーら（Laufer et al., 1985）は，戦闘後の PTSD について，客観的な状況の激しさよりも，本人の叙述する主観的意味づけを重視すべきだと主張している。同様に，フォアら（Foa et al., 1989）も，実際の脅威よりも，知覚された脅威の方が重要であると強調している。つまり，「自分の意志による行動のコントロールが全く不可能な状態」と「全く予測不可能な突発的な災害，事故状況」の程度によって症状の重篤さは変わってくるのである。たと

えば，同じ性被害でも，思いもよらない自宅で，絶体絶命の中で遭遇すれば，PTSD に高頻度に結びつくという。マクファーレン（McFarlane, 1999）が報告する全盲者における PTSD の事例は，信頼していた男性による性被害，安全なはずの横断歩道での交通事故，隣人からの暴力行為が，それぞれ契機になっている。

その当人が「いかなる状態でその状況を体験し，受けとめたかという心理的意味」が症状に大きな影響を与えている（Wilson et. al., 1985）。

(6) 被災・被害前の諸要因

ホテルの空中回廊が崩壊して 114 人の死者と 2,000 人の負傷者が出た事故では，被災者だけでなく，惨事の目撃者や救急隊員にまで症状が及んでいたといわれる（Wilkinson, 1983）。ヴェトナム帰還兵の PTSD では，激烈な戦闘を体験した者ほど発症しやすく，残虐行為への参加・目撃が特に発症に結びついていると報告されている（Grady et al., 1989）。

犯罪の被害者を調べたキルパトリックら（Kilpatrick et al., 1989）は，PTSD を発症したグループとそうでないグループを比較した結果，前者には生命への脅威，身体損傷，完遂された性被害が有意に多かったことを立証した。ワトソンら（Watson et al., 1988）によるヴェトナム帰還兵（PTSD）の病前調査では，病前の行動異常が事件を引き金に PTSD に発展したとする見解を否定している。また召集前の社会適応や犯罪歴，軍隊内での適応でも有意な差はみられなかった。

ベルら（Bell et al., 1988）は，北アイルランドで，暴力行為や人質などの事件後に PTSD を呈し，訴訟になっている事例を調査した。「社会階層，職業的地位，宗教，子どもの数，精神科的家族歴，人生早期の親との離別，精神科的既往，病前の性格異常，夫婦関係，飲酒歴，勤務態度，知能水準など 12 の条件」において有意差はなく，どんな人間が PTSD にかかるかを予測するのは困難であるとした。1985 年のメキシコ大地震後の PTSD でも，ほとんどの発症者はそれまで全く正常な生活を送っていたという（角川, 1988）。

年齢については，ソロモンら（Solomon et al., 1987）が戦闘員の PTSD に 33

歳以上の既婚者が多いと報告した。しかし，生活上，責任を感じなくてもすむ世代がPTSDに無縁なわけではない。子どもの例として，殺人や自殺の目撃，戦乱，近親相姦などが契機となったPTSDが観察されている。

以上のように，病前の社会適応の悪さや人格の問題にのみPTSDの原因をおく考え方は，確固たる根拠を得ていない。したがって，このような状況に陥った場合，だれもがPTSDになる可能性があり，病前の健康状態に有意差はないと報告されている。

(7) 出現率と発症の時期

米国では一般人口の約1％がPTSDの既往歴をもつとされる。通常の災害や事故で一般病院に入院している被害者は，半年後に1〜4％の割合でPTSDの症状に苦しむという。事件，事故後の「精神的ショック」の状態で裁判沙汰になっている場合，事情聴取や喚問など（二次受傷）により，フラッシュバックが生じ，通常のPTSD出現率の約6倍（23％）になるといわれる。

1997年に2度にわたり鹿児島県北西部で発生した震度6弱の地震による子ども（小，中，高校生）のPTSDに関する調査（久留ら，2002）では，大地震から3か月後をピークに（10.2％のPTSD出現率），その後，6か月後には4.5％，1年後には3.1％と減少を続け，1年6か月以降は1.8％にとどまった。

また，PTSDの特徴として精神科的治療の遅れが指摘されている。米国でも交通事故後にPTSDに苦渋する人間が精神科を訪れるまで，平均29週を要しているといわれている。

(8) 社会的・法的問題

PTSDの多くは慢性化しやすい。たとえば，戦争捕虜や戦争体験者は，戦争が終わった後もその症状に苦しんでいる。補償の問題に関しては，わが国における心の傷に対する認定基準はいまだに不十分な状況にある。

特に法的係争は，PTSDに苦悩する人間を矢面に立たせ，苦痛な過去の事故を強制的に再体験させ，苦しめる。PTSDが法的な論議にもち込まれた場合，よく問われるのが以下の点である（森山，1990a）。

・病前のパーソナリティの問題が問われるが，発症前，多くは健康な生活を送っていることが確認されている。したがって，だれもが PTSD になりうる。

・事故と症状の因果関係の判断が困難になるのは，発症遅延（出来事から6か月以上経過）の PTSD や，発症してから受診するまで，長期間を経過している場合である。PTSD は被害に遭ってしばらく経過した後に発症する点も因果関係の分析を困難にさせやすい。PTSD の症状がみられれば，「何か」トラウマとなる出来事を体験していることが推測される。

・詐病が疑われることがあるが，これは，PTSD 症状の動揺性と解離症状の存在が知られていないためである。PTSD の複雑な症状を長期にわたって故意に創出し得ることは，まず不可能である。

・補償と症状の関係については，十分な補償がある環境においてさえ PTSD は起こり，職場復帰の時期も裁判の継続とは無関係であるといわれる。

・障害の程度の認定について，労働能力の低下や心の傷の程度の測定が問われるが，体の傷と同様，心の傷に対しても同等の価値観を考慮する必要がある。

(9) 被災者，被害者の心理的状況

被害に遭うと，自分以外の人に対して，「敵か，味方か？」という見方をしやすい。「この人は，本当に信頼していいのだろうか？」という感情が真っ先に湧いてくる。目にみえない心の傷をもつ彼らに対して周囲の理解が得られないと，他者は「敵（The rapist）」にみえ，攻撃が向けられることもある。心に傷を受けた苦しみ，痛みを心の底から理解してくれる「味方（理解者：Therapist）」を得たとき，心の傷は癒されていくように思われる。PTSD の症状をもつ人間をとり巻く周囲の人々の深い理解は必要不可欠である。したがって，心理支援的接近において，受容的で共感的なかかわりを一層重視すべきである。

第8章　心の傷を受けた人間の理解　　*177*

第9章

被災者・被害者への心理支援

第1節　PTSD の心理支援

(1)「想う」こと―共感的理解の礎

　筆者（餅原）は，相手にかかわるとき，傷や病い，障害だけでなく，その人の健康な面にも目を向けるようにしている。つまり，相手の心の中にあるやさしさや思いやり，苦境と対峙しようとする力を育むのである。本人にとっては，みえない面，感じられにくい面かもしれないが，かすかでも，その人の健康な面を感じようと努めている。そうすると，人は変わっていくのである。人間にはPTG（外傷後成長）という力がある。人としての強さや，たくましさ，他者との豊かな関係，新たな可能性を見出し，魂（精神）の変容や，「生きる意味」の確立へと向かう人格的成長のことをいう。人は，どんな極限状況の苦境の中でも，それとともに生きていく強さをもち，以前の自分以上の成長をしていくのである。

　大切なことは，「相手にとって」どうあればよいのか，それを「想う」ことだと思う。自分にも相手にも，「愛情」と「尊敬（大切に想う心）」をもちつづけることだと思われる。そして，どうしてよいのかわからないときは，その「自分の気持ち」を相手に伝えてみること，そうすると相手とわかり合えるように思われる。まずは，自分がすべきことを精一杯することであろう。

　現代はスピードの時代である。しかし，スピードは人間のみずみずしい感性や感覚を麻痺させることもある。ややもすると，心傷ついた人が自分の気持ちを伝える機会をも奪いかねない。また，傷ついた気持ちを簡単に癒せるような魔法の「技法」があるわけでもない。技法は，ややもすると人の心を

見失い，人を操作し，対象化するモノにしてしまう。すると，クライエントはこのことをいち早く感じとり，気づいてしまい，本当の気持ちに蓋をすることもある。まず，胸襟を開いて語りかけ，言葉に耳を傾けようとする「心」が求められる。

　心に傷のある人々にかかわる者は，生から死に至るまで，その心に真摯に寄り添い，時には，その心をとりかこむ周囲と対峙し，融和していくことが求められる。そのためには，聴く側に，つよさや余裕が必要となる。相手の気持ちの文脈に添って聴き，相手の発する言葉によってその気持ちを聴くことが大切である。たとえば硬く口を閉ざした蛤を海の水に近い塩水につけたとき，自ら自然に口を開くように，人間の心にもそのような雰囲気が大切である。聴く側が，あるがままの透明な気持ちでいること，そして相手にもそれが感じられたとき，自ずと心を開いていくように思われる。

　人は傷つきながらも自己を実現しようとする。心の傷の回復に際しては，過去を受け容れ，自分自身を受け容れ，他者との関係を新たに築きあげることが新たな人生の出発に紡がれていくのである。忌まわしい出来事により，傷ついた心に共感しつつも，残された健康な面を豊かにしていくことで，クライエントは自分自身をまるごと受け容れていく。その結果，次第に健康な面がより開花し，クライエント自身もそれを実感し，忌まわしい出来事の記憶とともに生きていく力を獲得していくのである。

　心の世界にあるオアシスのような，健康で人間的な，それゆえ了解できる側面（健康な面）へのかかわりは，たとえ心に深い傷があったとしても，その人間の心の中にある，やさしさや思いやり，苦境と対峙しようとする力を育んでいくものと思われる。

　真に精神的健康を実現していくということは，直面した苦悩を解消することになるのではなく，その苦悩とともに歩むことにある（早坂・上野，1968）。忌まわしい出来事による心の傷をあるがままに受容し，その記憶とともに生きる中に，精神的な豊かさと自由を実現する，人間の可能性が開かれるのである。

(2) ポスト・トラウマティック・カウンセリング

心理療法を実施する際，家族は支援者であるとともに間接的な被害者であるという二重性を有している点に留意する必要がある。また，事故の被害者だけでなく，家族への社会的な支援も忘れてはならない。さらに，心理支援の際，異文化の人間に対する配慮も必要である。

現在（認知）行動療法においては，EMDR（眼球運動による脱感作と再処理法），曝露療法（持続エクスポージャー療法ともいう。トラウマ体験への記憶に直面を促すこと）が推奨されているが，この方法は，軽度の再体験症状や不安反応，睡眠障害には有効であるが，症状が重く，収縮した感情や回避行動にはあまり効果がないといわれる。いわゆる諸刃の剣的側面があり，かえってフラッシュバックが生じ，症状を悪化させることもある。

子どもの場合，トラウマの心理療法を繰り返し行う必要がある場合もある。自我の発達に伴って，それに応じた再確認とストーリーの構成が必要になってくることもあるからである。外傷的体験の再現による痛みに，自我が十分に耐えて現実適応していくには，少なくとも思春期以降までのサポートと適切な治療が必要である（奥山．1997）。

遊びの中でトラウマが再現されることを，ポスト・トラウマティック・プレイという。これを心理療法に用いたのが，ポスト・トラウマティック・プレイ・セラピーである。これは，秘密が十分に守られるといった安心感を子どもが感じることができたときに有効になる。したがって，ポスト・トラウマティック・プレイが可能になるためには，そうした感じを子どもがもてるような治療環境を整える必要がある。子どもがポスト・トラウマティック・プレイを始めたならば，心理支援者は子どもの様子を注意深く観察し，タイミングをみながら適切に介入する（ギル．1991）。

トラウマを受けた子どもは，トラウマとなった出来事を強迫的ともいえるような形で繰り返し再現することによってそれを克服しようとするものである。こうした行為を，フロイトは「反復強迫」と概念化している。テア（Terr．1990）は，トラウマの再現はプレイのテーマとして生じるとともに，行動上の表現という形でもあらわれ得ると述べている。この再現は，普通，無意識

の所産であって，子ども自身がその意味を理解していないこともある。いくら止めようとしても，トラウマになったことが勝手に頭に浮かんでくるのだと述べる子どももいる。また，子どもの中には，トラウマに関する記憶が全くなく，その出来事に関連した感情一切をかたくなに否認する子どももいる。トラウマに至るプロセスについて適切に向き合っていく方法はさまざまである。子どもによっては，自分がどのように感じており，どんなことを心配しているかを話し合うことができ，また自分の経験した出来事について率直に質問してくる場合もある。

　子どもにとって遊びとは，コミュニケーションの道具である。したがって，通常のプレイ・セラピーの場面でも，展開される遊びは，子どもが心に秘めている不安を明らかにし，棚上げにされていた感情を解放する絶好の機会となる。子どもは「克服感」を獲得し，自分自身に力をつけることが可能となる（ギル，1997）。チェシック（Chethik, 1989）が指摘しているように，「反復的な遊び，それに対する参加者 – 観察者である心理支援者のコメント，そして子ども自身がそこに見いだす新たな解決方法などによって，子どもは，過去において自分を無力な状態へと追いやった出来事を消化することができる」のである。

　ポスト・トラウマティック・プレイ・セラピーの終了は，子どものプレイの質の変化でそれとわかることが多い。トラウマ体験の再現，解放，再統合を中心に展開していたプレイが，年齢にふさわしい遊びへと変化していったとき，トラウマのプロセスが一定の終了をみたのだと判断される。子どもによっては，それを自分で宣言する子どももいる（西澤，1999）。

　1990 年以降，筆者（久留，1990）らは，人間学的心理療法の立場に立脚しつつ，さまざまな事件・事故，災害に巻き込まれた人々の心理療法を試みてきた。彼らから得られた**ポスト・トラウマティック・カウンセリング**のポイントを要約すると，次のようになる。

　①**実際にどのような事件・事故・災害状況であったのかを，あらかじめ慎重に分析し，理解しておくこと**（本人から直接聞くことは，再体験を煽る危険性がある）

②次に，事件・事故・災害後に抑制されていた感情を，受容的，共感的関係の中で解放すること（心理療法による自己表明の促進：本人が言いたくないことを無理に聞き出したり，表現させることは危険である。本人自らの表明を待つことが大切）

③最後に，現実を再構成し，被災者，被害者の未来に対する「生きる意味の」確立をすること（本人の未来が明るく展望できるような精神的，経済的，環境的配慮などが確約されていること）

まだ，だれにも相談できず，一人で苦渋の毎日を過ごしている人もいるかもしれない。しかし，いつか心の傷が治りかけるときがくる。それは，だれかに話したいというときのように思われる。信頼でき，心を許せるだれかに話すことで，過去のわだかまりを収めていく。身体の傷が治っていくように，心の傷も瘡蓋（かさぶた）がとれていくのである。

いかに心に傷が遺ろうとも，その人自身の「健康な面」は，生きているし，自分らしい輝きを取り戻そうとしていることを忘れてはならない。

(3) 現状からの反省と展望

身体や財産の損傷だけでなく，心に傷を受けた彼らの苦悩，悲しみは苛酷で悲惨である。絶望感にうちひしがれる人々に対して，治療や支援のルートもないという悲惨な状況にさらしてはならない。

「被災者自らが苦痛や苦悩を自然に表明し，訴える場合を除いて」，マスコミの取材などにしばしばみられるような，執拗なインタビューは厳に慎むべきである。今は触れられたくない心の傷を，さらに深く傷つけることになる。また，リサーチのみに視点をあてた一方的なアンケート調査も控えたい。生死をさまよい，ようやく救済されたサバイバルの体験を，ただ興味津々に聞き出すことは，慎みたいものである。

さらに，一部のPTSDに苦悩する人間は，その症状が多年にわたり，慢性の経過を示すことがあるので，治療や支援においては長期的展望に立つ必要がある。また，「グリーフ・セラピー」「自助グループ」などによる「癒し」の場を設定し，長期的に集団的援助をする必要もある。

今後の展望として，行政側の取り組みはもちろんのこと，PTSDに対応で

きる専門家の協働・連携と支援スタッフ（医師，臨床心理士・公認心理師といった心理支援者，看護師，保健師，ソーシャルワーカーなど）の養成が早急に求められていることはいうまでもない。

　森山（1990）は，PTSDに苦悩する人間は，青天の霹靂の事故で打ちのめされ，<u>治療医</u>ではなく<u>検査医</u>によって虐待され（Modlin, 1983），法律で軽視されたあげく，家族や友人からも，愛想づかしをされていく。そうした悲惨な状況におかれている人間に手をさしのべ，さらなる研究を進める責務をわれわれは担っている，と意味深い言葉を述べている。

第2節　心の緊急支援

(1) 緊急支援のポイント

　筆者らは数々の事件・事故・災害時における心の**緊急支援**に携わってきた。それらの経験に基づき，その緊急支援のポイントをまとめる。

1) 災害発生時の情報収集

　あらかじめ，事件・事故・災害状況の情報を収集しておくことである。緊急支援の可能性を想定し，発生時の情報を可能な限り集める（ニュース映像の録画，新聞，出版物など）。そうすることにより，緊急支援に入った際，当事者に直接質問することなく（フラッシュバックを煽らない，負担をかけない），支援に入ることができる。

2) 想像すること

　まず，支援する場所がどのような状況であるのか，「想像」する。支援する側の主観，解釈でなく，現地にいる人々の気持ちを精一杯，想像することが重要である。これまで収集しておいた資料から，現地に関する情報（被災状況，家屋・建物の倒壊や損壊状況，死者や負傷者，避難所の状況など）を整理する。次に，現地の「方言」「文化」などの情報を収集する。初めての地へ行く際，受け容れる側としては，「よそ者」という感覚が生じることがある。これらはラポールづくり，関係づくりのきっかけになるであろう。またそれは，相手が自ら「出来事」について話すことを大切にできる。

3）被災地への問い合わせは最低限に

現地はマスコミ等が殺到し，支援する側への配慮まではいきつかないことが推測される。現地への問い合わせは最低限にし，臨機応変に柔軟に対応できるよう，相手にとって役に立つであろう，想定できる限りの準備をしておくことが重要である。

4）準備するもの

①宿泊が予測される場合　洗面用具，タオル，ヨガマット，最小限の着替え。水がない可能性もあるため，ドライシャンプーや消臭・除菌剤（水なしで洗濯可能），アルコール（消毒用），カイロ，ヒモ（木や竹があれば机やいすも作成できる），ロープ，軍手（支援不要の際は草取りやかたづけができる），ビニール手袋（トイレ掃除も可能），コップ，ビニール袋（大・中・小），輪ゴム，セロテープ，鍵（セキュリティ用），携帯電話，デジカメ等の充電器，電池，など。ゴミになるものは持参せず，現地でのゴミはすべてもち帰る。

②現地用　名札，笛（防犯，救助を求められる），水筒，チャックつき肩掛けショルダー。A4判1枚程度の簡単なガイドラインを用意しておく（状況に合わせて変更できるよう，USBメモリ等も持参する。また，「言葉遣い」には最大限の配慮をする）。

③服装　インナーを着替え，上着はできるだけ同じものを着用するとよい（顔を覚えてもらいやすい）。あえて，腕章はつけないほうがよいこともある（「心理」支援という言葉に抵抗を示すこともある）。また，被害・被災状況を想像し，服の色も考慮する（赤＝血の色，黒＝恐怖などのイメージを持ちやすい）。

5）当事者に会う前に

当事者への「質問を最低限」にするため，当事者に会う前にあらかじめ被災現場へ行き，把握しておく（当事者はどこに，どんなところに住んでおり，どんな被害状況だったのか，など）。その際，地図やメモ帳を持参したい。撮影は最低限（引継ぎ用）にする。いわゆる「瓦礫」は，当事者にとって，大切な宝物であるし，プライバシーのあるものである。一つひとつのモノには，意味がこめられていることを想像することが大切になる。

第9章　被災者・被害者への心理支援　185

6）謙虚な心

マスコミ担当者と連携する。興奮している状態でインタビューを受けると，その後，後悔の念を抱いたり，当事者を知る者から責められてしまうことがある。さらに心理支援者自身が求められているのか，求められていることは何なのかを瞬時に判断し，適切に動くことが大切である。求められていないようであれば，草取り，石ころ拾いなど，当事者の負担にならないよう，気を遣わせないように，状況を察して，できることを試みてみるとよい。

7）求めに応じて

被災者のストレス緩和には，「**できるだけ，いつも通りの日課を大切に。**（困っていたら）**できるだけ，特別に**」の視点が重要である。特別に何かをする必要はない。できるだけ，いつも通りの生活の中で，当事者からの求めがあれば対応し，配慮できるようにする。これは，支援者自身のストレス緩和にも共通することであり，無理なく，無駄なく，長続きできるようなヒントでもある。

8）緊急支援を終えるとき

「Link Book」（だれもがいつでも共通理解し一貫した支援ができるように）を作成するとよい。緊急支援は，チームで活動することが多い。当事者の負担にならないよう，自分の次に支援する人は，どんな人なのか，あらかじめ紹介しておくとよい。また，緊急支援時の毎日の記録（現地の状況，求められていたこと，支援したことなど）を「Link Book」にまとめておきたい。記録することは，**ディブリーフィング**（**debriefing**：話したいときに信頼できる人に話しておくことで，心の負担が軽くなること）の効果もあり，心理支援者自身の心の整理にもなる。

この「Link Book」を作成しておくことで，自分の後に続く人との共通理解と支援の一貫性が保たれ，「Link Book」とともに引継ぎをすることができる。また，「Link Book」の内容は，だれが読んでもよいように記録し，絶えず，更新しておくようにしておくとよい。緊急支援が終わったら，現地の当事者に渡しておく。緊急支援後に支援する人々への引継ぎになることが大切である。これは現地で支援する人々の参考になり，支援する側，支援を受ける側双方の負担にならず，役に立つものとなるであろう。

| Link Book |

　英国自閉症協会設立サマセットコートの例をヒントにしたものである。
・収集した情報をファイルしておくと，連携する支援者が，先方に確認・問い合わせをしなくてすむ（先方の負担をなくすことができる）。
・自分が，相手に伝えたこと（支援したこと）を中心に記録しておくと，支援の一貫性，共通理解ができる。
・日々，変化することを念頭に，絶えず新しい情報を更新する。
・個人情報は最低限に。支援者が去った後に支援する人，すべての人々も共有できる内容にしておくと支援の一貫性と共通理解が可能となる。
　これをヒントに筆者（餅原）は，東日本大震災時の心理支援の際，「Link Book」を作成した。

(2) 重要なこと―「想像」と「創造」

　ある日本臨床心理士会被害者支援部会で村瀬嘉代子会長（当時）は，「でしゃばらず，引っ込みすぎず，求められる臨床心理士に」と述べていた。苦渋する目の前の人々の心を精一杯「想像」し，そして，その求めに応じて「創造的に」安寧の道を見出していくことが大切に思われる。

　村瀬（2011）は緊急支援の際の重要なポイントを次のように述べている。

・事態についての的確なアセスメントをもつ。

・当事者の自尊心，自立心を損なわないように留意する。

・自分が引き受けられることと引き受けられないことを適切に判断することも必要。心理支援と治療（医療）とを即応させていく。

・当事者の気持ち，視点を大切にする。

・新しい技法を適用するに際しては，その効用と限界，適用対象について慎重な検討を怠らないこと。しっかり安定した関係ができあがってから，個別化したその個人に即応したかかわりが始まる。

・支援にあたる人々のエネルギーが枯渇しないように後方支援体制が必要。

・全体のチームワークの活動の展開過程の中で，今はどのあたりなのか，自分はどのあたりにどう動くのが適切なのか，について常に自覚的であること。謙虚に相互支持的でありたい。

第3節　スクール・トラウマとその支援

　「学校」は，全く突然に，火災や，修学旅行での事故，あるいは意図的な暴力事件などの惨事や危機に巻き込まれることがある。災害が「体」や「心」に与える影響をできるだけ軽減するために，「学校」という組織がどのように役立つことができるかを提案してみたい。

　1990年から1992年にかけて，米国の34の州で実施された調査によると，生涯を通してのPTSDの出現率は，7.8％であると報告されている。また，PTSDを発症した人々のうち，60％は，72か月後までには改善するという。一方，その時点，つまり6年後に改善していない場合，適切な治療をその後，受けなければ，症状が遷延するということも示されている。

　英国ロンドン大学精神医学研究所の名誉教授ユールら（Yule et al., 1993：久留訳，2001）は，*Wise Before the Event*（スクール・トラウマとその支援）の中で，PTSDへの「きづき」があることで，その後の対応が潤滑にすすむと述べている。中でも，「学校における防災教育」の啓発は，危機が発生したときのショックをやわらげる。学校組織として，災害直後にすること，短期的，中期的，長期的展望に立った支援体制を確立し，不測事態対応計画を立てておく必要性を提言しているので，以下に紹介してみたい（pp. 190-191）。これは，通常，心理支援者がスクール・カウンセラーとして学校へ派遣された際，あるいは，学校等で心の緊急支援の研修等を実施する際，ぜひ，学校に伝えておくべき重要なことである。英国の学校では，すでに周知されている内容である。

　発達プロセスの段階にある子どもにおけるトラウマ体験は，その後の人格形成に歪みやひずみを生むこともある。教育に携わる者は，「災害が起きる前の智恵（Wise Before the Event）」を有しておく責務がある。

第4節　被災者支援・被害者支援のありよう

(1)「悲しみ」の意味

　2018年に公表されたICD-11には，PTSDに並び，「遅延性悲嘆症」が創設された。他者の感情を識別することは，乳児期早期から可能であるといわれ，「悲しみ」という基本的情動は，2歳頃から理解できるという。オオカミに育てられたという野生児アマラとカマラも，アマラが亡くなったとき，カマラは涙を流し，アマラの亡骸のもとを離れようとせず，一人でずっと部屋の片隅で意気消沈していたといわれている。

　人間にとって「悲しみ」は，人生最早期から感じられる，自然な感情である。ただ，「悲しみ」は，喪失体験を伴うことが多く，それをどのように意味づけるかについては，その個人によってさまざまである。

　「悲しみ」があまりにも強すぎると，防衛反応として感情が麻痺してしまうことがある。2011年の東日本大震災でも，たとえば，悲しいはずなのに涙が出なかったり，淡々と行動していたり，能面のような表情をしている子どもたちがいた。そしてその後，PTSDの症状がみられた。子どもの場合，適切な治療がなされなければ人格形成に大きな影響を与えるという。

　また，発達障害を有している場合，死の意味，喪失の意味を理解できないこともある。亡くなった家族の姿をみて，単に寝ていると思い，起こそうとしたり，悲しい状況をよみとることができず，場にそぐわない言動をしてしまった子どももいた。反面，死や喪失を直截的に受けとめてしまい，過剰反応することもある。トラックが道路を通った振動を地震と思ってしまい，脅えることもある。また，寝ている動物を死んでいると思って，生きているのに，お墓をつくってあげたという例もある。さらに，東日本大震災直後は，すべての放送が震災関連の番組になり，生々しい映像が終日，くり返し流された。その場面を見た子どもが，「津波」「水」「海」にさいなまれている。

　被災された方々のご遺体や，ご遺骨を直接，目のあたりにした場合，「死」の体験があまりにも強すぎて，自分の死への恐怖を強めてしまうこともある

Wise Before the Event—備えあれば憂いなし

＊□はチェック欄。

1）災害直後にすること

□正確な情報を得る（流言飛語に注意する）

□内外の情報を伝達する（緊急時の電話回線，携帯電話の活用）

□問い合わせへの対処をする
（記録を残しておくこと，最新の緊急連絡網を携帯すること）

□保護者への情報提供をする（連絡網の活用）

□マスメディアへ対処する
（マスコミ担当者を決め，報道関係者への説明会を設定する）

□教職員への正確な情報提供を早急にする

□子どもへの情報提供をする
（簡潔に事実のみを伝える。質問には可能な限り率直に答える）

□いつもの日課を忠実に行う

□行政（市町村長）や地区（市町村）教育委員会への情報提供をする
（可及的速やかに行う）

□葬儀へ出席する（葬儀の習慣についての問い合わせなど）

2）短期的展望に立った活動

□子どもと保護者（親）との再会は早急にする

□特定の職員に負担がかからないような支援体制づくりをする
（休息とディブリーフィングの場を提供する）

□教職員の，惨状について話したいという気持ちを認める
（必要に応じ，語り合う時空間を提供する）

□外部の専門家と連携（共通理解）する
（災害が起きる前に，専門家のリストを作成しておく）

□出来事について話したいという子どもへの配慮をする
（できるだけ特定の職員に話せるようにする。傾聴することと，インフォームド・コンセントを大切にする）

□子どもの表現活動（作文，絵画など）を尊重する
（表現活動を無理強いしないこと。自らの自然な表現活動に共感すること）

□災害に巻き込まれなかった子どもたちへの心理教育をする
（「正常」なストレス反応に対する共感的理解を深める）

□災害後の適応について個人差があることを理解しておく
（それぞれのペースを尊重し，個別的配慮をする）

□幼い子どもの反応を理解する
（災害に関連した遊びは，傷ついた心が健康に向かうプロセスである）

□災害による影響を観察し，保護者との連携を密にする
（みえにくいサインを察知する）

□ディブリーフィングによるふれあいを大切にする
（何が起きたのかを明らかにし，それによる正常な反応を共に理解し，支援

の仕方を話し合う）
□共感を示すこと（ガンバレ！など過度の励ましは控える）

3）中期的展望に立った活動

□学校へ復帰するための支援をする
　（普段通りの生活に戻ることが大切であり，勉強は無理のないよう配慮する）
□子どもにあった授業のやり方を探る
□教職員のための専門家の支援を要請する
□教職員は子どもたちを支援する（受容と共感のかかわり）
□子どもたちに対する専門家の治療を実施する（守秘義務の理解）
□葬儀へ参列する（告別の言葉を自由に伝えられること）
□特別集会や追悼式を行う（儀式を行うこと自体に治療的意味があるが，再体
　験の症状を煽ることのないよう，配慮が必要である）
□家族へ十分な情報を伝え，家族が対応できるようにする
　（支援の方法や連絡先などを，あらかじめ最新のものにしておく）
□子どもたちの経過を観察，継続し，PTSD が疑われる場合は，専門家へ繋ぐ

4）長期的展望に立った計画

　どんなに精神的な苦痛に満ち，ストレスフルであっても，外傷的出来事はし
ばしば，それまでの生活習慣や，個人的な志向性や価値観を再検討する機会と
なる。悲惨な出来事は，人々の気持ちを一つにする。学校におけるその体験は
意味深いものがあり，教職員は，その出来事が招いたコミュニティの一体感を，
記憶にとどめておくべきである。学校は，その危機の影響が，何年も持続する
ということを決して忘れてはならない。

□影響されやすい子どもから目を離さない（記録管理システムによる共通理解：
　だれもが子どもについての記録を参照することができるようにする）
□記念日に注意する（重傷を負った子どもや遺族の希望や心情をくむこと）
□死因審問，査問委員会，葬儀の延期，出廷などの法的手続きについては十分
　な配慮をする（フラッシュバックへの配慮が必要）
□話の顛末が変わることがあることを理解しておく
　（罪の意識や他人を非難する気持ちが交互にあらわれる）

5）不測事態対応計画

　学校内の教職員全員が，自分たちが，自分のこととして，この計画の一員で
あると理解することが重要である。職員会議や職員研修会を，この計画（編成
など）に費やすことは，重要なことである。危機的出来事が発生した際，任務
についての説明を待つことなく，自ら的確に行動に移すことが可能になる。

□起こり得る危機を予測しておく（危機意識をもつ）
□適切な支援機関と支援者を選択し，問い合わせ先（住所，電話番号，メー
　ル，担当者など）を明確にしておくこと
□危機が発生した際，対応の遅れやそれ以上の損害を避け，できるだけ円滑に
　展開するよう，具体的行動の実施計画，責任の所在を割り振っておく

（たとえば，不潔恐怖，確認恐怖など）。また，ささいなことで，「死ぬのでは？」「死んだらどうなるの？」と不安を訴える子どももいる。

このように「悲しみ」を適切に感じ得なかった子どもは，心に深い傷（トラウマ）を遺すことになる。

(2) 被災者支援の実際

事例―「家」と「家族」をなくしたＳ君

土石流によって家と家族を一度になくしたＳ君は，毎日，花束とお線香があげられた，鉄骨のみ遺った家の絵を描き続けた。そのうち，絵だけでなく，砂場やおもちゃを使って，その現場を何度も再現していた（再体験）。再現していたときの表情は無表情であった。また，これだけ絵や物で再現しているにもかかわらず，言葉では，現場でみたことや，亡くなった家族のことは一切表現しなかった（回避）。

被災現場（家）の絵を数か月，描き続けた後，彼は，山を描き始めた。その山は，火山が多く，爆発している山も多くみられた。反抗や反発，攻撃性などはみられなかったが，絵を描く以外，集中力は続かず，絶えず，動き回っていた。天気予報（雨天）や些細な物音にもひどく敏感に反応していた（不安と覚醒の亢進）。

約２年にわたり，Ｓ君の自宅で，**アウトリーチ**（積極的にクライエントのいる場所に出向いて働きかけること）として心理療法（**ポスト・トラウマティック・プレイ・セラピー**）を試みた。心理療法の経過の中で，被災現場の絵から，「ガードレール（防御柵）」の絵に変化し，その後，終結時には，「朝日」の絵に変わっていった。この頃にはPTSDの症状も軽減し，自分の夢に向かって歩み始めた。今，Ｓ君は立派な青年になっている。

このＳ君に対して，心理支援者として自分ができることを模索しながらのかかわりだったが，小手先の技術を身につけるよりも，このＳ君が今，何を思い，何を求めているかを「想像」しながら，「創造」的かかわりを見出すことがもっとも重要であることを学んだ事例であった。

トラウマを被った子どもは遊びの中や会話の中で，心の傷となった体験を表現することがある。しかし癒されていくためには，心理支援者との信頼関係が必要である。なぜならばトラウマを真に表現することは，そのときの感

情の再現になり，痛みを伴うので，その痛みに自我が耐え得るように心理支援者が支える必要があるからである。つまり一般には，発達上の問題に対応しながら信頼関係を築いていく中で，トラウマは表現され，癒されていくことが多い。子どもの自我のレベルと心理支援者とのかかわりによって支えられるレベルを，考え合わせていく必要がある。無理に子どもの傷に踏み込むと，かえって傷を深める結果にもなる。表現しても安全であることが伝わるかかわりづくりが求められている。

　トラウマが表現され，心理支援者と分かち合うことで，過去の記憶として整理され，自分でコントロールできるようになる。整理されていない記憶は突然現在によみがえってコントロールできないことがあり，その不安を避けるためにそれを思い出させるものに近づけなくなったりするのである。しかし，被災者・被害者の表現はあいまいで実際に起きた事件・事故・災害をつかみきれないことが多い。心理支援者は何が起きたかを正確に追求するのではなく，被災者・被害者の感情に寄り添い，言語化を助けることで整理を促すことが大切である。そのときの感情を言葉にすることを助け，それが過去の出来事で，現在の危険はないことを確認していく作業が求められる。また，子どもの場合，ある程度大きくなって真実を知りたいと思ったときには，自分からその真実に到達できるように支えていくことが重要である。

　トラウマが表現されるときは，心理療法にとって重要な場面である。自己開示があった後は，不安から精神的に不安定になることも多いため，周囲の人々にその可能性を告げて支えてもらうことが必要になることもある。心理療法の中で語られたストーリーを本人が秘密にしておきたいときには，できるだけそれを守る必要がある。しかし，秘密にしておくことで危険が予測されるときには，被災者・被害者の了解を得て，あかさなければならないこともある。

　以上のように，トラウマを受けた被災者・被害者の辛さを心理支援者と分かち合い，過去の記憶として整理し，自分をコントロールできるようになることが外傷体験への対応の基本とされている。ただ，ここで留意すべきなのは，心理支援者との真の関係が成立していること，その被災者・被害者自身

に，それに直面できる強さとゆとりが育っていることが必要条件である。ト
ラウマを乗り越えるには，自分は他者から受け容れられ得る存在である，と
実感し始めることが必要である。さらに，心の傷をそっと包み，時熟を待つ
センスが望まれる（村瀬，2001）。

東日本大震災による被害を被った地では，モノは奪われても，人としての
大切な「まごころ」は失われていなかった。子どもたちは健気に「自分の花」
を懸命に咲かせようとしていた。

人間は，たとえ傷つけられ，侮辱され，損害を与えられても，生産的に暮
らしている過程そのものが過去の傷を忘れさせていく。生み出す能力は，人
間を豊かにしていくのである。

心理支援者として，「未知」へ創造的に成長していくと同時に，一方で，
「既知」への問いも不可欠である。PTSD症状についての理解も重要であり，
さまざまなガイドラインやマニュアルも参考資料となるが，大切なことは，
「今，ここにいる」一人ひとりの被災者・被害者（具体的個人）の理解を目指
すことである。目の前の被災者・被害者の心の微妙な動きを，表情，仕草か
ら読みとり，心の世界を「想像」しながら理解する心理支援が重要である。
つまり，心理支援者は，現象に対する謙虚さを常に大切にしていきたい。

(3) 犯罪被害者への心理支援

筆者らが1990年以降，警察，被害者支援センター等との連携・協働でか
かわった犯罪被害者の事例から，以下の点が見出された。

①**被害者は，トラウマ・PTSDについての専門的心理療法を求めていた。**
通常の心理療法では悪化の危険性がある。

②**被害者のみならず，彼らをとりまくキー・パーソン（家族，友人，警察官
等）への心理療法，心理教育（症状の意味とその後の経過を伝えておくこと）
が不可欠である。**

可能な限り，心理療法は複数で担当するのが望ましい。一人は，被害者本
人の心理療法等を実施し，出来事については，本人からは聴取しない。相手
を尊重し，少しでも気持ちが安らぐことを目的にかかわる。もう一人は，キ

ー・パーソンへの心理療法，心理教育を実施する（周囲が健康で，被害者の最大の味方になることが，回復力を促進する）。

③被害者や周囲へは，感情の波（不安定さ）があることと，今後の症状の経過について専門的知見から伝えておくと，「予測不能」の状況を防ぐことができる。

被害後の症状は「あたりまえの反応である」こと，その反応が今後どのように変化するのかを伝えることは，安心感につながるものと思われる。

(4) 被災者支援・被害者支援に求められる基本姿勢（人間哲学）

被災者支援・被害者支援に求められる基本姿勢として，まず，人としての尊厳性を重視することである。心底から，かけがえのない大切な人という姿勢で相手を迎え，少しでもほっとできるような雰囲気（面接室の構造や人としての美質など）をかもし出すことが大切である。

また，感じたこと（溜息のときもある）を言葉にして伝えてみる。たとえば，言葉にならない気持ちになったら，その気持ちを伝えることである。一部分は傷ついていても，やさしい面などは傷ついていないこと。そして，相談に来るということは，「少しでもよくなりたい」「変わりたい」と思っている証拠であること。その気持ちを尊重し，かかわる姿勢が大切になる。わずかでも未来に光がみえてくるように，相手の心に寄り添うことである。

村瀬（2011）は，「人として遇する姿勢」「アセスメントを適切に行い，対象のニーズに合わせて柔軟にかかわる。理論や技法の適用と禁忌について留意する」「人間にとって，他者から支援されるということは，内心の痛みを伴うことであることを（外見の現れ方とは別に）心に留めておく」などをあげ，社会からの臨床心理学への期待として，「人としての尊厳が保たれ，できるだけ侵襲性が少なく，かつ主体性を損なわれることのない少ない援助のされ方を求めているであろう」と述べている。

さらに，以下のように提言している。

災害や事件は待ったなしに起こる。考えてから行動に移すというよう

に事情が許さず，支援活動は考え模索しつつ行動する，行動しながら考えるという場合が多い。常時からの研鑽が望まれるゆえんである。そして，平素からよい人間関係を積み重ねて持っていることが大切である。

たとえば，伝統的心理臨床のアプローチを熟知しながらも，自分の負える責任の範囲を考えつつも，目前の必要性に応じて，新たな心理臨床のパラダイムに添う動きをする柔軟性と勇気が求められる。さらに，支援の押しつけにならないように，個別化した関わり方を編み出していかねばならない。そして，相手の自律性や自尊心を大切にし，いたずらに支援者主義で，「頑張る」ことを求めるのではなく，そっと傍らにある心地でその生活が回復するのを待つ関わりに求められる敏感さと現実性が必要である。そっと寄り添って，出過ぎずにを忘れない……。

被害者支援とは，対象領域が広く，ことがらの全体を理解し，関係者と協働的に現実的に動くには，関連領域はもちろん，幅広く深い知識が必要になってくる。(中略) 広がりを持つ深い課題に関心をもちながらも，偏らない良識あるバランス感覚を維持することが肝要であろう。

不慮の被害に遭い，戸惑い，怒り，悲しみ，苦しむ隣人にそっとさりげなく手をさしのべるという惻隠の情を元にするのが被害者支援である。そもそもは，人の不幸に端を発する営みであることを常にこころに留め，研鑽を怠りなく謙虚でありたい (村瀬, 2011)。

人との関係において深く傷ついた当事者と支援者が人として出会う時，技術や専門性を問わず，最終的に人を癒すものは，想像と共感の限界性を知る謙虚さと，ともにあることと，そのときのつながりの感覚なのだと思う (白川, 2002)。

(5) 欧州における被害者支援

以下に，一部ではあるが筆者らがトラウマに関する研究の科学研究費にて2010年，2014年，2017年に訪欧したときの記録を，所感も交えた形で紹介する。欧州の被害者支援について，わが国も大いに参考にすべき点を見出してほしい。

チェコ／プラハ：BKB（Bily Kruh Bezpečí；安全の白い輪）

　第二次世界大戦の大きな戦火に巻き込まれなかったプラハは，美しい古都をつつむ伝統，ロマンティックな雰囲気の中，公園でくつろぐ市民の穏やかな姿が印象的だった。

　1990年頃から，「被害者」に注目が向けられ始め，警察官や裁判官など8名が集まり，BKBが設立された。名称も，日本のような「（犯罪）被害者（支援センター）」といった用語は使用せず，「安全の白い輪」という名前から，純粋で安心できる人々の輪で支援していこうという人間観を感じた。

　最も驚いたのは，約200人のボランティアが，現職の警察官，裁判官，検察官，弁護士，医師，ソーシャルワーカー，臨床心理士等，その領域に熟達した専門家であることだった。ボランティアの研修の中心は，「一人の人間として，何ができて，何ができないかをわきまえた『人』として」活動してもらうことを強調していた。相談する側は，組織やシステムを求めているのではなく，「人」を求めている。筆者らのケースでも，実際，組織やシステムはあっても，被害に遭われた方の中には，直接，私どもに支援を求めてきている。「人を知り，相手から受け容れられる力」の大切さを強調しているようであった。

　BKBの哲学として，「これ以上，（被害者にとって）なくすものがあってはならない」という信念で活動している。また，二次被害を生じないように相談する人の自己決定，自己選択を大切にしている。たとえば，「心理支援者である前に，『一人の人間』であること」が大切だといわれた言葉が心に響いた。相談する側と相談を受ける側との人間的出会い，こだわりや枠のない自然な関係こそ，他者に対して開かれているということであろう。

チェコ／プラハ：Charles University in Prague, Faculty of Art and Philosophy, Department of Psychology；カレル大学

　旧市街広場から石畳の路を歩いていくと，商店が建ち並んでいるその通りに，カレル大学心理学科があった。荘厳な扉を入ると，幻想的な中世の香りがした。

　カレル大学では，「Czech-Japanese Conference about Psychological Aspects of Crime Victims」というテーマで大学教員，関連する施設の専門家，BKB関係者，学生・院生等約80名が参加し，活発な討論がなされた。

　PhDr. Behar氏は，「トラウマは深い霧のようでもあり，とても慎重に歩かないと危険である。被害者はいつも暗い世界で生きており，死の近さを感じる者もいる。トラウマの治療のタイミングもあり，早すぎると危険であるし，タイミングを失うと後悔が残る。したがって個人内の健全なところを強化し，ゆっくり時間をかけて治療することが大切である」と述べていた。

英国／ロンドン：UCL（University College London）

ロンドンの街中にある UCL の Research Department of Clinical, Education and Health Psychology で は，Prof. Chris Brewin が，「Post-traumatic Stress Disorder in Crime Victims」というテーマで発表した。犯罪被害者には長期の支援が必要であり，再被害をなくすことが大切であるという。また，157 名の犯罪被害者を対象にした調査では（回答率は 11.2％と低いものの），回復を左右するものに，過去のうつ状態，幼少期の虐待等の割合が高いことがわかったという。

1972 年に設立した「Victim Support」についての紹介があった（http://www.victimsupport.org/）。証言や保険等の書類作成の支援，被害者への情報提供，そして，どんな損害を被ったかをアセスメントして政府に報告したり，危険な状況にさらされた人がいるときには通知するなどの支援を行うといったリエゾンの機能（紹介，つなぎ，橋渡しの機能）ももっている。さらに，悲嘆への支援や，ギャングから抜け出すための支援，法廷での配慮（別の入り口や待合室の用意など），LGBT や BME（Body Modification Ezine）等の組織とも連携をとっていた。

英国／ロンドン：TSC（Traumatic Stress Clinic）

TSC は，http://www.traumaclinic.org.uk/ に紹介されている。

ここでは，いくつかの治療仮説（技法）が提示された（EMDR など）が，その効果があらわれるのはごく一部であり，非常に慎重に施行しているとのことだった。「技法」にこだわると，相手の心を見失ってしまう。必然的に彼らを操作し，対象化してしまう。そうすると相手は，このことをすぐに感じ取り，気づいてしまうように思う。技法の功罪を知ったうえで，相手の人間にふさわしい方法を，相手との関係の中で見出す努力をしていた。臨床家としての誠実な，真摯な態度を感じた。

ポーランド：被害者支援システム

ポーランドには，「ショパン伝統」と呼ばれる自分の感情を表に出す伝統がある。何かあったら，みんなで助けるのがポーランド人。人々はお金を送金したりするなど，自分にできることをしている。さらに，支援に関する知識を広げることにも努め，人を助けるための方法をいろいろ考えるといった気質がもともとあったという。

ポーランドの被害者支援はまだ始まったばかりである。

SUBVENIS VICTIMA（ポーランド被害者支援協会），社会組織 KraFOS のクラクフ・フォーラムの中心は，「被害者」にあり，被害に遭う前に戻すことが重要であるという。Szczecin 家族 SOS 協会では，警察との協力体制を強化し，匿名で連絡することができる。即時対応は PTSD を防ぐことにもなる，

とのことだった。

AGAPE（Lubin カトリック支援必要者協会）では，弁護士と心理支援者を繋ぐことを重視し，心理支援者に繋ぐことで，解決のモチベーションが高まるという。また，被害者も弁護士だけでなく，心理支援者のアドバイスを求めているという。

オーストリア／ウィーン：Weisser Ring（白い輪）

Weisser Ring の副会長（現職の警察官）から，警察による被害者支援について紹介された。被害者が立ち会う現場検証はせず（現場からすぐ離す），別の場所で事情聴取をしている。裁判では Weisser Ring のスタッフが付き添ってくれる。犯人逮捕に至った際の面通しは，直接対面でなく Weisser Ring に付き添ってもらい，ガラス越しに確認できるようにしている。警察がすることに，Weisser Ring は介入できるという。警察官は，Weisser Ring の会員になり，被害者支援への理解を得るようにしている。

また，Victim assistance サービス（法的アシスタント）があり，これは被害者の権利として，法的手続きの中の条項に明記されている（10 年前より）。これは，子どものプロテクト・センターが拡大したものである。たとえば，親から虐待を受けた場合，子どもは証言する必要はなく，「何かいいたいことがありますか？」という質問に限られるという。他組織との連携を重視し，信頼関係を大切にするため，地方裁判所で，円卓会議（ラウンド・テーブル）を開催している。被害者の権利があり，別室での証言も可能である。また，プライベートな内容が出る場合は，傍聴人を退席させることができる。

ワンストップ・センターとして，Victim Support Helpline（0800 112 112）がある。DV の場合，自動的に加害者情報が伝えられるし，加害者に GPS（位置情報測定システム）を装着させるようにすることが可能である。

オーストリア／ウィーン：ウィーン地方裁判所（Regional Criminal Court of Vienna）

180 年前に建てられた裁判所（80 人の裁判官のうち 60％は女性裁判官であった）であり，とても美しい法廷（傍聴席 150 席というオーストリア最大規模）を見ることができた。被告人出入り口と，原告・証人出入り口（待合室から出入り可能）が分かれていた。1800 年代から，このような配慮がなされていることに驚いた。

また，これからの人生の障害になるおそれがある場合は，新しいアイデンティティをもてるよう氏名を公開しない。また，性的な被害，命にかかわるような被害の場合は，法的な援助のほかに心理的支援を公的に裁判所の負担で受けることができる。DV による女性への支援制度もあるという。証人に対する配慮として，被告に対して顔を出さなくてもかまわない（陪審員，裁判官には顔

をみせないといけない）。さらに，人生に対する大きな圧力が証明されれば，目撃者（証人）は氏名を公開しなくてもよい，とのことだった。

オーストリア／ウィーン：ウィーン医科大学 (Medical University of Vienna)

　1365 年に設立されたウィーン大学医学部を継承した世界最古の医科大学の一つである（ドイツ語圏では最古）。2000 年以来，2 回目の訪問をした。

　まず，精神科主任教授より，以下のような紹介がなされた。精神科では，精神科医が心理療法を担当する。臨床心理士は，心理療法も担当するが，主に心理検査を担当している。白衣を着けていないのが臨床心理士である。受けるトレーニングは，医師も臨床心理士も同じである。ラテン語のポスターには，「治療して心理療法をしなさい（精神的安らぎを与えなさい）」と書かれている。さらに「Mind meets Brain and Genes」といい，心理療法は，脳や遺伝子に働きかけることができるという視点も紹介された。ロジャー・スペリーの『融合する心と脳（誠信書房）』，精神腫瘍学の概念が脳裏に浮かんだ。

　精神障害の場合，それを分析（精神分析）すると悪化することがある。フロイトは過去を重視し解釈するが，フランクルは未来志向的。現在，この大学には，フロイト派，フランクル派，認知行動療法（CBT）派の 3 つがあった。

　PTSD の引き金になる要因の一つに法廷がある。PTSD のことを裁判官に説明しなければならない。自分が被害に遭うのと単に目撃するのとでは，当事者ほど症状は重い。母親が脅迫されれば，子どもが殺されるのでは？という思いが恐怖になる。シリアで拷問を受けたクライエントを心配していた家族が PTSD にかかっていた。自責の念が PTSD 症状を煽ってしまい，治療も受けなかったというクライエントもいた。つまり，事件そのものよりも，その後の状況から PTSD になることが多く，だからこそ，被害者支援が重要になってくる。

　裁判官のフレームワーク本には，「裁判官は配慮をもって接しなさい」と再トラウマを禁ずることが述べられている。法廷は加害者（犯人）がいるし，ストレスのかかるところである。そのため，被害者は無料で心理療法が受けられる。賠償金を犯罪者から徴収し，政府の責任として，被害者にお金が支払われる。最近は証人にもそのようなシステムをとろうとしている。

　子どもに対しては「幼児保護」という病棟がある。まず，「風邪」ということで入院させる（虐待者から離れさせるため）。その際，状況の記録が大切になる。この記録にはスタンダードな書式がある。この記録に基づいて捜査が開始される。戦争による傷害に対しても国連が出している基準がある。これは虐待や戦争だけでなく，被害者支援に共通するものもある。肉体的傷を目のあたりにする医師には，精神科医や臨床心理士が立ち会い，写真を撮ることを重要視している。たとえば，血腫は約 2 週間経過すると消失するが，心理的衝撃は

遺るからである。法廷で問題になるのが，解離症状。話している内容に食い違いが生じるのは普通のことである。克明に覚えている人もいれば，覚えていない人もいる。そのことを理解しておく必要がある。

オーストリア／ウィーン：NEUSTART

　1950 年代，第二次世界大戦で建物が多数壊され，男性が戦争から帰って来ない状況で，親を失った子どもは，大きな問題に直面した。教護院（現在の児童自立支援施設）もあったが，価値観が喪失し，犯罪が多発した。お金もなく，反乱が起きた。それを鎮圧するため，警察官のみならず，軍隊も加わった。それが NEUSTART の始まりである。「この子たちを閉じ込めるだけでは役に立たない。新しい価値を見出さなければならない」ということに至った。スローガンは，「罰するより手助けをしなさい」である。

　1990 年代になると，安全，保安を保つような支援を重視するようになった。犯罪性がないようにするのが目標である。重視しているのが保護観察。すると 70％は再犯しなくなった。GPS 装置を腕に着けているものが 1,102 名おり，再犯率は 7％と低くなった。出所者のうち，3,727 名が心理療法を受けている。

　NEUSTART は，risk（再被害・再犯といった危険なこと）と need（被害者が求めていること）を見極めることが大切だという（見分けるための質問紙もある）。再犯を防ぐことは，再被害を防ぐことになる。人々の将来を確保していくのが大きな役割である。

　このように NEUSTART の専門性として，二次被害を防ぐこと，そして PTSD を見抜く能力を養うこと，他の組織とうまく協働できるスキル，加害者のリスク・アセスメントができるかどうか，などを重視していた。

イギリス：陪審制度

　イギリスでは，被害者や目撃者（証人）に対する配慮が徹底しており，裁判中であっても中立性が保たれていた。被害者や目撃者は裁判官専用の裁判所の出入り口を使用し，裁判官のいるフロアーに個室が設けられ，プライバシーと安全が確保されていた。また，被疑者が保釈中の場合，ガードマンがいるという。法廷内においても，被害者や目撃者は裁判官が出入りする場所から出入りし，傍聴人からは顔が見えないようにカーテンが設置され，支援員の席も用意されていた（日本では，衝立を持ち込んでおり，また，支援員は傍聴席にいる）。氏名については，公開とのことであった。

ドイツ：参審制度

　ドイツは州から成る連邦国家であり，州と連邦双方に通常裁判所がある。ドイツの参審制度では，軽微犯罪を除き，原則すべての事件が対象となる。

　これまで被害者は「証拠物」としての扱いだったが，今は人間として大切に

され，特に二次被害を受けないようにすることが，立法機関，公的機関，民間機関の担当組織において重要な課題であると述べられていた。

　法廷では，被疑者は地下の階段を使って留置施設から直接法廷にあらわれ，被害者や目撃者との接触がないようにされていた。イギリスと同様，証人席横に支援者の席が設けられ，裁判所内に個室を備えていた。また，裁判所内には130個の防犯カメラが設置されていた。

　未成年者に対する性的暴力などの訴追の時効期限が日本と比べ，延長されていた。時効は被害者が21歳になってから開始され，重大な性的虐待の場合には，そこから20年後まで有効となった。成人になってから訴えることも可能ということである。被害者が子どもである場合，日本の法律では，成人になった頃に加害者が出所することもあるため，将来を悲観する家族も多い中，とても参考になる制度であった（2014年3月27日ドイツ訪問時の通訳者・荒川道子氏の訳文を一部引用した）。

　不慮の被害に遭い，戸惑い，怒り，悲しみ，苦しむ隣人にそっとさりげなく手をさしのべるという惻隠の情を元にするのが被害者支援である。被害者支援は，対象領域が広く，ことがらの全体を理解し，関係者とコラボレーティヴに現実的に動くには，関連領域はもちろん，それ以外も含めて幅広く深い知識も必要になってくる。さらに掘り下げて考えると，対象領域の境界は場合によっては一線を引きがたい難しさがある。たとえば，加害者である非行少年の多くは過酷な被害体験を持つ。事件の中には，被害者，加害者が微妙な関係にある場合もある。心理臨床の立場としては，これらの広がりをもつ深い課題に関心をもちながらも，偏らない良識あるバランス感覚を維持することが肝要であろう（村瀬，2011）。

強制絶滅収容所体験：アウシュヴィッツ・ビルケナウ強制絶滅収容所／シンドラー博物館

　アウシュヴィッツ（元々の地名はオスヴィエンチム）は，戦争前にはポーランド以外の国ではほとんど知られていない小さな町だったという。このアウシュヴィッツの収容所にとって，最も不幸だったのは，その地理的状況であった。平らな盆地の底にあり，一連の澱んだ池に取り巻かれており，そのため湿気が多く，悪臭に満ち，疫病を発生しやすい地であった。霧の多い泥炭地であることから，この周囲に人々は住んでいなかった。

　アウシュヴィッツ・ビルケナウ強制絶滅収容所では，周囲に知られないよう，カモフラージュがなされていた。「収容所の音楽隊（収容されている人々で編成）」を作り，収容されている人々の行進の規律を向上させたり，日曜日は親衛隊のために演奏させたり，残虐な音を音楽でカモフラージュしていた。収容された人々は「孤立無援」の状況であった。

　ビルケナウの引き込み線で，強制労働に適した人はアウシュヴィッツかビル

ケナウの収容所に連れていかれた。ガス室に向かった人（高齢者，病者，障害者，妊婦や子どもなど）は，地下の脱衣室へ導かれ，自分の持ち物に名前を書いておくようにいわれた（持ち物が自分に返ってくることはなかった）。死の恐怖からのパニックを生じさせないように人々を騙し，虱を除くという理由で，扉には「消毒室」と書かれたガス室に入れられた人々は一度に250人ほどが「チクロンB」というガスで殺された。亡くなるのに10分はかからなかったという。ご遺体は，他の収容された人々によって（親衛隊の命令），穴の中でパラフィンをしみ込ませた布で火がつけられ，焼かれた。焼かれる前に，金歯や指輪が奪取された。骨は打ち砕かれ，川へ投げ込まれたという。

　アウシュヴィッツの入り口には，「ARBEIT MACHT FREI」（働けば自由になる）と書かれていたが，実際の収容所生活は「ここからけっして自由世界に帰ることはできない」ということを心に植えつけ，絶望状態に陥れるものだった。食事はスポンジのようなパンと，泥水のようなコーヒー，腐った野菜スープ。絶滅への道は徹底されていた。

　しかしフランクルにとって収容所は，「恐ろしい周囲の世界から精神の自由と内的なゆたかさへと逃れる自由が開かれていた場所でもあった」という。つまり繊細な性質の人間が，頑丈な身体の人々よりも収容所生活をよりよく耐えたというパラドックスがあったのだ。

　過去の人々の肉眼を借りて，過去を追体験し，真実を知る，という歴史自身のもつ本質は変わるはずもない。過去を知ることは，同時に現在を学ぶことでもある，という歴史の本質を見失わないことが大切である（犬塚，2015）。われわれは絶えず，歴史の本質を心に刻み，自由な未来に向かって生きたい。

フランクル博物館

　フランクルは，「119104という囚人番号」をつけられ，徹底した絶滅を目的に，自由をはく奪され，愚弄（ぐろう）され，愛する家族と余儀なく別離を強制され，絶望の世界へと追い込まれた強制絶滅収容所から生還した。『罪と罰』を書いたドストエフスキーは，「人間はどんなことにも慣れてしまう動物」といったが，筆者らもアウシュヴィッツを訪問してヒットラーやその親衛隊が人をモノ扱いするという感覚を目のあたりにし，実感した。一方では，極悪非道な収容所の中でも健康を保てた（長くは続かなかったようであるが），という事実は，そのことを証明するようだった（フランクルもそのように述べていた）。ナチス・ドイツが第二次世界大戦中に組織的に行った大虐殺（ホロコースト）を目のあたりにしたフランクルは，人間は何を「選択」するかを問うていた。つまり，人間には「権力を得るためには手段を選ばない選択」「自分を守るために悪に服従する選択」「『生きる理由があれば，どんな事態にも耐えられる（ニーチェ）』にいわれるような生きる意味への志向，より豊かに生きようとする選択」など，自分の生き方にはさまざまな選択がある。極限状況の収容所の中

第9章　被災者・被害者への心理支援　　*203*

では，優しい言葉をかけたり，自らの一片のパンを他人に与えていた人々もいたという。

また，フランクルは収容所体験を通して，「どんな苦悩にも意味がある」と述べ，「苦悩する人間は，どんなにひどい失敗や挫折にあってもなお，そのことに意味を見出すことができれば自己を成就することができる」といった(Frankl, 2004)。彼は，苦悩を人間的な業績に変えていく責任と意味への意志の「選択」を重視していた。フランクルの人生は苦難の連続であった。彼は，妻エリーと出会ったとき，2冊の著書を書き上げていたが，生きる意欲を喪失していた。フランクルは自分の凄惨な苦悩を妻に語ったあと，「もうこれで話は終わり。すべては終わり」といった。フランクルなりのディブリーフィングだったのかもしれない。その後は，二度と自らの苦悩について話さなかったという。

フランクルが死の間際に，著書『苦悩する人間』に挟んで，エリーに残したメッセージがある。

「あなたは，苦悩する人間を愛する人間に変えてくれました」

第10章

臨床心理学における倫理とスーパーヴィジョン
―心理支援者の「生きる意味」の確立―

第1節　臨床心理学における倫理

(1) 求められる道徳原則

　キッチナー（Kitchener, 1984）の著作をもとにして，ミーラら（Meara et al., 1996）は，基本的な**道徳原則**を述べている。「自分を守るために，さまざまな合理化をしたり，正しい道を歩んでいる『ふり』をして自分の言動を正当化してはならない。」この道徳原則は，心理支援者としての態度として，しっかり肝に銘じておくことが重要である。

　①**自律**　　クライエントの自己選択，自己決定を尊重することである。自律を尊重するとは，クライエント自身が自分の願望にしたがって選択したり行動したりすることができるようにすることである。すなわち心理支援者は，クライエントの利益と福祉が増進できるよう，その成長と発達を促進するということである。

　②**無害**　　クライエントを傷つけてはならない。また，傷つけるおそれのある行動を慎むことである。心理支援者は，心理療法の関係において固有の親密さや責任を自覚し，クライエントに敬意を払い続けることである。クライエントを犠牲にして自分の個人的な欲求を満たそうとする行為をしてはならない。これは，たとえば，調査・研究，心理検査実施等において，個人や職場の利益を目的にしたり，自分の興味関心で心理療法を実施してはならないということである。

　③**慈しみ**　　クライエントの尊厳を大切にし，成長と発達に貢献することである。「よかれ」と思っても，あるいは助ける「つもり」でも，それがク

ライエントの最大の利益に繋がるとは限らない。クライエントにとって，何がよりよい支援なのかを，絶えず，求めることが大切である。

④**平等**　クライエントの年齢，性別，障害，経済的状況，宗教，性的指向等に関係なく，同じ人間として平等にかかわることが大切である。また，「見返り」に関係なく，心から貢献する心が求められる。

⑤**誠実さ**　クライエントに対して，あるがままに，透明であることである。クライエントとの信頼関係に対する責任を果たすことを意味する。つまり，誠実さとは，クライエントが自ら解決方法をみつけることができるような，信頼できる治療関係を築くことである。

⑥**正直（真実）さ**　クライエントに対して嘘偽りがないことを意味する。クライエントに対して正直でなければ信頼関係は育まれない。クライエントにとって秘密にしてほしいことを大切にすること（**守秘義務**），そして，一つひとつ，丁寧にインフォームド・コンセントを行うことである。あるがままの透明な心で，クライエントに向き合うことが求められる。

ただし，法によって命じられた場合，あるいは法によって正当な目的のために許可される場合，クライエントの同意を得ずに，秘密情報を開示することがある。

つまり，クライエントに対する適切な心理支援を検討するためのコンサルテーション，自傷他害から保護するため，心理支援に対する謝礼を得るときの報告書（クライエントの言動ではなく，セラピストがどのような支援をしたかなどの報告をすることで，ある程度の秘密は守られる）などである。ただし，これらの場合は，目的を達成するための必要最小限に限られる（Coury et al., 2004）。

(2) 己の価値観を知る

自分はどのような価値観を有し，その価値観は，クライエントにどのような影響を及ぼすのか，なぜ，自分はそのような価値観をもっているのかを自問し，洞察しておくことが大切である。自分自身の個人的な価値観や文化的・宗教的信念，習慣のみならず，クライエントのそれらにも気づいている必要がある。

責任ある行動とは，個人の価値観と職業の価値観のいかなる葛藤にもきづき，それらに効果的に取り組むことを意味する。徹底的に取り組むうえで，自分の信念，価値観，動機，感情，行動について，スーパーヴィジョンを受けることは必要不可欠である。

また，最善の倫理決定をする際，クライエントと話し合いながらすすめることも大切である。

ウォルデン（Walden, 1997）は，クライエントに関する意思決定をクライエントとともに（with），協働的な治療関係を築けば，クライエントは内側から勇気づけられると述べている。

(3) 倫理綱領について

1998年日本心理臨床学会第17回大会（会報，1998）で採択された**倫理綱領**には，

- ・**心理支援者（セラピスト，カウンセラー）は専門性を身につけて，責任を果たすこと**
- ・**専門的技能を高める不断の努力をすること。他の専門家と連携していくこと**
- ・**クライエントと合意して掲げた目標を達成する以外の行為を行わないこと**
- ・**心理検査など，クライエントに働きかける心理支援者の行為は，合意して掲げた目的のためになされること**
- ・**クライエントのプライバシーは厳重に保護されること**
- ・**研究などの資料の公表はクライエントの許可なしに行わないこと**

とされている。

支援的であることは，消極的にはクライエントに害を及ぼさないことであり，積極的にはクライエントの役に立つことである。この中には，心理支援者自身の内的な問題のためにクライエントを利用しないことが倫理的な要請として含まれる（鑪，1998）。

倫理綱領や倫理規定をルールとして遵守することが重要であり，これにつ

第10章　臨床心理学における倫理とスーパーヴィジョン　*207*

いては，クライエントにも求められる。クライエントの（自己中心的）ルールに巻き込まれないよう，心理支援者としては，是々非々の態度で遵守することが大切である。そのためには，いつでも相談でき，コンサルテーションを受けられるネットワークをもっていることが重要である。

心理臨床の現場は常に新しい課題に満ちており，新しい課題を克服するための研修を欠くことはできない。さらに，心理臨床の緊急の事態は予期しない形で発生する。その際に，技法的な相談ができる場をもっており，問題を解決する機会を確保しておくことは，心理支援者の倫理的な要請であろう（鑪，2004）。

(4) 倫理的危機

初学者の未熟さが引き起こす問題は，学習不足，準備不足，そして技術不足に集約される。たとえば，精神病理的問題の理解不足から，独りよがりのアセスメントをしてしまい，症状を悪化させてしまうことがある。そうした事態を避けるためにスーパーヴィジョンを受けるのは必須である。

中堅期になると，ある程度の自信が出てくるが，それが過剰になると，行動の指示に対して強引になったり，支配的，権威的になりやすい。

さらに熟年期になると，「これくらい大丈夫だ」「自分のやっていることは正しい」と欲動の容認を起こしてしまう可能性が内在しているという（鑪，2004 参考）。

心理臨床の仕事は生涯にわたるものであり，鑪（2004）は，以下のことが重要であると述べている。

①経験を積んでも，新しい最新の知識や心理臨床技法を身につける努力を怠らないことが大事である。これを続けることが面倒になったときには，引退のときであるか，職業を変更するときであることを自覚するとよいだろう。

②心理臨床の活動は，孤独の中に注意を集中して行われることが多い。それゆえ，仲間の存在を欠くことができない。常に精神的に自己を支える場や理解者を周辺にもってそれを維持していく必要がある。そのためにも，芸術やスポーツなど精神的にも身体的にも健康を維持できるような活動に参加す

ることや，趣味をもっていることが重要であろう。

③心理臨床の活動には，常に新しい問題が発生してくる。これに対処する方法は，新しい問題に対して経験を積んでいる人からコンサルテーションを受けるということを実行することであろう。我流で通したり，またこれまでの経験からくる自信のために強引に対処しようとして，倫理的な問題を起こすこともみられるのである。

④次の世代の若い人々のスーパーヴィジョンをすることによって，教育的な場を自分に課しておくことが重要である。これによって，自己の理論や経験をさらに明確にすることができるし，他人の経験によってチェックすることもできる。これは倫理的な生き方ということと深く関係している。

⑤教育との関連でいうと，最近は心理療法や心理臨床の活動を主題にしたさまざまな講習会とか，講座が氾濫している。このような場で講師として，心理療法や心理臨床の活動，心理支援者としての自分を売り物にしないことが大切である。これは心理臨床の活動を誤解させたり，心理療法を誤解させたりする可能性がある。また，自信過剰などが内的な欲望への歯止めを甘くしてしまい，倫理的問題に繋がるようなことになりかねない。

心理臨床活動は心理支援者とクライエントとの関係のうえに成り立っている。心理支援者の問題はクライエントに困難な影響を与えることを自覚して，臨床活動に従事することが大事である（鑪，2004）。

(5) 倫理感覚の涵養

鑪（2004）は，倫理感覚の学習過程において3点を挙げている。以下にそれを参考にまとめてみる。

①規則的な臨床的経験をする　臨床的経験の基本的な枠組みを経験することである。臨床現場では，さまざまな規則や制約があり，それを守ることが求められる。約束の時間に遅れたり，時間を忘れたり，間違ったりなどすると，さまざまなトラブルを生じさせてしまう。したがって，臨床的経験における規則性を身につけることが大切である。

②人格の品位を保つ生活をする　クライエントにとって不快でない，好

感のもてる行動，言葉遣い，服装，面接態度は，臨床的技法以前の重要な「倫理感覚」である。服装は，礼を失しないもの，言葉遣いも丁寧語，尊敬語の使用が大切である。相手を心から尊敬する，大切に想う心があれば，自ずと言動，態度にかもし出されるものと思われる。

③**心理療法の記録をきちんととる**　臨床的活動は，常に公的な活動である。その活動の記録は公的な記録になる。したがって，心理療法の記録は公開を前提として残す必要がある。最善の努力がなされていることを証明することでもある。心理療法の記録を私的なものとして処理しないことが重要である。

また，「クライエントにふれない，触らせない（言葉以外のものに頼らない）」「性的に利用しない（贈り物，好意などを含む）」「危険を冒さない（自殺企図，薬物乱用などの責任が問われていることを自覚すること）」などがある。

人事を尽くすことが倫理感覚の育成の基礎である。心理支援者は，このような危機を乗り切っていくことによって成長していく。

さらに，「相手の職業を利用しない」「心理療法の場以外では会わない」「心理療法での関係を社交化しない（心理療法の関係は息抜きではない。心理療法の目的から逸脱する会話は非倫理的である）」などがある。これは，グループ・スーパーヴィジョンの関係の中でも起こることであり，注意を要する（鑪，2004）。

学会発表等で心理支援活動の公表をする際は，クライエントの許可が必要である。また，研究論文作成にあたっても，出典を明らかにせず無断で引用したり，剽窃の形で，先行研究論文をあたかも自分のアイデアや研究資料であるかのように示してはならない。これらは非倫理的な行為であることを自覚する必要がある（鑪，2004）。

第2節　スーパーヴィジョン─自己研鑽のありよう

(1) 心理支援者・専門家としての自己研鑽

心理療法や心理検査を学ぶ過程は，生涯続くものである。そのため，スーパーヴィジョンは，初心者だけでなく，中堅やベテランの心理支援者（臨床

心理士・公認心理師）にとっても必要な研修である（一丸, 2003）。

　心理支援的な仕事をスーパーヴィジョンなしに行うこと，また，教科書の
みの学習で行うということは，特定例と一般論の間にある溝を無視すること
になる。その結果，大きな危険を冒し，危ない冒険をすることになる場合も
少なくない。これはクライエントに不利益を与えるという意味であり，心理
支援者がどんなに経験豊かであっても，クライエントは常に個別的であり，
常に新しい存在であるということを意味している。それがクライエントの個
性および独自性である（鑪, 2004）。つまり，「**スーパーヴィジョンは，受け
ねばならない必須の学習**」である。

　心理療法では毎回毎回のセッションでのクライエントの発言，態度・ふる
まい，心理支援者の応答，考え，感情といったような面接場面で起きている
ことを**スーパーヴァイザー**に報告し，スーパーヴァイザーとスーパーヴァイ
ジー（心理支援者等）で詳しくその一つの事例を継続的に検討していくことが
大切である。スーパーヴァイジーは，心理療法の**治療構造**（外的治療構造：時
空間等物理的構造，内的治療構造：守秘，治療契約，心理支援者・セラピストの態度，雰
囲気などは適切であったかどうか），心理療法の場面で何が生じているのか，ク
ライエントを臨床心理学的にどのように理解するのかといったことだけでな
く，どのような理解に基づいてどのように働きかければよいのか，自分の働
きかけがクライエントにどのような影響を与えているのか，次にはどのよう
に展開していくのかといった心理療法のプロセスに沿ってそのクライエント
に即した理解を深めていき，より適切なかかわり方について具体的に一歩一
歩学んでいくことができるのである。

　心理検査では，どのように教示し，質問し，進めていったか，被検査者の
反応はどうであったかなど，被検査者と検査者の発言や行動などを具体的に
検討し，結果のまとめ，解釈，報告書の書き方などについてスーパーヴァイ
ザーとスーパーヴァイジーで検討していくことになる（一丸, 2003）。

　スーパーヴァイジーは，自分自身の中で何が生じているかだけでなく，自
分とクライエントとの関係で，また自分とスーパーヴァイザーとの間でどの
ようなことが生じているかに敏感になることが求められている。自分をみる

第 10 章　臨床心理学における倫理とスーパーヴィジョン　　*211*

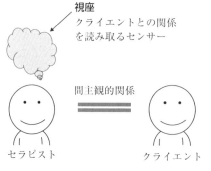

図 10-1　治療構造のありよう（視座）

自分，スーパーヴァイザーとかかわっている自分をみる自分，クライエントへかかわっている自分をみる自分は，「**観察自我**（observing ego）」と呼ばれているが，このような観察自我が育ち，磨かれていくことで心理支援者として成長していくのである（一丸，2003）。

図 10-1 のように，治療構造においてたとえば，心理支援者とクライエントとの間が，間主観的関係になっているのか，クライエントにとって心理支援者のありようは役に立っているのか，どんな影響を及ぼしているのか，治療目標に向かっているのか，停滞しているのか，その関係のありようを読み取るセンサー（**視座**）が重要な意味をもつ。

スーパーヴィジョンとは，この「視座」が，クライエントのためになっているのかどうか，心理支援者自身のありようも含めて，客観的，専門的視点からスーパーヴァイズを受けるものである。

(2) スーパーヴァイザーの選択

どのようなスーパーヴァイザーを選ぶかは，その心理支援者の力量でもある。また，自分のオリエンテーション（心理療法の治療仮説）が同じであること，そして，自分の内的一貫性が保て体験が蓄積されるようなスーパーヴァイザーを選ぶことである。このようなスーパーヴィジョン関係は，まったくの個人的な関係であるので，相互に責任をもち，倫理的であることを深く自覚しておくことが，よりいっそう求められる（一丸，2003）。

よいスーパーヴァイザーとは，技術的に頼れる人であり，きっちり指導をしてくれる，その方面の臨床経験のある人であり，スーパーヴァイジーのことをよく理解してくれる人である（鑪，2004）。そのためには，スーパーヴァイザーの専門領域，臨床経験，人柄をしっかり把握しておくことが重要であ

る。スーパーヴァイザーとしての真偽を見極める眼も重要なポイントである。

　一方で，スーパーヴァイジーは諸々の抵抗に打ち克ち，自分の臨床実践を率直に報告して積極的に学ぶ姿勢を維持しなければならない。臨床実践には，自分の内的な問題も自ずとあらわになり，スーパーヴァイザーから指摘されなくとも自分できづくこともよくある。自分の葛藤，癖，対人関係のもち方の特徴などに直面するのは，だれにとっても苦痛である。しかしスーパーヴィジョンでは自分に直面することは避けられないし，苦痛に打ち克つ努力が求められる（一丸，2003）。

(3) スーパーヴィジョンの目的

　スーパーヴィジョンの目的を鑪（2004）は，以下のように述べている。筆者らのコメントを入れながら説明してみたい。

　①心理療法やアセスメントなどの臨床レベルを一定の高さに引き上げ，さらに一定に保つ技法を身につけること　　知的学習と臨床的経験のズレを修正しながら，心理臨床的かかわりが，一定の方向で行われるような安定性，統合性を目指すものである。

　②心理支援者が，クライエントとの心理的距離，「間」を一定に保つことができること　　非独占的愛情ではなく，心から尊敬の気持ちをもちつつ，ほどよい適切な距離を保つことができることである。クライエントを真に支援するにはどんな方法があるのか，自分ができるのか，治療構造全体を俯瞰することも大切である。

　③臨床的かかわりの流れをスムーズにする　　さまざまな資料からクライエント像を組み立てることができるようになることである。

　④共感的に理解したことを伝える言葉を学ぶ　　共感的理解は，「あたかも～のように（～as if）」と，クライエントの心の世界に立っているかのように感じとることである。感じとったことを言葉で伝える（正確な認知と適切な反射）には，クライエントの心の文脈に添って聴くことが大切になる。これは，簡単なようでとても難しいことである。心理療法は「聴くこと」による癒しといってもよいくらいである。「説得したり」「問題解決してあげる」こ

第10章　臨床心理学における倫理とスーパーヴィジョン　　213

とは治療ではない。

⑤**共感的理解とかかわり方について**　クライエントに巻き込まれたり，あるいは，自分がクライエントを巻き込んでいないか，自分の反応のありようを理解することである。また，共感的理解として，自分勝手に理解していないか，絶えず自問することも重要である。

⑥**心理支援者自身の影響力を体験する**　心理療法によってクライエントが変化することを体験することは重要である。スーパーヴァイザーが背後に存在し，適切なアドバイスをもらい，クライエントが変化していることによって，スーパーヴァイザーの力を実感することができる。失敗事例から学ぶことも多い。スーパーヴァイザーがいることで，「失敗」にきづくこともできる。何よりも，自分のありようをクライエントから学ぶ謙虚さが求められよう。

(4) スーパーヴィジョンの受け方

　心理療法中の記録は，取らない方がクライエントの心に集中できる。そして心理療法終了後に，その過程を思い出し，逐語録的に記録しておくことが大切である。できれば，クライエントの了解を得て，録音・録画して，逐語録を作成し，それをスーパーヴァイズしてもらうことができれば，なおよい。

　その作業の過程でスーパーヴァイジーは，不適切な応答，癖，誤解，不正確な理解，見落とした重要な発言，そのときに生じた連想や感情などにきづくことができる。それだけでも自己研修にもなる（一丸，2003）。

　ただ，そのようなプロセスをふむとき，当然，不安や脅威を感じるものである。しかし，心理支援者として順調な一歩を踏み出すのにはスーパーヴィジョンは欠かせないし，非常に助けとなるものである。そのためには，スーパーヴァイジーの積極的な取り組みが求められ，自分自身に向き合い，自分の臨床実践を率直に表明し，自由に疑問を尋ねる勇気が必要である。ただ，受け身的に何かを教えてもらえるだろうという取り組みでは，あまり成果は得られない（一丸，2003）。

　スーパーヴィジョンを受ける際のマナーも大切である。あらかじめ，スー

パーヴァイザーに予約をし，資料を丁寧にわかりやすく整理し，スーパーヴィジョンの目的も伝えておく。スーパーヴァイズ終了後は，クライエントの変化や，主治医等へ報告したことの様子などをスーパーヴァイザーに報告しておくと，スーパーヴァイザー自身の研鑽にもなる。スーパーヴァイザーとスーパーヴァイジー相互の信頼関係，そしてそれぞれの成長は生涯続くものである。

第3節　「生きる意味」を確立した心理支援者のありよう

(1) クライエントから心理支援者へのメッセージ

　病み，悩み，苦渋するクライエントの心的特徴は，その時代を反映するものといっても過言ではあるまい。その心的構造は，忍耐力に乏しく，状況影響性が強い状態にある。価値多様化のために，これという親の養育態度も確立されず，一貫性に欠け，結果として過保護，あるいは，過度に支配的な状態で，わが子を育てる親も多い。その結果，自己規制力の弱い，心理的耐性の乏しい人間に育ち，理念的，観念的な要求固執の傾向を示すようになってくるという。

　フラストレーション・トレランス（欲求不満耐性）とは，満たされない欲求を意思的，理性的に処理していくことができる心理的エネルギーをさす。この耐性は，一般に発達とともに増してくるものであるが，今日のように，人々の生活が豊かになり，すべてのものごとを「合理的」に考える傾向のある社会では，クライエントに限らず，ささやかなフラストレーションをも「不合理」と考え，好ましくないものとみなすようになった結果，フラストレーション・トレランスの失われた耐性虚弱の人間がしだいに多くなってきているものと思われる。

1) 自我同一性とモラトリアム

　エリクソン（1973）によれば，アイデンティティ（自我同一性）とは，「自分が他ならぬ自分として生き生きとした生命的存在である，という実存的な意識をもつとともに，自分が所属する社会の人々と，ある本質的性格において

共通しており，世界との一体感をもつ実感である」と定義している。簡単に
いえば，真の自己の確立，他者との連帯の中での自己実現的態度といえる。
すなわち，青年期における重要な発達課題である。

　ところが，この自我同一性が青年期後期になっても形成されていないとき，
自我同一性危機の現象があらわれてくる。いわば遅延的（未分化な）青年期
であり，厳しい人生の節目が待ち受けているということもできる。

　今日の状況では，発達の加速化により思春期が遅く終わるという現象が多
くみられる。第二次性徴も知的発達も早熟化し，さらに，テレビをはじめと
するマスコミにより，早熟化は刺激され，加速化は助長されている。一方，
高度化した AI 技術（artificial intelligence：人工知能・知的情報処理技術）や社会的
諸制度は，高度教育期間を延長する結果となり，特に大学生にとっては，長
期間の「準備期間」にとどまることを強制されることになる。性的にも，知
的にも成熟した大学生たちが，相応の社会的役割を担ったり，社会的な自立
を営む機会は閉ざされ，心理的にも，社会的にも長期間にわたり，依存の状
況にさらされる。すなわち，十分すぎるほどの**モラトリアム（猶予期間）**が
与えられる。このことにより，現代学生の心理・社会的困難性を増大させ，
自我同一性の混乱（危機）を引き起こしていると考えられる。そして，この
現象が具体的には**スチューデント・アパシー（意欲減退学生）**の行動となって
表面化してくる。

　彼らは，無気力な毎日を送り，日常生活そのものは邪魔されず，学業以外
の副業には一生懸命になり，熱中したりする。つまり，深い対人接触を必要
とするアルバイトは選ばれない。こうした日常生活の構えの中には，学業へ
の選択的無関心さが示され，本番での勝負や競争を避け，軽蔑，蔑視を恐れ，
それを先取りして半身（はんみ）に構えたり，初めから自我関与を避けてい
ることが多い。また，性格的にはおとなしく，強情なところがあり，広い意
味での強迫的性格を有し，受身的で，脆いところがある。知的能力は比較的
よく，与えられたものに対する理解力はすぐれているが，自分で問題を設定
し展開していくことは不慣れで，創造性や集団への所属性に乏しい傾向があ
るという。

2)「大人」のありよう

　現在，青年期にある若者は，近い将来，親になるであろうし，何らかの意味で指導的立場に立たされ，心理支援者になっていくことも考えられる。実際，心理支援者（臨床心理士・公認心理師）を目指す学生が増えている。

　成人に達しているわれわれ大人は，心理支援者を含めて，これらの問題について真剣に考えていく必要がある。現代の臨床的，発達的問題は，家族の心理・社会的背景とその力動的関係，そして，それをとりまくもっと大きな心理・社会的条件と深い関係をもっている。子どもや若者に最も直接影響を与えるのは，「親や教師」のかかわる態度であろう。「親や教師」は社会的条件をろ過し，選択して子どもへ影響を与えていく。したがって，「親や教師」のもつ意味は，相当重要な因子となる。このような心理・社会的構造をつくりあげてきたのも，大人たちの手によるものであった。

　大規模な心理・社会的構造は，そう簡単に変革できるものではないだろうし，その時代の社会的価値観や人間観も，現実に簡単には変容しないかもしれない。しかし，大人である（あるいは，大人になろうとする）われわれ一人ひとりが真の人間とは何かを常に問い正していく中で，しだいに明らかになっていくものであろうと思われる。すなわち，われわれ「大人」としての心理支援者こそが，子どもや若者，そして，親や教師たちにとってのモデルとなることが重要な意味をもつ。

　ムスターカス（1968）は，「子どもが求めているのは，たくましく，ゆるぎのない，うそのつけない大人である」と，苦渋の途にある者の立場から代弁している。子どもが自己否定的であらざるを得ない状況があり，親や教師という日常社会のルールの支配者よりも，真の「大人」に成長している人間のもとでこそ，自己成長を遂げる。すなわち，心理支援者をはじめ，親，教師そのものが，真の「大人」への変化，成長へと向かうとき，彼らの変化，成長もありうる。

　スチューデント・アパシー，モラトリアム人間など，臨床的事例から，このような傾向が増加しつつあること，すなわち，一つの臨床的仮説ができあがりつつあることも事実のようである。モラトリアム人間から脱皮するには，

自由に，自己表明することが大切である。そして，このような状況にさらされたならば，マイナス状況としてのみの受けとりでなく，むしろ，プラス状況の意味としてとらえることが重要だと思われる。すなわち，このような状況を乗り越えることにより，真の自己の確立，自己実現がやってくるという状況が与えられたという覚知が必要かと思われる。自己にとって，意味ある状況としての理解が，青年期の発達にとって重要であると筆者（久留）には思われる。

　われわれ大人，心理支援をする側が，一方的に批判するだけでなく，「クライエントからのメッセージ」として，彼らの「意味表現」に耳を傾けるとき，きっとそこには何か共感できるものや，反省すべきものが存在しているものと思われる。耳を閉ざし，メッセージを聴くことのできない心理支援者は，すでに「大人」としての自己成長を拒否していることになる。クライエントたちはさまざまな方法で大人へのメッセージを送りながら，彼らもまた，「大人」への成長を遂げようとしている存在なのである。

(2)「生きる意味」を求めて
1)「生きる意味」の拡散と喪失

　精神的に不健康な人間，たとえば神経症的人間は，多かれ少なかれ「生きる意味」の拡散的状況，喪失的状況にあることが臨床的に知られている。彼らの多くは，不まじめや，不誠実さのために，不適応人間になっているのではなく，むしろ，まじめで，誠実な人間であり，会社にとっては適応的人間といわれている。会社においては適応的であり，一人の人間としては神経症に苦悩する存在ともいえる。

　言い換えれば，社会的には適応的であっても，個人的（情緒的）には不適応的であるという人間が増えつつある。一人の統合した人間であるはずなのに，どちらが真実なる人間なのか，仮面をかぶった人間なのか理解しがたいという現象が起きている。「今，ここで」出会っている人間が一体だれなのか。不透明で拡散的な人間関係的状況が，そこここにみられる。

　困ったことに，当の本人もどちらが真実なる自分なのか，不明確で混乱的

状況に陥るケースも増えている。「私でない私」を「私である私」と思い込み，行動を開始してみると，すべての行動経験は，「私である私」としての自己決定のみが問われ，「私でない私」という仮面をひきはがされ，挫折的状況に追い込まれる。「生きる意味」を失っている人間は，自己喪失的であり，「私でない私」を本当の自分と思い込んでいる。

　過剰適応といわれる会社人間は，**バーン・アウト**（燃え尽き症候群）に陥りやすいという。会社という枠組みの中で行動しているときは，会社のノルマに忠実であり，競争社会に打ち勝つために生きている。ところが，窓ぎわ族になったとたん，「生きる意味」は喪失的になり，神経症的，心身症的人間に変容することがある。「私でない私」として会社に忠誠を尽くしていたときは，「会社依存症の人間」であり，「自己を見失った人間」であったことを臨床的に説明することができる。「生きる意味を失った人間」は，「自己を見失った人間」であり，「会社依存症」の人間が会社での役割を喪失したとき，「自分らしく生きる」ことができなくなる。

　家庭においては，妻として，母親としての役割を担い，多忙な生活を送っていた女性が，子どもの結婚，就職，夫の単身赴任による家庭不在という状況の中で，空の巣症候群や，キッチン・ドリンカーに陥ることがある。子どもの社会的自立により，母としての役割行動を失い，夫の単身赴任により，妻としての役割が拡散的になったとき，自己喪失的となり，「生きる意味」を見失い，今までの役割依存をアルコール依存に置き換えて生きようとする。母として，妻として忙しく生きてきたものの，一人の女性として，固有の人間としての「生きる意味」の確立が脆弱であったケースにしばしばみられる。「自分らしく生きる」という自我同一性（アイデンティティ）の確立が，現代人には問われているように思われる。

　現代社会は，情報化社会であり，画一的人間が増えており，集合神経症的人間（みんなと一緒に行動しないと不安になる人間）が増えているといわれる。筆者の見解では，「画一的」というより「拡散的，喪失的」という表現の方が臨床的には理解しやすい。「私でない私」「自己を見失っている人間」「生きる意味を喪失している人間」たちは，何か核となるものに依存しながらでも

「生きていこう」とする。実は，そのような彼らこそ，だれよりも「よりよく生きたい」という人間，真実なる自分を求めている存在であると思われる。

2)「生きる意味」の確立と自己実現的人間

現代人は生きる意味を求めてさまよっているともいえよう。たとえば，不登校（神経症的不登校）や出社拒否の人間は，だれよりも，登校することや出社することに強い自我関与を抱いていることが多い。その強すぎる自我関与のために，学校や会社という人間関係的状況が，ある個人にとって，危機的で苦悩的状況として意味づけられ，関係づけられることになり，回避的，逃避的行動（症状）が出現してくる。

かくして，家にひきこもった人間はまた，だれよりも「登校しなければならない」「出社しなければならない」という感情のもとに苦悩することになる。彼らは「よりよく生きよう」として苦悩している存在ともいえる。しかし，学校や会社に行くほどの「自我の強さ」は存在せず，ひきこもりの苦悩体験の中で，自己修業を続けている。ある意味では登校し，出社している人間よりも，彼らは苦悩状況を自ら経験しているともいうことができる。このような状況での生き方は，むしろ，「自分らしく生きること」への模索的行動として理解すべきであろう。「人間とは苦悩する存在である」とフランクルが示唆したように，自己実現的に生きようとする人間にとって，その苦悩体験に「どのように対峙するか」が重要な意味をもつ。

自己実現的傾向（潜在的可能性）は，有機体の自己成長エネルギーともいえる。人間すべてが，内在的に，根元的に有している基本的欲求である。人間はだれでも「今よりも，さらによりよく生きたい」という欲求を有しており，むしろそのために挫折したり，混乱したりすることがある。このような場合，その個人の「生きる意味」のありようが問われる。ただ，漫然と漠然とした気持ちで会社に行く人間にとっては，「気楽な稼業」であり，「5時から男」の「気晴らし」で一日が終わるかもしれない。しかし，やがて，アイデンティティを問われるような状況が，このような会社人間に降りかかってきたとき，そのアイデンティティなしでは生きていけないことにきづかされる。生物体としては生きていても，「生きる意味」を充実させる人間としては，喪

失的・拡散的状況にある。人間には「気晴らし」が必要であるが，いつでも「気晴らし」人間であるとき，その人間の存在価値や責任性や自尊感情などは消失してしまうことになる。このとき，むなしく，さびしく，孤独な自分を見出し，アルコール依存などへの「気晴らし」に逃げ込んだ人間と，「自己実現」への「きづき」をもつ人間とがあらわれてくる。

　自己実現的に生きる人間は，自己への「きづき」があり，その自己を「受け容れ」ており，その自己を「実現化」している存在であろう。「きづき（自己洞察）」の内容はその個人にとって，否定し，拒否したいものであろう。その本質的属性を否定して生きようとするとき，自分自身の存在の否定にならざるを得ない。「きづき」は，「受け容れ」へと変化していくことが重要である。

　「受け容れ（自己受容）」へのプロセスは相当の苦悩を伴うものである。「他ならぬこの自分自身」を受け容れることが，どれほど困難であるかということにきづかされたとき，他人を受容することはさらに困難であるということも理解しなければならない。ブレイク・ダウンした人間の多くは，自己否定＝他者否定という関係状況でもがき，あがいているといってもよい。

　「きづき」をもち，「受け容れ」ができるようになると，真実なる自分の「実現化」が示される。弱さや強さ，喜びや悲しみを背負った人間は，感性豊かであり，悩みや痛みを経験し対峙した人間は，他人の同様な世界に共感できるものである。また，そのような人間は共感できるだけでなく，他者に対しても開示でき，他者からの信頼性（透明性）も高まっていく。

3）心理支援者のありよう─「生きる意味」の確立へ

　健康で幸せな生き方を求め，彷徨する現代人は，自己の生きる意味を模索しているプロセスにあるといえよう。神経症的人間，アルコール依存の人間，ブレイク・ダウンした人間もすべて，そのプロセスにある存在であり，だれよりも健康に生きること，自分らしく生きること，そして「生きる意味の確立」を目指して苦悩しているにすぎない。むしろ，その意味では何の「きづき」ももたず「働き蜂」で一生を終わろうとする過剰適応の人間に対して，意味深い黙示を与えているように思われる。

第10章　臨床心理学における倫理とスーパーヴィジョン　*221*

心身症にみられる**失感情症**（Alexithymia）的人間（自分の感情・情動へのきづきや，その感情の言語化の障害）は，一見，適応的であり，有能な会社人間に思えるが，自己の身体や感情のありように対してまるで鈍感であり，ロボット的人間である。そしてやがて自己実現的エネルギーが枯渇してしまったとき，心身症的人間へと変身する。

　人間は，時・空間的に「有限の世界」に存在している。時間的には，約80年のライフ・サイクルが考えられる。さまざまな空間（環境）に生きながら，それぞれの人生80年をいかに生きるかは当の本人の**「生きる意味」「意味への意志」**と深くかかわっている。「いかに生きるか」によって豊かな人生もあろうし，何のために生きてきたのかわからない人生もあろう。ただ一回限りにおいて，この宇宙に存在し得た自分の生命と人生を，ただ生物の種のように生きるか（自己喪失的，意味喪失的生き方），自己実現的人間として「自分らしく」生きるか（自己確立的，意味志向的生き方）はきわめて重要であり，心理支援に携わる人間の「責任」である。

文　献

American Psychiatric Association (1994). *Diagnostic and Statistical Manual of Mental Disorders: DSM-IV.* Washington, D.C.: American Psychiatric Pub.

American Psychiatric Association (2013). *Diagnostic and Statistical Manual of Mental Disorders: DSM-5.* Washington, D.C.: American Psychiatric Pub.（高橋三郎・大野　裕（監訳）(2014). DSM-5　精神疾患と分類と診断の手引き　医学書院）

Asperger, H. (1944). Die 'Autistischen Psychopathen' im Kindesalter. *Archiv für Psychiatrie und Nervenkrankheiten,* **117**, 76-136.

飛鳥井　望（1998). 外傷概念の歴史的変遷と PTSD　精神科治療学, **13**(7), 811-818.

Axline, V. M. (1947). *Play therapy: the inner dynamics of childhood.* Boston: Houghton Mifflin.（小林治夫（訳）(1972). 遊戯療法　岩崎学術出版社）

馬場禮子（1997). 心理療法と心理検査　日本評論社

Baron-Cohen, S. (1988). Social and pragmatic deficits in autism: cognitive or affective?. *Journal of Autism and Developmental Disorders,* **18**(3), 379-402.

Bell, P., Kee, M., Loughrey, G. C., Roddy, R. J., & Curran, P. S. (1988). Post-traumatic stress in Nothern Ireland. *Acta Psychiatrica Scandinavica,* **77**(2), 166-169.

Binet, A., & Simon, Th. (1911). *A method of measuring the development of the intelligence of young children.* Lincoln, Illinois: Courier Company.

Bridges, K. M. B. (1932). Emotional development in early infancy. *Child Development,* **3**, 324-341.

Buber, M. (1923). *Die Schriften über das dialogische Prinzip I.*（田口義弘（訳）(1967). 対話的原理　ブーバー著作集　みすず書房）

Call, J. D. (1975). Autistic behavior in infants and young children. In V. C. Kelly (Ed.), *Practice of Pediatrics.* 1: 4A., London: Harper & Row, Publ.

Carlsson, A. M., & Bihlar, B. (2000). *Rorschach assessment before or during psychotherapy: Does it make a difference?* Paper presented at the annual meeting of the Society for Personality Assessment, Albuquerque, N. M.

Chethik, M. (1989). *Techniques of child therapy: Psychodynamic strategies.* New

York: GuilfordPress.（斎藤久美子・吉岡恒生・名取琢自（訳）(1999)．子どもの心理療法―サイコダイナミクスを学ぶ―　創元社）

Cooper, N. A., Clum, G. A. (1989). Imaginal flooding as a supplementary treatment for PTSD in combat veterans: A controlled study. *Behavior Therapy*, **20**(3), 381-391.

Erikson, E. H. (1959). *Identity and Life Cycle*. Psychological Issue. New York: International Universities Press.（小此木啓吾（編訳）(1973)．自我同一性―アイデンティティとライフサイクル―　人間科学叢書4　誠信書房）

アイゼンク, H. J.（編）　異常行動研究会（訳）(1965)．行動療法と神経症―神経症の新らしい治療理論―　誠信書房

Finn, S. E. (2007). *In our Clients' shoes: Theory and techniques of therapeutic assessment*. Mahwah, NJ: Lawrence Erlbaum Associates.（野田昌道・中村紀子（訳）(2014)．治療的アセスメントの理論と実践―クライエントの靴を履いて―　金剛出版）

Fischer, C. T. (1994). *Individual Psychological Assessment*. Mahwah, NJ: Lawrence Erlbaum Associates.

Foa, E. B., Steketee, G., & Rothbaum, B. O. (1989). Behavioral/cognitive conceptualizations of post-traumatic stress disorder. *Behaviour Therapy*, **20**(2), 155-176.

フランクル, V. E.　霜山徳爾（訳）(1954)．夜と霧　みすず書房

フランクル, V. E.　宮本忠雄（訳）(1961)．時代精神の病理学　みすず書房

フランクル, V. E.　山田邦男（訳）(1998)．フランクル回想録―20世紀を生きて―　春秋社

フランクル, V. E.　山田邦男・松田美佳（訳）(2004)．苦悩する人間　春秋社

フランクル, V. E.　広岡義之（訳）(2015)．虚無感について―心理学と哲学への挑戦―　青土社

フランクル, V. E.　寺田　浩・寺田治子（監訳）(2016)．精神療法における意味の問題―ロゴセラピー魂の癒し―　北大路書房

Freud, S. (1893-95). *Studies on Hysteria*. Standard Edition, Vol. 2. Trans. J. Strachey, London: Hogarth Press, 1955.（懸田克躬・小此木啓吾（訳）(1974)．ヒステリー研究　フロイト著作集7　人文書院　pp. 5-229）

Freud, S. (1895). *Project for scientific psychology*. Standard Edition, Vol. 1. Trans. J. Strachey, London: Hogarth Press, pp. 283-397, 1966.（懸田克躬・小此木啓

吾訳（1974）．科学的心理学草稿　フロイト著作集7　人文書院　pp. 230-314）

藤原喜悦（1977）．自己概念　依田　新（監修）新・教育心理学辞典　金子書房

コウリー，G.・コウリー，M. S.・キャラナン，P.　村本証司（監訳）（2004）．援助
専門家のための倫理問題ワークブック　創元社

Gil, E. (1991). *The healing power of play: Working with abused children.* New
York: Guilford Press.（西澤　哲（訳）（1997）．虐待を受けた子どものプレイ
セラピー　誠信書房）

Ginott, H. G. (1968). Interpretations and child therapy. In E. F. Hammer (Ed.),
Use of interpretation in treatment: technique and art. Grune & Stratton.

Grady, D. A., Woolfork, R. L., & Budney, A. J. (1989). Dimensions of war zone
stress: An empirical analysis. *The Journal of Nervous and Mental Disease*, **177**
(6), 347-350.

Guilford, J. P. (1959). Three faces of intellect. *American Psychologist*, **14**(8), 469-
479.

Harrower, M. (1956). Projective counseling, a psychotherapeutic technique,
American Journal of Psychotherapy, **10**(1), 74-86.

橋口英俊・滝口俊子（編著）（2003）．新臨床心理学　八千代出版

Havighurst, R. J. (1953). *Human development and education.* New York: Long-
mans.

早坂泰次郎・上野ひとし（1968）．高看心理学　メヂカルフレンド社

ハイデッガー，M.　細谷貞雄・亀井　裕・船橋　弘（訳）（1963）．存在と時間
ハイデッガー選集第16巻　理想社

ハームリン，B.・オコナー，N.　平井　久・佐藤加津子（訳）（1977）．自閉児の知
覚　岩崎学術出版社

Herman, J. L. (1992). *Trauma and Recovery.* Basic Book.（中井久夫（訳）（1999）．
心的外傷と回復（増補版）　みすず書房）

Herlihy, B., & Corey, G. (1997). *Boundary issues in counseling: Multiple roles and
responsibilities.* American Counseling Association.

久留一郎（1980a）．情緒障害児教育の実際—治療教育的接近をとおして—　教育と
医学，**28**(5), 444-450.

久留一郎（1980b）．発達観　野西恵三（監修）障害児臨床と発達援助　協同出版

久留一郎（1982）．精神遅滞児のための心理テストの利用（2）　心理測定ジャーナ
ル，**18**(5), 2-7.

久留一郎（1984）．発達とその障害・知能とその障害　野西恵三（編）心理学―人間理解と援助的接近―　北大路書房

久留一郎（1994）．発達障害の診断と事例―学習障害を通して―　伊藤隆二・橋口英俊・春日　喬（編）学齢期の臨床心理学　駿河台出版

久留一郎（1989）．児童生徒の精神的健康　丸井文男（監修）人間発達と心理臨床　協同出版

久留一郎（1990a）．災害並びに事故後のストレス障害について―PTSD をめぐって―　平成 2 年度メンタルヘルス研修会　鹿児島県医師会・労働基準局

久留一郎（1990b）．心的外傷後ストレス障害（PTSD）に関する心理学的研究（Ⅰ）　九州心理学会第 51 回大会発表論文集

久留一郎（1994）．高齢者の人間理解　三谷嘉明（編著）発達障害をもつ高齢者と QOL　明治図書

久留一郎（1995）．外傷後ストレス障害と人的災害　人間性心理学研究，**13**(2)，196-210.

久留一郎（1996a）．「いじめ」と「見ざる，聞かざる，言わざる」　松原達哉（編著）いじめっ子への処方箋―カウンセラー 50 人によるいじめ解決法―　教育開発研究所

久留一郎（1996b）．PTSD：外傷後ストレス障害　日本児童研究所（編）児童心理学の進歩 1996 年版　金子書房　pp. 27-56

久留一郎（1997）．PTSD とは　教育と医学，**45**(8)，4-11.

久留一郎（2000a）．スクールカウンセラーと PTSD―カウンセラーの「きづき」としての PTSD―　村山正治（編）臨床心理士によるスクールカウンセラー―実際と展望―　現代のエスプリ別冊　至文堂

久留一郎（2000b）．災害被害者の心理とその援助―心理臨床家の"きづき"としての PTSD―　第 1 回被害者支援研修会　日本臨床心理士被害者支援専門委員会

久留一郎（2002）．プレイ・セラピー　小宮美弥・末岡一伯・今塩屋隼男・安藤隆男（編）障害児発達支援基礎用語事典　川島書店

久留一郎（2003a）．発達心理臨床学―病み，悩み，障害をもつ人間への臨床援助的接近―　北大路書房

久留一郎（2003b）．PTSD―ポスト・トラウマティック・カウンセリング―　駿河台出版社

久留一郎（2008）．災害救助と惨事ストレス障害―救援隊のメンタルヘルス―　催

眠と科学，**22**(1)，1-6.

久留一郎（2010）．トラウマとは，トラウマ体験の症状　日本心理臨床学会（編）
　　危機における心理支援学—91のキーワードでわかる緊急事態における心理社
　　会的アプローチ—　遠見書房

久留一郎（編著）（1989）．臨床援助の心理学　北大路書房

久留一郎（編集）（2011）．トラウマと心理臨床—被害者支援に求められるもの—
　　現代のエスプリ524号　ぎょうせい

久留一郎・餅原尚子（1993）．自閉性障害に関する教育臨床的考察（D）—児童期
　　における状態像の変化と診断をめぐって—　鹿児島大学教育学部教育実践研究
　　紀要，**3**，107-119.

久留一郎・餅原尚子・門田美穂・村岡和美（1997）．いじめに関する臨床心理学的
　　研究（Ｉ）—「いじめ」の心理的構造について　小児保健かごしま，**10**，45-48.

久留一郎・餅原尚子・中村美香・胡　建勇・久留章子・児玉さら・大平落明美・中
　　江和子・滝川章子（2002）．鹿児島県北西部地震に関する心理学的研究（第13
　　報）—児童生徒の被災3年6ヶ月後のPTSD出現率（継時的変化）—　鹿児
　　島大学教育学部研究紀要．人文・社会科学編，**53**，135-155.

Hobson, R. P. (1989). Beyond cognition: a theory of autism. In G. Dawson (Ed.),
　　Autism: Nature, diagnosis and treatment. New York: Guilford Press, pp. 22-
　　48.

Hochschild, A. R. (1983). *The Managed Heart: Commercialization of Human Feel-
　　ing.* University of California Press.（石川　准・室伏亜希（訳）（2000）．管理
　　される心—感情が商品になるとき—　世界思想社）

Horowitz, M. J., Wilner, N., & Kaltreider, N. et al. (1980). Signs and symptoms of
　　posttraumatic stress disorder. *Archives of General Psychiatry,* **37**(1), 85-92.

一丸藤太郎（2003）．臨床心理実習1—スーパーヴィジョン—　大塚義孝・岡堂哲
　　雄・東山紘久・下山晴彦（監修）臨床心理実習論　臨床心理学全書第4巻　誠
　　信書房

池田理恵子（1994）．エイズと生きる時代　岩波書店

池田豊應（1995）．臨床投影法入門　ナカニシヤ出版

犬塚孝明（2015）．歴史を見る眼　鹿児島純心女子大学大学院人間科学研究科紀
　　要，**10**，6-8.

岩井圭司・加藤　寛・飛鳥井望・三宅由子・中井久夫（1998）．災害救援者の
　　PTSD—阪神・淡路大震災被災地における消防士の面接調査から—　精神科治

療学，**13**(8)，971-979．

岩井圭司・加藤　寛（2002）．災害救援者—阪神・淡路大震災の救援業務に従事した消防職員と，避難所の運営にあたった公立学校教職員の健康調査にみられたPTSD症状—　臨床精神医学増刊号　pp. 131-138．

ジョルダン，M.　白根孝之（訳）（1956）．学習の諸問題　教育心理学（上巻）　中教出版社

角川雅樹（1988）．1985年メキシコ大地震の経験から—地震災害と精神衛生—　精神医学，**30**(7)，823-829．

Kanner, J. (1943). Autistic disturbances of affective contact. *Nervous Child*, **2**, 217-250.

笠原　嘉（1984）．アパシー・シンドローム—高学歴社会の青年心理—　岩波書店

Keane, T. M., Fairbank, J. A., & Caddell, J. M. et al. (1989). Implosive (flooding) therapy reduces symptoms of PTSD in Vietnam combat veterans. *Behavior Therapy*, **20**(2), 245-260.

Kilpatrick, D. G., Saunders, B. E., & Amick-McMulian, A. et al. (1989). Victim and crime factors associated with the development of crime related post-traumatic stress disorder. *Behavior Therapy*, **20**(2), 199-214.

衣笠隆幸（2010）．重ね着症候群の診断と治療　児童青年精神医学とその近接領域，**51**(3)，345-351．

Kitchener, K. S. (1984). Intuition, critical evaluation and ethical principles: The foundation for ethical decisions in counseling psychology. *The Counseling Psychologist*, **12**(3), 43-55.

クリングバーグ，Jr. H.　赤坂桃子（訳）（2006）．人生があなたを待っている—「夜と霧」を越えて—1, 2　みすず書房

児玉憲一（1996）．エイズ・カウンセリング　村本詔司・逢坂隆子（編）エイズの周辺—エイズ学入門—　法政出版

児玉憲一・一円禎紀（1997）．性的パートナー告知を促すHIVカウンセリングの技法と倫理に関して　心理臨床学研究，**15**(1)，98-103．

Laufer, R. S., Frey-Wouters, E., & Gallops, M. (1985). Traumatic stressors in the Vietnam war and post-traumatic stress disorder. In C. R. Figley (Ed.), *Trauma and Its Wake*. New York: Routledge.

Lebo, D. (1958). A formula for selecting toys for nondirective play therapy. *The Journal of Genetic Psychology*, **92**(1), 23-34.

前田嘉明（1966）．発達加速現象　桂　広介・沢田慶輔・倉石精一（編）教育相談事典　金子書房

前田重治（1976）．心理面接の技術―精神分析的心理療法入門―　慶応通信

Maslow, A. H.（1962）. *Toward a psychology of being*. Van Nostrand.（上田吉一（訳）（1964）．完全なる人間　誠信書房）

松本智子（1995）．エイズ（HIV 感染症）とそのカウンセリングの実際　福西勇夫（編）リエゾン：身体疾患患者の心のケア　現代のエスプリ 340 号　至文堂 pp. 132-142.

McCann, K., & Wadsworth, E.（1991）. The experience of having a positive HIV antibody test. *AIDS Care*, **3**(1), 43-53.

マクファーレン, A. C.（1999）．自然災害の長期的転帰　こころのケアセンター（編）災害とトラウマ　みすず書房

McFarlane, A. C.（1988）. Posttraumatic stress disorder and blindness. *Comprehensive Psychiatry*, **29**(6), 558-560.

Meara, N. M., Schmidt, L. D., & Day, J. D.（1996）. Principles and virtues: A foundation for ethical decisions, policies, and character. *The Counseling Psychologist*, **24**(1), 4-77.

宮地尚子（1995）．PTSD 考―阪神大震災によせて―　誠信プレビュー，**55**, 5-8.

餅原尚子（2001）．人間にとっての「病い」の意味　エイズ・カウンセリング研修会報告　エイズ予防財団

餅原尚子（2002）．PTSD　本明　寛（監修）最新・心理学序説　金子書房

餅原尚子（2003）．性犯罪被害による PTSD の事例へのカウンセリング―信頼の絆が結ばれるまで―　カウンセリング研究，**36**(4), 437-445.

餅原尚子（2004）．エイズとともに生きる　人間を支えるということ―エイズ・カウンセリングの視点から―　国際言語文化研究，**10**, 121-137.

餅原尚子（2005）．表情に乏しい子の理解とかかわり　児童心理，**59**(17), 1613-1616.

餅原尚子（2007a）．救援者の災害ストレス（PTSD, CIS）の予防とケアに関する臨床心理学的研究　平成 15・16・17 年度科学研究費補助金（若手研究（B））報告書

餅原尚子（2007b）．気持ちを伝えられる場・雰囲気をつくる　児童心理，**61**(7), 626-630.

餅原尚子（2008）．心の傷：“みたて”と“かかわり”の視点から　教育と医学，

659, 434-440.

餅原尚子（2011a）．復興支援者への心身的ケアを考える　臨床心理学，**11**(4)，519-523.

餅原尚子（2011b）．東日本大震災の悲しみを乗り越える：子どもの PTSD とは―その症状の理解―　児童心理，**65**(17), 1505-1510.

餅原尚子（2018）．発達障害者の心理アセスメント―協働的アセスメント・治療的アセスメントに視点をあてて―　鹿児島純心女子大学大学院心理臨床相談センター紀要，**13**, 3-10.

餅原尚子・久留一郎（1998）．外傷後ストレス障害（PTSD）に関する臨床心理学的研究（X）―鹿児島県北西部地震・出水市土石流災害による心の健康調査―　日本心理臨床学会第 17 回大会発表論文集　日本心理臨床学会

餅原尚子・久留一郎（2013）．トラウマを被った障害児への心理支援　第 61 回九州学校保健学会

餅原尚子・久留一郎（2014）．スクール・トラウマに関する臨床心理学的研究―発達障害に視点をあてて―　第 62 回九州学校保健学会

餅原尚子・久留一郎（2015）．ロールシャッハ・テスト後に急速な回復を見せた PTSD の 2 事例　ロールシャッハ法研究，**19**, 1-10.

餅原尚子・久留一郎（2016）．発達障害とトラウマに関する臨床心理学的研究　第 30 回鹿児島県小児保健学会

餅原尚子・久留一郎（2017）．災害後の緊急支援に関する臨床心理学的考察　鹿児島純心女子大学大学院人間科学研究科紀要，**12**, 13-25

餅原尚子・村岡和美・門田美穂・久留一郎（1997）．いじめに関する臨床心理学的研究（Ⅱ）―"いじめ"構造への危機介入について―　小児保健かごしま，**10**, 49-52.

Modlin, H. C. (1983). Traumatic neurosis and other injuries. *Psychiatric Clinics of North America*, **6**(4), 661-682.

森山成棫（1990a）．「心的外傷後ストレス障害」の現況　精神医学，**32**(5), 458-466.

森山成棫（1990b）．心的外傷後ストレス障害の歴史と展望（1）～（3）　日本医事新報，**3444-3446**, 59-62, 62-64, 64-66.

村上正人・三浦勝浩・丸岡秀一郎（2012）．心療内科における不定愁訴　臨床精神医学，**41**(3), 247-254.

村瀬孝雄（1970）．被験者が自己解決を行った一症例―診断的理解と共感的理解の

統合についての一考察─　片口安史ほか（編）ロールシャッハ法による事例研究　誠信書房

村瀬嘉代子（1995）．子どもと大人の心の架け橋　金剛出版

村瀬嘉代子（2001）．児童虐待への臨床心理的援助─個別的にして多面的アプローチ─　臨床心理学，**1**(6)，711-717．

村瀬嘉代子（2011）．被害者支援の基本　久留一郎（編集）トラウマと心理臨床─被害者支援に求められるもの─　現代のエスプリ 524 号　ぎょうせい　pp. 26-36．

ムスターカス，C. E.　古屋健治（訳）（1968）．児童の心理療法─遊戯療法を中心として─　岩崎学術出版社

名古屋ロールシャッハ研究会（2018）．ロールシャッハ法解説─名古屋大学式技法─　金子書房

中井久夫（2013）．新版　分裂病と人類学　UP コレクション　東京大学出版会

新倉淳子（1981）．発達課題　小川捷之（編）臨床心理用語事典─診断・症状・治療篇─　現代のエスプリ別冊　至文堂

西澤　哲（1999）．トラウマの臨床心理学　金剛出版

野口正成（1994）．HIV 感染とカウンセリング─カウンセリングの目指すもの─　臨床医，**20**(3)，56-59．

野口正成・小島賢一（1993）．エイズ・カウンセリング　福村出版

野島一彦・矢永由里子（2002）．HIV と心理臨床　ナカニシヤ出版

小川俊樹（2015）．投映法の可能性　小川俊樹・伊藤宗親（編）投影査定心理学特論（'15）　放送大学教育振興会

岡本夏木（1974）．発達　内山喜久雄（編）児童臨床心理学事典　岩崎学術出版社

奥山眞紀子（1997）．被虐待児の治療とケア　臨床精神医学，**26**(1)，19-26．

恩田　彰・伊藤隆二（編）（1999）．臨床心理学辞典　八千代出版

Ornitz, E. M., & Ritvo, E. R. (1976). The syndrome of autism: A critical review. *The American Journal of Psychiatry*, **133**(6), 609-612.

パスカル（1973）．パンセ　中公文庫

ピカート，M.　佐野利勝（訳）（1959）．人間とその顔　みすず書房

Raphael, B. (1983). *The Anatomy of Bereavement*. New York: Basic Books.

Raphael, B. (1986). *When disaster strikes: How individuals and communities cope with catastrophe*. Basic Books.（石丸　正（訳）（1989）．災害の襲うとき─カタストロフィの精神医学─　みすず書房）

Rogers, C. R.（1961）. *On Becoming a Person*. Boston: Houghton Mifflin, pp. 67-69.（畠瀬　稔（編訳）（1967）. 人間関係論（ロージァズ全集6）　岩崎学術出版社 pp. 84-87.）

ロージァズ, C. R.　村山正治（編訳）（1967）.　自己が真の自己自身であるということ―人間の目標に関する一セラピストの考え―　人間論（ロージァズ全集12）　岩崎学術出版社

ロージァズ, C. R.（編）　友田不二男・手塚郁恵（訳）（1972）. サイコセラピィの研究（ロージァズ全集別巻1）　岩崎学術出版社

Rutter, M.（Ed.）（1971）. *Infantile Autism: Concepts, characteristics and treatment.* Edinburgh and London: Churchill Livingston.

Schachtel, E. G.（1966）. *Experiential foundations of Rorschach's test.* Basic Books.（空井健三・上芝功博（訳）（1975）. ロールシャッハ・テストの体験的基礎　みすず書房）

白川美也子（2002）. PTSDとその周辺をめぐって　複雑性PTSD（DESNOS）臨床精神医学（増刊号）　pp. 220-230.

Solomon, Z.（1990）. Back to the front: Recurrent exposure to combat stress and reactivation of posttraumatic stress disorder. In M. E. Wolf, & A. D. Mosnaim（Eds.）, *Posttraumatic stress disorder: Etiology, phenomenology, and treatment.* Washington, D.C.: American Psychiatric Press, pp. 114-138.

Solomon, Z., Weisenberg, M., & Schwarzwald, J. et al.（1987）. Posttraumatic stress disorder among frontline soldiers with combat stress reaction: The 1982 Israeli experience. *The American Journal of Psychiatry*, **144**(4), 448-454.

総務省消防庁（2003）. 消防職員の惨事ストレスの実態と対策の在り方について（概要）　月刊フェスク, **259**, 64-70.

Somnier, F. E., & Genefke, I. K.（1986）. Psychotherapy for victims of torture. *British Journal of Psychiatry*, **149**, 323-329.

Spearman, C.（1904）. "General Intelligence" objectively determined and measured. *The American Journal of Psychology*, **15**, 201-292.

杉山登志郎（2000）. 発達障害の豊かな世界　日本評論社

杉山登志郎（2006）. 発達障害としての子ども虐待　子どもの虐待とネグレクト, **8**(2), 202-212.

杉山登志郎（2011）. 発達障害のいま　講談社現代新書

Sullivan, H. S.（1954）. *The psychiatric interview.* New York: W. W. Norton.（中井

久夫ほか（共訳）（1986）．精神医学的面接　みすず書房）

サリヴァン，H. S.　中井久夫（訳）（1990）．精神医学は対人関係論である　みすず書房

鑢　幹八郎（1998）．心理臨床における倫理の問題　第17回日本心理臨床学会大会ワークショップ発表資料　pp. 409-410.

鑢　幹八郎（2004）．心理臨床と倫理・スーパーヴィジョン　鑢幹八郎著作集Ⅲナカニシヤ出版

Terman, L. M. (1916). *The Measurement of Intelligence*. The Riverside Press.

Terr, L. C. (1983). Chowchilla revisited: The effects of psychic trauma four years after a school-bus kidnapping. *The American Journal of Psychiatry*, **140**(12), 1543-1550.

Terr, L. (1990). *Too scared to cry: psychic trauma in childhood*. New York: Basic Books.

Thurstone, L. L. (1938). Primary mental abilities. *Psychometric Monographs*, **1**.

ティリッヒ，T.　大木英夫（訳）（1995）．生きる勇気　平凡社ライブラリー102

東京消防庁（2002）．凄惨な火災現場で受けるストレス―メンタルヘルス対策（2）消防通信，**28**(4), 34-38.

上野和彦（1984）．教室の中の学習障害　有斐閣

Vernon, P. E. (1961). *The structure of human abilities*. 2nd ed. Methuen.

Walden, S. L. (1997). The counselor/client partnership in ethical practice. In B. Herlihy & G. Corey (Eds.), *Boundary issues in counseling: Multiple roles and responsibilities*. Alexandria, VA: American Counseling Association, pp. 40-47.

Watson, C. G., Kucala, T., & Manifold, V. et al. (1988). The relationships of post-traumatic stress disorder to adolescent illegal activities, drinking, and employment. *Journal of Clinical Psychology*, **44**, 592-598.

ウェクスラー，D.　茂木茂八・安富利光・福原真智子（訳）（1972）．成人知能の測定と評価　日本文化科学社

ヴァイツゼッカー，V. von　木村　敏・浜中淑彦（訳）（1975）．ゲシュタルトクライス―知覚と運動の一元論―　みすず書房

WHO (2001). Office on Classification, Assessment and Surveys and WPA Section on Classification and Diagnostic Assessment Symposium on International Classification and Diagnosis. WPA European Congress, London, July 12-13.

WHO (1992). World Health Organization 10th Revision of the International Classification of Diseases Chap. V（F）Mental, Behavioural and Developmental Disorders, Clinical Descriptions and Diagnostic Guidelines.

Wilkinson, C. B.（1983）. Aftermath of a disaster: The collapse of the Hyatt Regency Hotel skywalks. *The American Journal of Psychiatry*, **140**(9), 1134-1139.

ウィリアムズ，D.　川手鷹彦（訳）（2009）.　自閉症という体験―失われた感覚を持つ人びと―　誠信書房

Wilson, J. P., Smith, W. K., & Johnson, S. K.（1985）. A comparative analysis of PTSD among various survivor groups. In C. R. Figley（Ed.）, *Trauma and Its Wake*. New York: Routledge.

ウィング，L.　久保紘章・佐々木正美・清水康夫（監訳）（1998）.　自閉症スペクトル―親と専門家のためのガイドブック―　東京書籍

Winiarsky, M. G.（1991）. *AIDS-related Psychotherapy*. Pergamon Press.

米田衆介（2008）.　フラッシュバックの対応と工夫　Asp ☆ Heart(アスペハート)，**7**(2).

四元真弓・餅原尚子・久留一郎（2015）.　感情労働における概念規定の整理と展望―構成特徴を，看護者・介護者・保育者の立場から捉える―　鹿児島純心女子大学大学院人間科学研究科紀要，**10**, 111-118.

Yule, W., & Gold, A.（1993）. *Wise Before the Event: Coping with crises in schools*. Published by Calouste Gulbenkian Foundation, London.（久留一郎（訳）（2001）.　スクール・トラウマとその支援―学校における危機管理ガイドブック―　誠信書房）

あとがき

　新しい時代を迎えるにあたり，モ̇ノ̇は豊かになってきたものの，コ̇ト̇（心）はどうでしょう。自己と他者の理解には，「精神的成熟」が重要です。つまり，人の心にかかわるわれわれ自身が，自らの「生きる意味」を確立していることが求められるように思います。

　本書では，病み，悩み，障害のある人間の視点で述べていますが，一方で，彼らにかかわるわれわれも，一人の人間です。どちらかに偏ることなく，絶妙なバランス感覚をもつことが不可欠だと思います。Beautiful harmony（令和）が求められる時代なのかもしれません。

　久留は，今から50年前，わが国で2番目に診断された自閉スペクトラム症児のセラピストでした。以降，自閉スペクトラム症の研究をすすめ，1990年から1991年にかけて，ロンドン大学精神医学研究所モーズレイ病院の客員教授（文部省在外研究員）として，トラウマ（PTSD）と発達障害の臨床と研究に携わり，現在に至っています。

　餅原は，大学院修了後，精神科臨床，学校臨床，被害者支援等に携わり，その研究と臨床を重ねて参りました。2002年に鹿児島純心女子大学に着任し，2003年から現在に至るまで十数年にわたり科学研究費を継続的に獲得し，久留をコーディネーターに，欧州各国の大学，病院，施設等との学術交流を行ってきました。

　本書は，これまでの私どもの研究，臨床の集大成となっております。

　まだ，だれにも相談できず，一人で苦渋の毎日を過ごしている人がいるかもしれません。しかし，現実には，「生きたい」という気持ちがあれば，どんな極限状況にあっても，そこに「意味」を見出し，その苦境を克服していく人々がいます。人間の生きる力を信じ，ともに「生きる意味」を確立していこうとする心を支援していきたいと思っています。

本書校正にあたりましては，多くの病院臨床，学校臨床，福祉臨床，司法・産業領域の臨床心理士等の先生方に，本書の主旨を汲んだ人間哲学に基づく文脈的，意味的表現等を含め，丁寧であたたかいご協力をいただきました。

　最後になりましたが，これまで出会った多くのクライエントの方々に心をより感謝申し上げます。

久留一郎・餅原尚子

索　引

ア 行

ICF（国際生活機能分類）　41
ICD（国際疾病分類）　14
アイデンティティ　8
アウシュヴィッツ・ビルケナウ強制絶滅収
　容所　202
アクスラインの8つの原理　55
あそび　51
生きる意味　1, 161, 218, 222
　——の拡散　218
　——の確立　220-1
　——の喪失　1, 161, 218
いじめ　119
慈しみ　205
意味への意志　222
インクルージョン　152
ウェクスラー法　25-6
受ける側　16
運動能力に関する検査　22
エイズ　133
エイズ・カウンセリング　136
エイズ教育　139
HIV（ヒト免疫不全ウイルス）　134
LGBT　133
エンパワーメント　169
オープン・マインド　65, 122
「大人」の条件　6

カ 行

下位検査　92
回避　170
カウンセリングの過程尺度　60
学習症（LD）　83
学習理論　47
覚醒亢進（神経過敏）　170
学力，創造性に関する心理検査　22

重ね着症候群　91
カサンドラ症候群　152
過剰適応　219
加齢化現象（エイジング）　2
環境因子　41
観察自我　212
観察法　13
間主観性理論　42
間主観的関係　36
感情理論　79
感情労働　149
関与しながらの観察　36
記憶，学習に関する心理検査　22
きづき　1, 125
救援者のメンタルヘルス　155
共感　43
共感的理解　179, 213
共通理解　62
協働的アセスメント　35
　——の視点　39
緊急支援　184
偶然的観察　13
クライエント　11
　——の立場に立つ　43
健康モデル　16
言語性IQ　28
言語発達，言語理解に関する心理検査
　22
行動，社会性に関する心理検査　22
行動療法　47
高齢期の自己概念　140
高齢者の尊厳　142
高齢の意味　141
心の傷　165
個人遊戯療法　53
個別化する　21, 35
個別式知能検査　21

237

コンサルテーション　64

サ　行

再体験　170
最適期　70
裁判員制度　158
裁判員のメンタルヘルス　158
作業法　19
惨事ストレス（CIS）　155
自我　99
　　——の再体制化　102
　　——の強さ　100
　　——の分裂　128
自我関与　100
自我同一性拡散　101
自我同一性混乱　101
シグニフィカント・パーソン　53
自己　99
自己一致　50, 104
自己概念　104
自己研鑽　210
自己研修　63
自己実現　103
自己実現傾向　2, 162
自己受容　50, 104
自己洞察　49, 104
視座　212
自然的観察法　13
自尊感情　161
失感情症　222
実験的観察法　13
実存的空虚　161
質問紙法　18
自閉スペクトラム症（ASD）　78, 88
集団遊戯療法　53
守秘義務　63, 206
障害　144
条件反射理論　47
正直（真実）さ　206
情緒　104

情緒障害　105
職業適性，興味に関する心理検査　22
自律　205
神経症　127
心身症（PSD）　129
心理教育　32
心理検査　15
心理支援　1-2, 4, 49, 133, 136
心理支援者　167, 215
心理療法　45, 57
スーパーヴァイザー　211
　　——の選択　212
スーパーヴィジョン（臨床的指導・教育）
　17, 211
　　——の受け方　214
　　——の目的　213
スクール・トラウマ　188
スチューデント・アパシー（意欲減退学
　生）　216
する側　16
性格，人格に関する心理検査　22
制限　57
精神腫瘍学　133
精神分析　45
誠実さ　206
成熟　67
成長　67
成長モデル　16
生命（人間）に対する哲学　9
全体 IQ　25
選択性緘黙　113
組織的観察　13
啐啄同時　49

タ　行

第一自我形成期　107
体験強度　88
体験距離　88
第二自我形成期　107
タイムスリップ現象　89-90

WHO　14
チーム・アプローチ　59, 64
知覚，感覚に関する心理検査　22
知的障害　74
知能　23
　　——の意味　23
　　——の測定　23
　　——の発達　24
知能検査　23
注意欠如多動症（ADHD）　86
治療契約　54
治療構造　211
治療的アセスメント　36
　　——の視点　40
治療的なアセスメント　35
出会い　45
DSM（精神障害の診断・統計マニュアル）
　15
ディスクレパンシー　26
ディブリーフィング　186
適応障害　72
適時性　71
テスト・バッテリー（組み合わせ）　21
投映法　20
投映法カウンセリング　34
動機づけ　105
統合失調症　125
動作性 IQ　28
道徳原則　205
道徳性，人間関係に関する心理検査　22
特別支援教育　67
トラウマ　87, 91, 155

ナ　行

二次受傷　158
乳幼児の発達に関する心理検査　22
人間学的心理療法　48
人間の尊厳　119
認知症　146
認知症高齢者　146

認知理論（心の理論障害説）　79
年間加速現象　71
ノーマライゼーション　67

ハ　行

パートナー告知　135
バーン・アウト（燃え尽き症候群）
　150, 219
発達　67
　　——の原理　68
発達加速現象　71
発達課題　70
発達勾配現象　71
発達支援　82, 84, 87
発達障害　87, 91, 151
　　——に関する心理検査　22
反抗期　107
犯罪被害者への心理支援　194
PTSD（心的外傷後ストレス障害）　90,
　116, 168
　　——の症状　170
　　——の心理支援　179
PTG（外傷後成長）　162
被害者支援　189, 195
ピグマリオン効果　3
被災者支援　189, 195
ビネー法　25
表情　115
平等　206
病理モデル　16
不登校（神経症的不登校）　5, 110
フラッシュバック　90
ブレイク・ダウン現象　5
プレイ・セラピー　52
プロクルステスのベッド　47
プロセス・スケール　59
ポスト・トラウマティック・カウンセリン
　グ　182

索　引　239

マ 行

みたて（アセスメント）　125
無意識　46
無害　205
メンタルヘルス　65, 151, 153, 160
モラトリアム（猶予期間）　216

ヤ 行

有力化（エンパワーメント）　33
抑圧理論　46
欲求不満耐性　75

ラ 行

来談者中心療法　48
ラポール（親和的関係）　16

〔右列〕

Link Book　187
臨床援助　59
臨床心理アセスメント　23, 28, 35
倫理感覚　209
倫理綱領　207
倫理的危機　208
レジリエンス　161
レディネス　70
ロールシャッハ・テスト　20
ロゴテラピー（実存分析）　162

ワ 行

Wise Before the Event　190
私である私　219
私でない私　219
我と汝の「出会い」　34

●著者紹介●

久留一郎（ひさどめ　いちろう）

名古屋大学大学院教育学研究科教育心理学専攻（修士）修了
鹿児島大学名誉教授・鹿児島純心女子大学名誉教授
公益社団法人かごしま犯罪被害者支援センター理事長　など
主な著書
『スクール・トラウマとその支援』（単訳著）誠信書房
『PTSD―ポスト・トラウマティック・カウンセリング―』（単著）駿河台出版社
『発達心理臨床学―病み，悩み，障害をもつ人間への臨床援助的接近―』（単著）北大路書房
『現代のエスプリ：トラウマと心理臨床―被害者支援に求められるもの―』（編著）ぎょうせい　など

餅原尚子（もちはら　たかこ）

鹿児島大学大学院人文科学研究科文化基礎論専攻（心理学）（修士）修了
鹿児島純心女子大学大学院教授・鹿児島労働局発達障害者専門指導監　など
主な著書
『最新・心理学序説（本明寛監修）』（共著）金子書房
『臨床心理学辞典（恩田彰・伊藤隆二編）』（共著）八千代出版
『新臨床心理学（橋口英俊・滝口俊子編）』（共著）八千代出版
「ロールシャッハ・テスト後に急速な回復を見せたPTSDの2事例」（共著）ロールシャッハ法研究　第19巻　日本ロールシャッハ学会　など

臨床心理学
―「生きる意味」の確立と心理支援―

2019 年 5 月 1 日　第 1 版 1 刷発行
2019 年 10 月 25 日　第 1 版 2 刷発行

著　者 ― 久　留　一　郎
　　　　　餅　原　尚　子
発行者 ― 森　口　恵美子
印刷所 ― 新　灯　印　刷㈱
製本所 ― グ　リ　ー　ン
発行所 ― 八千代出版株式会社

〒101
-0061　東京都千代田区神田三崎町 2-2-13

TEL　03 - 3262 - 0420
FAX　03 - 3237 - 0723
振替　00190 - 4 - 168060

＊定価はカバーに表示してあります。
＊落丁・乱丁本はお取替えいたします。

Ⓒ 2019 I. Hisadome & T. Mochihara
ISBN978-4-8429-1747-4